"El Dr. Luskin levanta el p.... cológicos y religiosos y lo ancla con la ciencia, la medicina y la salud. Este libro es de necesidad vital."

—Larry Dossey, M.D., autor de *Healing Words*

"*¡Perdonar Es Sanar!* combina innovadoras investigaciones con metodologías comprobadas, y es una guía asequible y práctica para aprender sobre el poder del perdón."

—John Gray, Ph.D., autor de *Los Hombres son de Marte, las Mujeres son de Venus*

"[Un libro] sencillo, sincero e imprescindible."

—Dave Pelzer, autor de *El Niño Sin Nombre* y *Ayúdate a Ti Mismo*

"Las acertadas y astutas técnicas del Dr. Luskin para encontrar el perdón no podrían ser más oportunas... [esta es] una efectiva guía a través del dolor, la tristeza y la ira hacia una resolución que hace paz con el pasado, alivia el presente y libera el futuro."

—David Spiegel, M.D., profesor y presidente asociado del departamento de Ciencia Psiquiátrica y Comportamental, Standford University

"Consejos buenos y prácticos para una tarea muy difícil."

—*Booklist*

"Luskin muestra por qué el perdón es importante para la salud mental y física, explica cómo formar una queja y sugiere medidas prácticas para sanar... [este libro es] de investigación sólida y convincente."

—*Publishers Weekly*

El Dr. Fred Luskin es autor de *Sin Estrés de Una Vez* y es director de los Proyectos de Perdón de la Universidad de Stanford. Es uno de los expertos a nivel mundial en la enseñanza y la investigación del perdón, y es un conferencista altamente solicitado. Dicta conferencias en todo Estados Unidos sobre el manejo del estrés, el desarrollo de la competencia emocional y cómo aumentar emociones positivas. Luskin tiene un Doctorado en Filosofía en consejería y psicología de la salud de la Universidad de Stanford y es profesor asociado del Instituto de Psicología Transpersonal.

¡Perdonar Es Sanar!

¡Perdonar Es Sanar!

LIBÉRESE DE LOS RENCORES Y EXPERIMENTE LOS BENEFICIOS

Dr. Fred Luskin

Traducido del inglés por Felipe Cárdenas

Una rama de HarperCollinsPublishers

Este libro fue publicado originalmente en inglés en el año 2002
en los Estados Unidos por HarperCollins Publishers. La primera
edición en español fue publicada en el año 2002 en Colombia
por Grupo Editorial Norma.

PRIMERA EDICIÓN RAYO, 2006

Library of Congress ha catalogado la edición en inglés.

ISBN-13: 978-0-06-113691-7
ISBN-10: 0-06-113691-3

06 07 08 09 10 DIX/RRD 10 9 8 7 6 5 4 3 2 1

Dedico este libro a mis padres,
Barbara y Philip Luskin, quienes me amaron tanto
como se puede amar, me perdonaron siempre y sin
reserva, y fueron ejemplo de cómo buscar
que el mundo sea mejor.

Contenido

Introducción

Imagine la pantalla congestionada de un operador del tráfico aéreo. Piense en la actividad del recinto y en la maraña de aviones en la pantalla. Ahora piense que sus aflicciones sin solucionar son como aviones volando días y semanas sin fin. Casi todos los otros aviones aterrizaron, pero sus aflicciones siguen congestionando el espacio aéreo, ocupando recursos que pueden necesitarse en caso de emergencia. Dejar sus aflicciones en la pantalla le obliga a trabajar más, facilitando un accidente. Los aviones del rencor se convierten en fuente de estrés, y frecuentemente el resultado es un choque.

¿Cómo llegaron allá los aviones?

Tomó las cosas personalmente.
Culpó de su malestar a la persona que lo lastimó.
Creó un rencor.

¿Qué es el perdón?

- Es la tranquilidad que se siente cuando aterrizan los aviones.
- Es para usted, no para quien lo ofendió.
- Es recuperar el poder.
- Es responsabilizarse de los sentimientos propios.
- Es para nuestra sanación, no para quienes nos ofenden.
- Se aprende a perdonar como se aprende a patear un balón.
- Permite controlar los sentimientos.
- Mejora la salud física y mental.

- Convierte a la víctima en héroe.
- Es una alternativa.
- Todos podemos aprender a perdonar.

¿Qué no es el perdón?

- No es aceptar la crueldad.
- No es olvidar que algo doloroso ha sucedido.
- No es excusar el mal comportamiento.
- No tiene que ser una experiencia religiosa ni sobrenatural.
- No es negar ni desestimar el dolor.
- No implica reconciliación con el ofensor.
- Tampoco significa dejar de sentir.

No sugiero que perdonar signifique renunciar al derecho de estar molesto cuando nos maltratan o lastiman. Mi investigación sobre el perdón demuestra que las personas reservan su capacidad para molestarse, pero la usan sabiamente. Tampoco sugiero que perdonar implique aceptar las cosas dolorosas que la gente provoca. He visto cómo perdonar les ayuda a las personas a controlar sus emociones y a emitir, por ende, mejores juicios. No desperdician su valiosa energía atrapados en furia y dolor por cosas sobre las que nada pueden hacer. Perdonando reconocemos que nada se puede hacer por el pasado, pero permite liberarnos de él. Perdonar ayuda a bajar los aviones para hacerles los ajustes necesarios. Perdonar nos otorga un merecido descanso.

Algunos pondrán en tela de juicio que el perdón ayuda tanto como yo insisto. Pensarán que perdonando la otra persona se sale con la suya; o tal vez que perdonar implica reconciliarse con el ofensor. Seguramente tratarán de explicar por qué esa persona fue tan cruel, y no creen que aprender a perdonar ayuda a encontrar la razón. Puede ser también que se haya sufrido durante mucho tiempo y simplemente se duda de todo lo que suene a curación. Si usted piensa así, no está solo. Encuentro lo mismo cada vez que dirijo un nuevo taller.

Hace poco, un hombre que participó en mi seminario para perdonar exteriorizó las preocupaciones sentidas por muchos. Jeremy tomó el seminario porque su jefe le había mentido y quería saber cómo afrontar el engaño. Le mentía permanentemente sobre algún asunto importante, hasta que hace dos meses supo finalmente la verdad. Al hablar estaba tan disgustado como si hubiese descubierto la mentira ayer. Inmediatamente puso en duda la utilidad de perdonar. Jeremy tenía las siguientes preocupaciones:

1. Si perdono a mi jefe, ¿acepto que mienta?
2. ¿Cómo confiar en él de nuevo?
3. ¿Debo confrontarlo?
4. ¿Cómo dejo mi obsesión por este asunto?

Le respondí a Jeremy lo mismo que diré ahora. Sólo porque alguien nos lastima no significa que vamos a sufrir eternamente. El jefe de Jeremy le mintió. Eso está mal. Para poder perdonar, hay que saber que mentir está mal. Perdonar no significa aceptar la mentira. Perdonar le ayudará a Jeremy a responder a la pregunta: ¿qué puedo hacer con un jefe mentiroso? Perdonar le mostrará a Jeremy que todavía puede gozar la vida, su familia y sus amigos sin tener que invitar a su jefe cada vez que sale.

Le pregunté si, francamente, su jefe valía la pena como para arruinar tantos días durante los últimos dos meses. Respondió que no. Le dije que la solución era aprender una nueva destreza para no echar a perder los dos meses siguientes. Esa destreza es perdonar.

Le dije que seguramente no confiaría de nuevo en su jefe y que tal vez le perdería el respeto. Podía optar por quedarse en el trabajo con un jefe al cual no respeta, o buscar otro empleo. También confrontarlo o no. De todas formas, Jeremy debía tomar decisiones difíciles. Finalmente le sugerí que mientras permaneciera atrapado por la furia, no aclararía la cabeza lo suficiente como para tomar decisiones acertadas. Herido y molesto tomaría decisiones pensando en su jefe mentiroso y no en su propio bienestar. Aprender a perdonar le permitirá a Jeremy, y a todos nosotros, tomar mejores decisiones en la vida. Bien estuviese calmado o sintiéndose mal, tenía que decidir continuar o no trabajando con un jefe mentiroso.

Agregué otro punto. A veces en la vida nos topamos con jefes mentirosos, y quisiéramos retroceder el tiempo y pensar que aquello nunca sucedió. Desafortunadamente no hay vuelta atrás. El pasado no lo podemos cambiar. Le pregunté a Jeremy si estar disgustado dos meses cambió lo sucedido. Luego le pregunté si continuar disgustado dos más lo cambiaría. Naturalmente él sabía las respuestas. Le pedí tranquilizarse respirando lenta y profundamente, y luego crear una historia en la que se sobrepusiera a las actitudes del jefe y viviera feliz. Vi que se tranquilizaba a medida que inventaba la historia y regulaba la respiración. Al final, le dije que el primer paso y el más importante para vivir su historia es perdonar.

La historia de Sarah es otro ejemplo de por qué aprender a perdonar nos ayuda a dejar el pasado para vivir el presente y el futuro. Sarah se casó con Jim apenas habiéndose visto un par de veces. Casi toda la familia y amigos le sugirieron esperar, aun cuando ella creía saberlo todo. Desafortunadamente, en tan sólo pocos meses Sarah se encontraba maltratada y sin dinero en el banco.

Empezaron a llegar cuentas por pagar, al tiempo que Jim comenzó a quedarse fuera de casa hasta bien avanzada la noche. Pronto Sarah tenía una nueva vida, mientras la anterior empezaba a desmoronarse. Cuando descubrió el secreto de Jim, Sarah se descompuso. El dinero del negocio de ambos alimentaba la adicción de Jim por el alcohol y la cocaína. Cuando nació su hijo, Jim desapareció una semana. Un día llamó desde otro Estado para avisarle que no volvería a casa durante un buen tiempo.

Después de la llamada, Sarah se descontroló. Su vida se deterioró de tal manera que sus padres la llevaron a vivir con ellos. Al volver de sus andanzas, Jim comenzó a acecharla y hasta la amenazó de muerte. Estaba asustada, vulnerable y, a pesar de la ayuda de sus padres, dependía de la asistencia social.

Poco a poco comenzó a reconstruir su vida. Ingresó a estudios de postgrado y se hizo enfermera en un hospital. Luego se mudó a un apartamento con una amiga cercana. Además asistió a mi seminario para perdonar en la Universidad de Stanford, llamado "Forgive for Good" [Perdonar para siempre]. La clase le permitió a Sarah deshacerse del rencor contra Jim y concentrar su energía y su tiempo en reconstruir su vida y velar por su hijo.

A pesar de que perdonar podría parecerle trivial ante la gravedad de sus problemas, Sarah pensó que aprendiendo a perdonar a Jim su pésimo comportamiento —no olvidando— podría renacer. Se dio cuenta de que perdonar le ayudaba a sentir menos rabia. También entendió que cuanto menos se obsesionara por Jim, mejores decisiones tomaría en la vida. Pensó más en ella misma que en él. También vio que aprender a perdonar la hacía querer más a su hijo y apreciar la ayuda de sus padres, de sus amigos y su renacer. También se propuso enseñarle a perdonar al niño para que no sufriera de la misma manera.

Al igual que Sarah, muchos tenemos para contar una historia de maltrato de alguien cercano. Desafortunadamente, muchos de nosotros tuvimos padres que no pudieron suministrarnos el cuidado, la guía y el amor necesarios, o parejas que mintieron o tuvieron relaciones con otra persona, o amigos que nos desilusionaron. Muchos hemos sido víctimas de actos fortuitos de crueldad.

Cuando esto sucede, es normal sentir disgusto y dolor, inclusive por tiempo prolongado. Sin embargo, el disgusto y el dolor deben ser emociones pasajeras y no fijaciones permanentes. Muchos no logran sobreponerse a los malos ratos, y cargan rencores del pasado que afectan la vida, amenazan la salud y limitan el horizonte.

Yo fui una de esas personas. Por poco no logro sobreponerme al abandono inesperado que tuve que enfrentar y que me condujo a interesarme por el perdón. Hace muchos años mi mejor amigo, Sam, conoció a la mujer que sería su esposa. Por razones que desconozco, yo no le agradaba, e inesperadamente Sam se alejó. Cuando le pregunté qué estaba sucediendo, sólo respondió que yo había sido descortés con su nueva compañera. Por esa época, yo había compartido muy poco tiempo con ella.

Las cosas empeoraron. Tiempo después me dijeron que Sam contraería matrimonio. Podrán imaginar mi desaliento cuando supe que no estaba invitado a la ceremonia. Como si no fuera suficiente, me enteré del matrimonio gracias a un amigo común. Sam nunca me llamó ni me escribió para contarme que se casaría. Estuve profundamente dolido y confundido, y la tristeza del abandono me acompañó durante varios años.

Una de las razones por las cuales la pérdida de mi amigo fue tan dura es porque soy hijo único. Crecí sin hermanos ni hermanas y consideraba a mis amigos cercanos como parte de mi familia. Nunca soñé que pudiera ocurrir algo así, y estaba mal preparado para enfrentar la pérdida. Tenía que aprender a perdonar para siempre. Demoré años para aprender a sobreponerme al dolor, pero ahora puedo enseñarle a usted a sobreponerse al suyo.

Aun cuando este ejemplo parezca menor comparado con la infidelidad de la pareja, también fue devastador. Sam y yo fuimos como hermanos y el abandono me dejó heridas por muchos años. Mi seguridad y habilidad para hacer y mantener amistades se vieron despedazadas. Mi sentido de la seguridad se quebró. Mi esposa me dijo que sonaba amargado y que juzgaba a todo el mundo. Agobiado por la amargura, el resentimiento y la tristeza, decidí que aquello debía terminar. Sabía que tenía que perdonar a Sam para rescatar mi vida. Por eso nació este libro.

En este proceso aprendí que buena parte de mi sufrimiento, y el de las personas con quienes he trabajado, es innecesario. No importa cuál sea el dolor, perdonar trae consigo una paz casi divina. Pero si usted se parece a como yo era antes, seguramente no sabe qué hacer para que perdonar forme parte de su vida. Usted necesita estas herramientas tanto como yo.

Por experiencia propia puedo dar fe del poder de perdonar. Mediante mis métodos para perdonar, y tomando decisiones importantes en el camino, he vuelto a ser amigo de Sam. Me siento afortunado de que él sea parte de mi vida. Aprecio su compañía cuando estamos juntos, y la seguridad que siento al verlo me recuerda el poder de sanación que tiene el perdón. Mediante el perdón, usted también puede recuperar la seguridad necesaria cuando lo golpea la vida.

Yo defino perdonar como la experiencia de paz y comprensión que se siente en el presente. Se perdona al confrontar las reglas rígidas que uno ha trazado para el comportamiento de los demás, y al enfocar la atención en las cosas buenas de la vida, no en las malas. Perdonar no significa olvidar o negar las cosas dolorosas ocurridas. Perdonar es la poderosa afirmación de que las cosas malas no arruinarán nuestro presente, aun cuando hayan arruinado nuestro pasado.

Uno de los mensajes centrales de mi enseñanza para perdonar es que solamente hay tres componentes principales que motivan la creación de largos dolores y resentimientos:

- Tomar la ofensa exageradamente personal
- Culpar al ofensor por nuestros sentimientos
- Crear una historia de rencor

Alimentar y nutrir estos componentes del rencor, mantienen el dolor actual indefinidamente —justamente lo que hacemos al no perdonar. El caso de Debbie es un ejemplo. La historia de rencor que contaba de su ex marido la tenía aferrada a los dolores del pasado. Los hechos no cambiaron: él la engañaba. Ella lo confrontó al enterarse de sus andanzas pero siempre le prometía no recaer en lo mismo. Cierta vez Debbie regresó a la casa y lo encontró en el sofá con otra mujer. Debbie lo echó, pero la cosa no terminó allí. Se dedicó a contarle a todo el mundo la clase de sinvergüenza con quien estaba casada, lo culpó por sus sentimientos (no por lo que hizo), y armó una compleja historia de rencor.

Cada vez que se quejaba de él, le dolía el estómago y se ponía tensa. Debbie no supo cómo manejar la pérdida y el dolor productivamente. Ella necesitaba que todos supieran lo canalla que era su marido, que lo que había hecho estaba mal, y que lo ocurrido no era su culpa. La efímera tranquilidad que sentía narrando sus congojas se reducía a nada frente al poder que le cedía a su ex marido. En lugar de avanzar, seguía esclavizada por él, y sintiéndose tan mal como cuando lo descubrió en el acto.

Sin embargo, en su entrenamiento para perdonar aprendió que con recitar la historia del rencor sólo conseguía resaltar el poder que su ex marido aún mantenía sobre ella. Si quería recuperar su vida, tenía que hacer que se la devolviera; es decir, tenía que perdonar. Debbie estaba muy agradecida cuando vio las cosas de otra manera. Como resultado pudo establecer una relación nueva y mejor.

Aun cuando hay muchas formas de ser agraviados, los mecanismos mediante los cuales se forma un gran dolor son siempre los mismos. Sin importar cuál sea la causa de la aflicción, los tres pasos en el proceso de formar rencores se identifican claramente. Entender este proceso conduce hacia la maravillosa experiencia de perdonar.

Jill, próxima a cumplir 50 años de edad, se inscribió a mis clases para perdonar. Su madre había muerto hacía 10 años, pero seguía lamentando que su madre no la amó. Habló de cosas que pasaron hace 35 años con tal actualidad, que era difícil pensar que se había pasado la vida adulta gimoteando sobre ella. Jill estaba resentida por el poder que su madre ejercía sobre ella, y acabó por odiar su propia vida.

Trabajé hasta que logró entender que, de seguir culpándola por sus tristezas, su madre mantendría el poder sobre ella indefinidamente. Hasta que tomó el entranmiento para el perdón, entendió que sus lamentos no afectaban a su madre desaparecida pero sí le producían un gran dolor a ella. Ensayó mis técnicas y perdonó a su madre. Ahora Jill busca en sus amigas el apoyo que nunca recibió de su madre.

He conocido a muchas personas con problemas para perdonar. La mayoría me confesó que el principal problema es que nadie les enseñó cómo perdonar. Habiendo trabajado con miles de personas lastimadas y que hicieron un esfuerzo por perdonar, estoy convencido de que la habilidad para sobreponerse a estas heridas es crucial para la salud física y mental.

Mis talleres para perdonar duran generalmente seis semanas. Al comienzo siempre siento algo de nerviosismo por la carga que mis estudiantes llevan a cuestas. Muchos han recibido terapia durante años, mientras que otros han ensayado con diferentes formas de autoayuda, a veces agotando la paciencia de familiares y amigos, buscándole el sentido a sus desdichas.

A pesar de que cada persona tiene su propia historia, todos los estudiantes comparten una cosa: no han alcanzado el éxito en el proceso de sanación, y siguen disgustados y dolidos. Comparto mi historia con cada grupo, para que sepan que también he experimentado muchos de sus mismos sentimientos. A usted le digo lo mismo que a quienes atienden mis clases: si puede aprender a perdonar (en estas páginas aprenderá) se sentirá mejor y retomará el poder en su vida, aun cuando lo crea imposible.

Si usted aprende a perdonar encontrará posibilidades de vida con las que apenas soñó. Recuperará el control de sus sentimientos y descubrirá que tiene más energía disponible para tomar mejores decisiones. Además, verá que ellas se basan menos en sentimientos dolorosos y más en lo que es bueno para usted y para quienes ama.

Este libro le enseñará cómo se forman los rencores, por qué llevarlos a cuestas es nocivo, cómo perdonar y cómo evitar herirse de nuevo. Usted aprenderá a usar estas eficaces técnicas para perdonar, dejará atrás dolores pasados, recibirá cada nuevo día con seguridad y construirá mejores relaciones. En estas páginas encontrará la fórmula para recuperarse de los golpes que le ha dado la vida, y logrará un estado de paz y bienestar.

Fascinantes investigaciones de los últimos 10 años documentan el poder de sanación que tiene perdonar. Cuidadosos estudios científicos demuestran que aprender a perdonar reduce la depresión, aumenta la esperanza, disminuye el rencor, mejora la conexión espiritual, aumenta la autoestima emocional y ayuda a sanar las relaciones. Aprender a perdonar es bueno para la salud mental y el bienestar físico, y para sus relaciones personales.

Los estudios indican que:

- Las personas que perdonan tienen menos problemas de salud.
- Perdonar reduce el estrés.
- Perdonar reduce los síntomas del estrés.
- No perdonar puede ser más importante como factor de enfermedades cardíacas que la misma enemistad.
- Las personas que culpan a otras de sus problemas se enferman más, por ejemplo del corazón o de cáncer.
- Quienes piensan en no perdonar, muestran cambios negativos de la presión arterial, la tensión muscular y las respuestas inmunológicas.
- Las personas que se imaginan perdonando a su ofensor sienten mejoría inmediata en su sistema cardiovascular, muscular y nervioso.
- Inclusive las personas que han sufrido pérdidas devastadoras pueden aprender a perdonar y sentirse mejor psicológica y emocionalmente.

Recientemente dicté dos seminarios de entrenamiento para perdonar a grupos de personas católicas y protestantes de Irlanda del Norte, quienes han perdido miembros de su familia en 30 años de violencia política. En ambos proyectos los resultados obtenidos fueron un éxito. En el primero trabajé solamente con mujeres que habían perdido a un hijo en la violencia. Luego de una semana de entrenamiento para perdonar, estas mujeres sintieron menos dolor, menos depresión, menos estrés y menos furia. También se mostraron más optimistas e indulgentes. Las mujeres regresaron a Irlanda del Norte, y seis meses más tarde seguían mostrando los cambios positivos de ánimo y de perspectiva.

En uno de los exámenes psicológicos básicos, estas mujeres respondieron que el dolor que sentían al comenzar la semana era 8 en la escala de 10, y menos de 4 al finalizarla. Otro examen psicológico indicó que su estado depresivo se redujo 40 por ciento entre el principio y el final del curso. Cada una de ellas aceptó regresar a Irlanda del Norte con la meta de ayudar a otras personas a aprender a perdonar. Con este acto demostraron el inmenso poder que tiene perdonar para ayudarnos a nosotros mismos y a los demás.

En el segundo seminario trabajé con hombres y mujeres católicos y protestantes de Irlanda del Norte, quienes perdieron a un familiar en la violencia. Los padres de algunos fueron asesinados. Otros habían perdido hermanos o hermanas, y otros más, un hijo. Diecisiete personas que sufrieron la pérdida de algún ser querido por asesinato. Cada uno tiene más derecho que nadie de sentirse víctima, experimentar amargura y furia. Sin embargo, al finalizar la semana de entrenamiento para perdonar, sentían menos depresión, mejor salud mental, más energía y menos dolor por su pérdida.

Perder un hijo o algún miembro de la familia es una experiencia claramente devastadora, y nada puede reemplazar a esa persona. Pero si estos hombres y mujeres logran mejorar su funcionamiento emocional y psicológico, entonces no cabe duda de que cada uno de nosotros también puede sanar.

Como pionero de la investigación sobre el perdón, integraré los resultados de esta nueva ciencia con el arte que he desarrollado de ayudar a los demás, para que mi programa sea una herramienta indispensable para aquellos que quieren perdonar.

Para mí, perdonar significa mucho más que acabar con el rencor. Perdonar se ha convertido en el trabajo de mi vida. Soy director y cofundador del Proyecto para perdonar de la Universidad de Stanford, el proyecto interpersonal para perdonar más grande realizado hasta ahora. Este proyecto replica, en mayor escala, un estudio previo que estableció la eficacia de mi programa de entrenamiento para perdonar.

El proyecto se realizó con habitantes del área de la bahía de San Francisco, quienes decían no poder sobreponerse a un dolor interpersonal. Los participantes aprendieron a perdonar y nuestro grupo de investigación evaluó la eficacia del entrenamiento inmediatamente después del taller, y hasta cuatro meses y medio más tarde. Las personas que participaron en mi programa sintieron menos dolor, estrés y furia, volviéndose más indulgentes y optimistas. Inclusive dijeron sentirse mejor de salud.

Este libro extrae los elementos principales de mi programa para el perdón y los ofrece en un formato que puede ayudar a muchas personas. En mi trabajo he escuchado las más duras historias de maltrato y dolor, y aquí presento algunas técnicas que pueden ayudarle a sentirse menos dolido y molesto. Mi trabajo también demuestra que perdonar ahora le ayuda a reducir la intensidad de dolores futuros.

Al iniciar mi primer proyecto de investigación sobre preparación para el perdón interpersonal en 1996, concluía mi Ph.D. en asesoría y psicología de la salud. Estaba emocionado por la oportunidad de probar científicamente los métodos para perdonar que ensayé conmigo mismo, y ocasionalmente para ayudar a otros. Entonces sólo se habían publicado cuatro estudios sobre el tema, el más reciente en 1993. Yo soy uno de los pioneros en el naciente campo de integrar el entrenamiento para perdonar con la ciencia de demostrar las técnicas que realmente funcionan. Sigo refinando mi proceso a medida que enseño, y por eso sé que se trata de la preparación más sólida que se puede recibir en este campo. Por primera vez, este método está al alcance de todos.

Sé lo que significan los aviones del rencor sobrevolando la mente en círculos durante años; he visto las ventajas en mi vida y en la de muchas personas, de la tranquilidad que sobreviene al permitirles aterrizar. Por lo tanto, si usted busca aprender a perdonar para siempre, por el bien de su salud y la salud de sus allegados, por el bien del mundo —ojalá para siempre— acompáñeme por estas páginas.

PRIMERA PARTE

El rencor

CAPÍTULO 1

Arrendarle demasiado espacio a la decepción

El hombre puede conservar rastros de libertad de espíritu, de independencia de pensamiento, hasta en condiciones de terrible tensión psíquica y física.

VIKTOR FRANKL, *El hombre en busca de sentido*

Gracias por acompañarme en este viaje con destino al bienestar por la vía del perdón. Juntos veremos cómo se crean los rencores, cómo perdonar y cómo construir una historia sensata de lo sucedido. Recuerde que la eficacia de mi procedimiento ha sido demostrada en cuatro cuidadosas investigaciones. En dichos estudios, personas con grandes y pequeñas aflicciones mostraron cambios positivos en su salud física y emocional. Guardo infinidad de testimonios sobre cómo perdonar le puede cambiar la vida, y compartiré con usted muchos de esos casos. Con seguridad una vez aprendidos estos métodos y puestas en práctica las enseñanzas, usted también perdonará para siempre.

Para poder entender el proceso de perdonar, es bueno saber cómo nacen los rencores. En los primeros capítulos explicaré cómo se crean los rencores, examinaré los componentes de los rencores que hacen difícil la vida y mostraré cómo identificar las señales que indican su presencia. He visto cómo las personas quedan preparadas para sanar cuando entienden cómo se forman los rencores.

¿Cómo nacen los rencores?

Los rencores nacen al coincidir dos cosas. Primero, algo que no queríamos sucede en la vida. Segundo, la forma de manejarlo es pensar demasiado en el problema. Yo lo llamo arrendarle espacio en la cabeza. En este capítulo explicaré ambas ideas y cómo operan.

La dificultad que se presenta en la raíz de una aflicción es cómo conservar la calma cuando alguien nos lastima o decepciona. Otra manera de formularlo es preguntarse: ¿cómo asimilar el dolor y no sentir un hondo resentimiento? Todos hemos sido maltratados o heridos alguna vez en la vida y, sin embargo, ciertas personas lo toman mejor que otras. Algunos hablan de sus heridas por largo tiempo, pero otros las dejan ir. Si usted es de los que no las quieren dejar ir, este libro es para usted.

No es fácil recuperar la tranquilidad una vez maltratados. Algunos más y otros menos, todos luchamos contra heridas, abandonos, engaños o mentiras; y en el centro de esa maraña de aflicciones se encuentra el simple hecho de que algo intensamente esperado nunca sucedió.

A riesgo de volverme repetitivo, quiero enfatizar la importancia de este concepto. La semilla para que aflore un rencor o una aflicción es que suceda algo que no queremos; o alternativamente, que algo que verdaderamente queríamos nunca sucedió. En cualquier caso, el rencor nace cuando una parte de la vida se va por el camino menos pensado. Nos encontramos sin herramientas para manejar los sentimientos ante lo inesperado. He aquí dos ejemplos.

Dana es ejecutiva de cuentas en una importante compañía de programación de computadores en Silicon Valley. Trabaja allí hace casi diez años y su carrera ha sido exitosa. Muchas veces trabajó hasta muy tarde, durante horas, sacrificando tiempo con sus dos hijos. Hace poco no se le tuvo en cuenta para un ascenso. Le dijeron que su desempeño en el trabajo era excelente, pero que la compañía había establecido la nueva política de contratar ejecutivos externos. A pesar de saberlo, Dana estaba furiosa, y dijo que su constante dedicación al trabajo le ocasionaba problemas de salud.

Cuando la conocí, se quejaba amargamente de sus jefes, de lo injusto de la vida y del tiempo perdido en su oficina. Insistía en un merecido ascenso. Ahora reflexionaba sobre sus diez años con esa compañía, encontrando sutilezas antes ignoradas. Su historia era una de años de injusticias, y no solamente la del ascenso negado. Ésta era una mujer que no obtuvo algo que pensaba merecer, y como respuesta creó un inmenso rencor.

Mike trabaja para una naciente compañía de la Internet. Trabaja permanentemente en un lugar donde todo el mundo trabaja todo el tiempo. Es muy común en esa cultura de trabajo hacer lo necesario para que la compañía tenga éxito. Inicialmente a Mike lo contrataron para ayudar con el diseño de redes; y puesto que le gustaba su oficio, no era inconveniente para él trabajar setenta horas semanales. Sin embargo, cuando la compañía creció, los gerentes contrataron más diseñadores y se dieron cuenta de que ahora necesitaban escritores técnicos. Se le pidió a Mike asumir el trabajo y muy pronto sus días de oficina se volvieron una carga. A pesar de ser un buen escritor técnico, no lo disfruta. Quería estar en diseño y ahora se queja con todo el mundo diciendo que está perdiendo el tiempo.

Cuando Mike entró a mi taller para perdonar, se sentía inconforme y amargado. Había invertido una buena cantidad de tiempo y energía en esa empresa y no quería abandonarla, pues tenía la oportunidad de ganar buen dinero si la empresa entraba al mercado de valores. Mike se sintió aprisionado en un trabajo que no le gustaba. Se quejaba de que le habían negado la oportunidad de trabajar en lo que sí le gustaba y lo obligaban a trabajar en algo que odiaba.

Dana y Mike tuvieron que enfrentarse a la decepción. Dana no obtuvo el ascenso —el ejemplo perfecto de no obtener lo que uno quiere— y Mike tuvo que trabajar en lo que no le gustaba —un ejemplo de obtener lo que no se quiere—. De cualquier manera, el problema es el mismo.

Ambas historias demuestran lo difícil que resulta afrontar las cosas cuando no funcionan. Y sin embargo, la tranquilidad no solamente se lucha en el trabajo. No obtener lo que deseamos ocurre en un sinnúmero de situaciones que van desde lo absurdo hasta lo terrible. Piense si alguno de los siguientes casos se aplican a usted:

- Usted llega al trabajo y nota que alguien se estacionó en su espacio. Entonces tiene que buscar otro lugar en el extremo opuesto del estacionamiento. No obtuvo el espacio que quería.
- Su pareja le informa que desea terminar con la relación, pero usted quiere continuarla. Le pide que se vaya. No obtuvo la relación a largo plazo deseada.
- Va al supermercado más cercano a su casa pero se ha terminado el único cereal que le gusta a su hijo enfermo. Tiene que conducir hasta el otro extremo de la ciudad y hay mucho tráfico. Tiene menos tiempo para ocuparse del niño.
- Su amigo le cancela tres noches seguidas porque tiene novia nueva. A usted le hace falta su amigo, y como resultado se siente solo. Su amigo no se comportó como usted piensa que deben hacerlo los amigos.
- Su socio en el negocio lo abandona sin avisar ni informar sobre su paradero. Usted se queda solo con todo el trabajo y con las deudas. Su futuro financiero cambió para mal.
- Su madre era egocéntrica y nunca le prestó mayor atención. Siempre se mostró más interesada en sí misma que en usted. Como adulto, usted puede tener dificultad para establecer buenas relaciones y seguramente tendrá que aprender a ser su propia madre.
- Va al médico por cuestiones de salud, pero el doctor está demasiado ocupado para responder a todas sus preguntas. Sale sintiéndose apurado y no escuchado. Tal vez tenga que recurrir a la Internet o llamar de nuevo al doctor para obtener las respuestas que necesitaba.

- Un conductor ebrio lesionó gravemente a su hija cuando regresaba de la escuela. Usted no pudo proteger la salud de la niña.

- Su pareja no llegó a casa una noche y usted sabe que está con su antiguo enamorado. Usted no logró establecer una relación de fidelidad con su pareja.

- Alguno de sus padres llegaba ebrio diariamente a casa. Usted se asustaba y aprendió a no confiar en él. Como adulto sabe que no recibió la debida paternidad que merecen los niños y sigue buscando el apoyo emocional de alguien distinto a sus padres.

En cada una de las situaciones anteriores se crea un rencor al no poseer las destrezas para afrontar una realidad que no ocurrió como hubiésemos querido. Dichas situaciones van de lo trivial —como no encontrar espacio para estacionar— a lo grave como un padre alcohólico. Si afrontamos bien nuestras experiencias, podemos evitar los rencores; pero si las afrontamos mal, los creamos.

He trabajado el perdón con personas que han sufrido el más indescriptible de los dolores: el asesinato de sus niños. Los he visto llorar 20 años después de su injusta muerte. He trabajado con personas que siguen tratando —y fracasando— de encontrarle sentido a su tragedia. No interesa si son tragedias grandes o pequeñas, cada persona afronta el reto de alcanzar la paz luego de perder algo muy preciado.

Casi todas las personas que he visto luchan por aceptar que la realidad de la vida no siempre es justa. He tenido que presenciar sufrimientos innecesarios, porque las personas no aceptan que hacer las paces con la realidad es una tarea ineludible de la vida. Frecuentemente, las personas reaccionan con disgusto o molestia cuando sucede una experiencia dolorosa. Se aferran a su reacción inicial, porque no entienden que las causas de lo sucedido son menos importantes que aprender a afrontar la experiencia vivida. El abandono, la mentira y las lesiones son difíciles de afrontar sin necesidad de agregarle cólera a la mezcla.

Dana, por ejemplo, agravó más su caso achacándole la culpa a la compañía por no darle su ascenso. Escucharla hablar era concluir que diez años se habían echado a perder. Puesto que se enfocó en la decepción, no pudo ver las satisfacciones del trabajo, cuando más bien debía haber concentrado sus energías en manejar el caso de la mejor forma. Igual que Dana, muchas personas afrontan torpemente las situaciones difíciles de la vida creando y manteniendo largos rencores. Terminan arrendándole demasiado espacio al dolor en la cabeza.

Los rencores se forman cuando las personas no afrontan adecuadamente el hecho de no obtener lo que quieren, y le arriendan mucho espacio en la cabeza a la injusticia. Éste es el proceso de rencor por el cual se pasa, inclusive cuando el dolor es tan grave y terrible como la pérdida de un ser querido. Lo mismo sucede cuando la injusticia hace su aparición en la fila del supermercado, los nudos de tráfico cuando vamos tarde a la reunión, o tratando de hallar el sentido de un acto violento.

Arrendar demasiado espacio en la cabeza

Cuando conocí a Charlene, hablaba sin respiro de su tortuosa vida con su ex marido. En tono burlón y voz entrecortada, me contó cómo le mentía constantemente. Sus enamoramientos ocupaban todo su temario, y en cada conversación lamentaba la insensibilidad de la gente y aprovechaba toda ocasión para recalcar lo canalla que fue su ex marido.

Escuchándola se pensaría que la abandonaron ayer, pero aquello había sucedido cinco años atrás. Lo único que valía para Charlene era que lo que había hecho ese hombre estaba mal. Punto. Para mí, lo que él hizo estuvo mal, y allí apenas comienza la historia para perdonar.

Ya no estaba casada con su ex marido, pero le arrendaba demasiado espacio en la cabeza, y allí seguían viviendo juntos. Es más, creo que jamás pensó tanto en él estando casada.

¿Es usted como Charlene? ¿Habla una y otra vez de lo sucedido? ¿Deja que la cabeza se enrede con rencores varias veces al día? ¿Tiene familiares o amigos que son así? ¿No se cansa pensando tanto tiempo en el pasado? ¿No se cansa oyendo a los demás repetir la misma historia?

Trate de imaginar la cabeza como una casa, y yo le enseñaré a controlar el espacio que le arrienda a sus heridas y rencores. Usted es el dueño y decide el arriendo. Decide quiénes serán los inquilinos y las condiciones del contrato. ¿Qué tipo de alojamiento les quiere suministrar a sus heridas y rencores?

Podemos arrendar a los rencores el dormitorio principal y hacerles una tina de agua caliente. Podemos ofrecer una tarifa reducida sin término de vencimiento; o solamente un arrendamiento día a día. Se les puede permitir colocar sus pertenencias en todas las habitaciones de la casa o limitarlos a la pequeña habitación trasera. En otras palabras, hay que preguntarse: ¿Cuánto tiempo gastamos pensando en nuestras aflicciones y decepciones? ¿Con qué intensidad?

Las respuestas a estas preguntas muestran qué tanto conflicto produce una herida o un rencor. Cuando se arrienda mucho espacio en la cabeza es porque hay rencor. De la misma manera en que Mike creó rencor cuando tuvo que trabajar en lo que no le gusta y se le convirtió en obsesión, así también creamos nosotros los rencores. Mike no debió ponerse a pensar en el problema del trabajo, sino más bien pensar en las opciones reales de ganar mucho dinero una vez que la compañía entrara al mercado de valores. No supo cómo enfrentarse al hecho de no obtener lo que quería, y de esa inhabilidad nació su rencor.

Que sucedan cosas malas no quiere decir que usted se ahogue en ellas. Muchas veces le pregunto a la gente por qué no viven la buena fortuna con la misma energía que invierten en la mala. La pregunta los toma de sorpresa. Rara vez aprecian la buena suerte como una posibilidad de obsesionarse como lo hacen con la mala. ¿Es usted de aquellos que piensa más en sus problemas que en sus cosas buenas? ¿Le arrienda usted, o alguien conocido, más espacio a lo malo que a lo bueno?

Lo que se transmite en la pantalla de su cabeza es como los programas de televisión que sintonizamos con un control remoto.

Podemos ver canales de terror, sexo, telenovelas o rencor, o canales que muestran la belleza de la naturaleza y la bondad de la gente. Cualquier persona puede escoger el canal del rencor, o sintonizar el canal del perdón. Pregúntese: ¿qué estaré transmitiendo hoy? ¿Su control remoto puede sintonizar los canales que ayudan a sentirse bien?

Si recuerda el controlador del tráfico aéreo de la introducción, sus rencores son aviones que no pueden aterrizar. Ocupan toda la pantalla, su cabeza, y lo más importante: le impiden apreciar las cosas maravillosas de su vida. Pasar por alto la belleza de la vida es el daño inesperado que producen los rencores. Sólo vemos un canal de televisión a la vez, y lo que seleccionamos puede volverse vicio.

Piense en todo lo que Dana ha dejado de percibir de la vida por concentrarse en el hecho de no recibir un ascenso. ¿Acaso ha pensado en la suerte que tiene al contar con buena salud, o con personas que la quieren?

Me da tristeza ver a tantas personas que no atinan a dar las gracias o a pensar en quien los ama, por andar preocupados por quienes los lastiman, o sintiendo lástima de sí mismos por una pérdida. Quiero dejar algo claro: no estoy diciendo que ignoremos los problemas o neguemos que nos han lastimado. Lo que digo es que concentrar la atención en el dolor sólo lo hace más intenso y crea hábitos difíciles de romper. No hay que vivir indefinidamente las cosas dolorosas de la vida. Mantener frescas las heridas hace que adquieran poder sobre usted. Lo que uno piensa o recuerda se puede cambiar como quien cambia los canales de la televisión. Si acostumbramos ver el canal del rencor, veremos el mundo lleno de ellos; pero si optamos por el canal del perdón, veremos un mundo diferente. (Esta idea la estudiaremos mejor en el capítulo 9.)

¿Guarda usted rencores?

Antes de seguir adelante, veamos si algún suceso de la vida le ha creado rencores. Piense en alguna herida personal para así darnos una idea de cómo lo aflige ahora. Cierre los ojos y piense en aquel doloroso suceso por un momento.

Cuando recuerde claramente lo ocurrido, piense o escriba brevemente un resumen sobre aquella experiencia. Cuente la historia de lo que pasó, en papel o en la cabeza.

Ahora analice lo que pasa cuando piensa en ello hoy. Por ejemplo, ¿cuál es su pensamiento más recurrente al recordar el suceso? Luego tenga en cuenta cómo se siente y fíjese cómo reacciona su cuerpo al revivir el dolor.

Una vez consideradas sus respuestas, por favor responda a las siguientes preguntas:

1. ¿Piensa usted en esa dolorosa situación más de lo que piensa en las cosas buenas de la vida?
2. Al pensar en ello ¿siente incomodidad física o alteración emocional?
3. Cuando hace memoria sobre el particular ¿lo hace con los mismos pensamientos?
4. ¿Repite la historia una y mil veces en la cabeza?

Si respondió afirmativamente a cualquiera de estas cuatro preguntas, es probable que usted guarde rencor y le arriende demasiado espacio en la cabeza. Si respondió afirmativamente a cualquiera de las cuatro, es probable que tenga un rencor que logre sanar. Usted está en el lugar adecuado para aprender a perdonar para siempre. Si respondió afirmativamente a cualquiera de las cuatro preguntas, siga leyendo y descubra cómo se formó el rencor.

Recuerde que el origen de los rencores es la ocurrencia de sucesos dolorosos, en un momento en que no tenía la destreza para manejar el dolor emocional. Por consiguiente, como Dana cuando no obtuvo el trabajo esperado, usted le arrendó demasiado espacio en la cabeza y... ¡zaz! formó un rencor. Así contribuyó a empeorar la situación. En los tres capítulos siguientes explicaré en detalle cómo ocurre esto.

En este capítulo aprendimos cómo nacen los rencores a raíz

de situaciones difíciles. Nacen al obtener algo que no se quería, o al no obtener algo que se esperaba. Para que a una experiencia dolorosa se le arriende demasiado espacio en la cabeza, tienen que suceder tres cosas —tres elementos que serán bien explicados en los siguientes tres capítulos del libro.

Una vez que se entiendan los tres pasos que nos llevan a arrendarle nuestra cabeza al rencor, estaremos listos para comenzar el proceso de perdonar. Y cuando sepamos cómo se formó y creció, aprenderemos a perdonar aquellos aspectos de la vida que no funcionaron como hubiésemos deseado. Con este proceso aprenderemos a perdonar para siempre.

CAPÍTULO 2

Tomar las cosas personalmente

El médico no se molesta ante la intemperancia de un paciente enloquecido, ni toma personalmente las maldiciones del enfermo con fiebre. De la misma manera, el hombre sabio ha de tratar a la humanidad como el médico al paciente, y verla como enferma y extravagante.

SÉNECA

En el primer capítulo, Dana, Charlene y Mike trataron de entender las causas de su disgusto, su dolor y su rencor. Lucharon por comprender por qué estaban heridos, molestos e incapacitados para ayudarse a sí mismos. Me imagino que muchos están pensando ¿por qué duele tanto que nos lastimen? O seguramente conozcan personas que no han logrado sobreponerse a la amargura y el dolor.

Todos hemos visto cómo algunas personas se enfrentan a situaciones dolorosas desarrollando rencores, mientras que otras no lo hacen. Todos conocemos a alguien que no se deja afectar por las circunstancias. Algunas personas se adaptan a las dificultades, otras quedan atrapadas por años.

Los que guardan rencores pueden suponer que se sienten mal sólo porque los demás no se alteran igual. Habrá otros que piensan que sufren por seguir viviendo en el pasado, y más de una persona cree que la razón de su molestia es más grave que las razones de los demás. O concluyen que se sienten muy heridos porque son más sensibles.

A pesar de que cada una de las anteriores hipótesis tiene algún mérito, reafirmo que la creación de rencores sigue un simple proceso de tres etapas. Dicho proceso es claro, fácil de entender y predecible en cada caso. Para formar rencores que interfieren en su vida, usted ha hecho las tres cosas siguientes:

- Tomar personalmente la ofensa
- Culpar al ofensor por lo que se siente
- Crear una historia de rencor

Debe quedar claro que los rencores no son señal de enfermedad mental. Sentirse herido tampoco es indicio de estupidez, debilidad o falta de autoestima. Sencillamente significa que no se está preparado para afrontar las cosas de otra manera. Sentirse herido en la vida es normal pero difícil, y casi todos creamos rencores en algún momento.

Sin embargo, que los rencores sean comunes no significa que sean saludables. A pesar de que reaccionar ante el dolor con el rencor es muy común, se siente menos dolor reaccionando de otra forma ante sucesos dolorosos. Charlene se liberó de su ex marido y sintió el poder de la sanación gracias a su preparación para perdonar. Este proceso le servirá para sanar las heridas que lleva a cuestas. También verá cómo se forma el rencor para no formarlo más en el futuro.

Aprender a manejar el dolor, las heridas y las decepciones de la vida no evita que las cosas salgan mal. Siempre habrá personas rudas y hechos fortuitos que lastiman. El mundo está lleno de problemas y sufrimientos, y sólo porque usted aprende a adaptarse a ellos no significa que van a desaparecer. Sin embargo, lo que sí puede cambiar es el espacio que usted les arriende en la cabeza, y también la inconformidad y la desesperanza. Reitero este punto enfáticamente: la vida no es perfecta, pero usted puede aprender a sufrir menos. Puede aprender a perdonar y sanar.

El disgusto reclama un sitio

Por más preparación para perdonar, hay momentos en que es útil —hasta necesario— sentirse molesto. Puede que algún límite personal haya sido violado, podemos hallarnos en peligro, o haber sido maltratados. Aun así, las situaciones que exigen reaccionar con molestia son muy pocas. Reaccionar movidos por el dolor sólo ayuda cuando ello soluciona el problema.

Por ejemplo, reaccionar con furia cuando alguien está amenazando a su hijo puede ser la única forma de protegerlo. Si algún miembro de la familia es abusivo, debe decírsele que su comportamiento es inaceptable. De otra parte, disgustarse porque hace tres años la mamá fue descortés, ni ayuda ni soluciona el problema con la mamá. De nada sirve disgustarse en la calle porque la congestión de automóviles le impide llegar a tiempo a la oficina.

Hay muy pocos casos en los cuales el uso prolongado del disgusto resulta útil. Debo aclarar, sin embargo, que una vez terminada la situación, tanto el sentimiento de disgusto a largo plazo, como también su expresión, casi nunca producen resultados positivos. El disgusto puede ser una solución maravillosa para sus problemas a corto plazo, pero no los soluciona a largo plazo. Es solamente una forma de caer en la cuenta de que tenemos un problema que necesita atención. Sin embargo, frecuentemente nos disgustamos en lugar de actuar constructivamente; o nos disgustamos porque no sabemos qué más hacer.

Yo sé que sentirse mal a largo plazo —lo que conocemos como rencor— casi nunca ayuda. Como veremos en los capítulos siguientes, el rencor solamente produce frustración, desesperanza, termina las relaciones y produce problemas de salud.

Ahora que le he mostrado por qué disgustarse no siempre es malo, distinguiendo su manifestación buena de la mala, exploremos el primer paso en la creación del rencor. El rencor nace cuando sucede algo que no se quiere y se toma personalmente. Se personaliza un hecho doloroso de la vida, como por ejemplo la deslealtad de un amigo, la trampa de un socio, o un familiar que miente, y no logramos transformar los sentimientos de disgusto y dolor en una experiencia que ayude a crecer.

Lo personal frente a lo impersonal

Todos los sucesos dolorosos de la vida tienen un lado personal y otro impersonal. La historia de Marilyn es útil para aprender a diferenciarlos, y demuestra cómo dándole tanta importancia a lo personal se crea un rencor. Marilyn, de 52 años, sufre depresión y baja autoestima. Ella ubica el origen de sus problemas emocionales en la infancia. Es hija única de un matrimonio que se vio atrapado dentro de una relación sin amor, y creció bajo el cuidado de su madre angustiada y fría. Sintió el amor de su padre, pero rara vez estaba en casa, pues trabajaba en el ejército y viajaba frecuentemente. Marilyn recuerda lo que sentía cuando regresaba de la escuela y no encontraba a nadie que se preocupara por ella; y cuarenta años después puede revivir fácilmente la experiencia.

Todavía manifiesta su inconformidad a su marido y amigos porque su mamá no la quiso lo suficiente. Creció insegura. Dice que le resulta difícil hacer amigos, atribuyéndolo al rechazo que sintió de niña. Aun sigue disgustada y triste por lo que no tuvo. Hoy su madre tiene más de 80 años y Marilyn guarda la esperanza de recibir el amor que tanto añora. Sigue molesta con ella por no prestarle atención cuando niña, y porque aún no le demuestra cariño. Sueña con la relación amorosa que según ella solamente los padres pueden dar.

A los 52 años, Marilyn sigue tomando personalmente el rechazo de su madre y por eso sufre hace 40 años. El abandono que siente es personal, pues reclama el amor materno, pero rechaza el amor que le ofrecen su marido y sus hijos. El abandono es personal porque Marilyn siente que es la única persona sin amor y le arrienda demasiado espacio en su cabeza a la soledad. Más aun, su ofensa está tan personalizada que siempre que conoce a una persona, la historia de su tristeza es el tema central cuando se describe a sí misma.

Lo que hace Marilyn para agravar su situación es muy ilustrativo, pues reitera crónicamente su sentimiento de injusticia. Sus heridas sangran cada vez que toma personalmente lo hecho por su madre. Esto sucede porque cada situación dolorosa de la vida tiene un lado personal y otro impersonal, pero ella aún no aprende a ver el lado impersonal, y ese desequilibrio produce su rencor.

Lo personal se refiere al hecho de no haber recibido el amor esperado. Además, su madre no le ofrece el cariño que añora. Esto le ocurre a ella y a nadie más. Cuando sucede algo doloroso en la vida, como por ejemplo una madre indiferente, la primera reacción es llorar "¡ayayay!" dada la naturaleza personalizada del dolor. Tener padres indiferentes es doloroso, y ni Marilyn ni otros niños merecen tal suerte. Por otro lado, ningún niño es responsable por la indiferencia emocional que llegue a sufrir. Los padres indiferentes o abusivos son una experiencia dolorosa difícil de superar y quisiera que todos los niños tuviesen la buena fortuna de contar con padres cariñosos. Sin embargo, Marilyn, como tantos otros, no tuvo la madre dedicada que tanto idealizó, y por eso nunca obtuvo lo que quiso. Siendo niña, tomó con razón personalmente la indiferencia de su madre; pero infortunadamente sigue haciéndolo como adulta.

Cuando algún suceso doloroso le ocurre a otra persona, nosotros experimentamos el lado impersonal de la ofensa, pero rara vez sentimos el dolor personalmente. Todos los días, al leer el diario o ver la televisión, vemos a muchas personas experimentando la tragedia y el sufrimiento. Los amigos nos cuentan la historia de sus desdichas o de la familia. En todas las ciudades hay personas enfermas en las clínicas y en los hospitales de ancianos, y nadie les lleva afecto. Miles de personas mueren asesinadas anualmente en el mundo, y los conductores ebrios matan, mutilan e incapacitan a miles más. En todo el mundo ocurren a diario violaciones, asesinatos, tragedias naturales, robos, trampas, mentiras e infidelidades.

Nosotros no sentimos personalmente el impacto de esas tragedias, y algunas nos interesan más que otras. El hecho de hacer caso omiso de ellas, o no interesarnos por ellas, demuestra la imposibilidad de concentrarnos en todo el sufrimiento del mundo. Sabemos que el dolor impersonal está por todas partes.

El desafío está en localizar el lado impersonal del dolor cuando el rechazo, el maltrato y los insultos son para nosotros. En lugar de sentirnos aislados con nuestro sufrimiento, deberíamos pensar en tantas personas que hay con padres indiferentes y poco cariñosos, lo cual indica que nuestro maltrato no ha sido solamente personal. Desafortunadamente, Marilyn no se identifica con todas aquellas personas que no recibieron el afecto deseado. Casi nunca se detiene a pensar cómo los demás han sufrido igual que ella. No entiende que es muy común tener padres indiferentes y sentir dolor por ello. Si solamente pudiese ver alguna de estas cosas, Marilyn hallaría el lado impersonal de su aflicción.

Si hubiese cambiado su enfoque, Marilyn habría sufrido menos y no habría creado un rencor tan prolongado. Por estar tan dolida, actuaba como si la mamá quisiera herirla deliberadamente. Su prolongado y doloroso resentimiento es el resultado directo de no entender la naturaleza impersonal de sus heridas.

La búsqueda de lo impersonal en el dolor

Para Marilyn, como para todos, la naturaleza impersonal del dolor es identificable por dos vías. La más sencilla es darse cuenta de lo común de los sentimientos aflictivos. Es una realidad de la vida que nada de lo que nos ocurre a nosotros es único. Si lo piensa bien, usted es apenas uno entre 200 a quienes les han robado en el barrio. Es difícil tomar eso personalmente. Analizando detenidamente, siempre habrá por lo menos 10 personas ofendidas por lo mismo. La cantidad y diversidad de los grupos de apoyo lo comprueban. Al recordar lo común de nuestro sufrimiento, parecería que lo volviéramos trivial, pero vale la pena correr el riesgo con tal de sufrir menos.

A veces ayuda pensar en el sinnúmero de personas solas por la indiferencia de amigos y familiares. Marilyn no es la primera ni la última en suplicarle cariño a una madre fría e indiferente.

Usted no es el primero, ni será el último, en ser herido en la forma en que ha sido herido.

La segunda forma de identificar el lado impersonal del dolor es entendiendo que casi todas las ofensas suceden sin la intención de herir personalmente. La madre de Marilyn no pensaba arruinar la vida de su hija, y no la amaba por una serie de razones. Vivía un matrimonio vacío que contrajo para huir de los excesos de su padre. Su marido se desplazaba constantemente, lo cual le dificultaba hacer amigos, y sufría por los dolores de la artritis. Además, el padre de Marilyn adoraba a su hija y eso la ponía muy celosa.

Muchas de las ofensas que nos afligen no buscaban herirnos personalmente. Algunas sí, pero son contadas. Entender que la mamá de Marilyn no pretendía herirla deliberadamente no justifica su actitud. Sugerir que existe el lado impersonal de muchas ofensas no significa negar el dolor por la ausencia o la indiferencia. Marilyn necesitaba reconocer lo que su madre hizo o dejó de hacer. Hizo bien buscando la raíz de sus aflicciones y seguirlas hasta la infancia.

Sin embargo, debería aprender de la crueldad de su madre para no repetir los mismos errores. Cuando conocí a Marilyn, repetía con sus hijos la indiferencia de su madre. Su dolor y su soledad eran tales que frecuentemente se hallaba abrumada por la aflicción y no les podía ofrecer calor y cariño. Tampoco era su intención lastimarlos, pero pienso que les ha ocasionado bastante dolor.

Cada ofensa trae su lado personal e impersonal. Cada persona recibe su golpe particular. Marilyn carga a cuestas las heridas de la indiferencia materna y sufre. Si su pareja lo abandona, usted debe crear una nueva vida por sí mismo. Inclusive cuando la ofensa va dirigida a un grupo, cada persona del grupo reacciona personalmente. Al mismo tiempo, cada herida personal puede verse como parte de la experiencia del común. Es más que probable que alguien nos haya lastimado, bien fuesen padres, parientes políticos, socios de negocios o desconocidos. Pregunte a su familia o amigos y le dirán que todos han sufrido por alguien. Es lo común. Inclusive las ofensas más graves, dolorosas experiencias humanas como padres abusivos, son comunes.

Al no aceptar el lado impersonal, alistamos el escenario para el rencor. Nos concentramos únicamente en nuestras aflicciones, pero ignoramos su omnipresencia y la regularidad con la que se presentan a los demás. Asumimos las injusticias como personales y por eso el dolor permanece para crear rencor.

Marilyn asegura que la indiferencia materna arruinó su vida, y eso lo toma como algo muy personal. Para un sociólogo interesado en investigar la negligencia de los padres, Marilyn es sólo el caso de una mujer en tres mil. Ese investigador encontraría que algunas de las mujeres pudieron sobreponerse a ese obstáculo de crianza, mientras que otras no lo han podido superar. El sociólogo ve el caso como un interés de estudio —visión muy opuesta a la de Marilyn. Desde el punto de vista del investigador, el caso de Marilyn es típico, no especial.

El sociólogo entiende la aflicción de Marilyn como algo impersonal, pero para ella es personal. Ambos puntos de vista son válidos, pues son maneras diferentes de analizar la misma situación, pero las personas afrontan mejor las ofensas cuando encuentran ambos puntos. Cuando usted ve el lado impersonal después de haberse concentrado únicamente en su dolor personal, descubre que su aflicción específica no tiene por qué lisiarlo.

Debo advertir que también se puede hacer mucho énfasis en el lado impersonal de las aflicciones. Es algo menos común, pero tiene también sus peligros. Ver solamente el lado impersonal de una situación dolorosa se llama negación. Al decir que algo doloroso es trivial, o que la persona que lo motivó no sabía lo que hacía, minimizamos el daño real ocasionado. Cuando hablamos con personas dolidas, buscamos el lado personal de su aflicción para ofrecer solidaridad y apoyo.

Cuando reaccionamos ante situaciones que nos pasan a nosotros y a otras personas, debemos aceptar el dolor pero no encerrarnos en él. Es más fácil lograrlo con las aflicciones ajenas, pero también es posible con las propias. Pienso que sanamos mejor de las ofensas una vez aceptamos el daño que nos han ocasionado. Ojalá todos podamos decir que lo sucedido no es una desgracia única, sino el comienzo de una historia de perdón y sanación.

Tomar las cosas menos personalmente no significa que nos guste lo que nos hicieron. Marilyn no queda satisfecha sólo porque la indiferencia materna sea común. No excusa a su mamá sólo porque ella a su vez también estaba dolida. No hace caso omiso de su propio dolor por el hecho de entender que la indiferencia materna es un problema difícil, pero muy común, que todos enfrentamos. Cuando ella ve lo impersonal no niega el impacto de lo personal. Lo personal y lo impersonal caminan juntos.

Al tomar su aflicción personalmente, Marilyn siente que su madre la hirió de por vida, y que sólo ella ha sido maltratada. Marilyn guardó un rencor profundo a partir de una experiencia difícil de vida. Enfocar el lado personal de la aflicción es el primer paso para crear y guardar el rencor; y puesto que ha ignorado el lado impersonal de la indiferencia materna, sigue sufriendo 40 años después.

Sabemos que estamos prestando demasiada atención a lo personal cuando sentimos molestia mucho tiempo después de lo sucedido. Cuando tomamos el dolor personalmente, el cuerpo libera sustancias químicas como respuesta al peligro detectado. Estas sustancias incitan la reacción a pelear o correr, y nos hacen sentir molestos física y mentalmente. Sentir la molestia mucho después de los hechos es síntoma indiscutible de que hemos tomado algo personalmente.

En el siguiente capítulo describiré en detalle cómo tomar algo personalmente puede lastimarnos física y emocionalmente. La conexión entre tomar algo muy personalmente y arriesgar la salud es el segundo paso en el proceso de guardar rencores. Arriesgamos la salud cuando culpamos al ofensor por nuestros sentimientos, y así empeoramos la situación.

CAPÍTULO 3

El juego de la culpa

Son las circunstancias las que muestran qué son los hombres. Por eso, cuando se le presente una dificultad, piense que Dios es como un entrenador de luchadores que lo enfrenta con un tipo joven y rudo. ¿Por qué?, se pregunta. Para que sea campeón olímpico, y eso no se logra sin sudor... Ningún hombre ha enfrentado una dificultad tan productiva como usted, siempre que decida usarla como lo haría el atleta frente a su joven antagonista.

EPICTETO

En los primeros dos capítulos mostré cómo se desarrolla el proceso de crear rencores cuando sucede algo que no nos gusta, y sigue mientras le arrendemos demasiado campo en la cabeza al dolor. Hay gran potencial para el rencor cuando se toman las cosas personalmente y, como Marilyn en el segundo capítulo, perdemos el contexto mayor. Dicho lo anterior, si Marilyn sencillamente hubiese tomado personalmente el comportamiento de su mamá y siguiera adelante con su vida, el daño sería mínimo. Pero hizo otra cosa. Se pasó la vida culpándola por todas las dificultades que se le presentaron.

A Marilyn se le dificulta relacionarse con los hombres. Culpa de su mamá. Nunca concluyó su educación y por eso trabajaba en oficios que considera inferiores a sus capacidades. Culpa de su mamá. Al casarse y comenzar su propia familia, su marido se quejó de sus destrezas maternales. Culpa de su mamá. Marilyn sufrió de depresión menor toda la vida. Culpa de su mamá. Luchó por años contra la gordura. Culpa de su mamá. A los 52 años de edad, Marilyn seguía culpando a su mamá y a su infancia de sus problemas.

Estoy de acuerdo con que Marilyn tiene unas dificultades legítimas. Tampoco cabe duda de que su mamá contribuyó a sus problemas. Ciertamente, si hubiese tenido una mamá cariñosa y dedicada, sus probabilidades de una vida de éxitos hubiesen sido mejores, y menores las de sufrir depresión crónica. Con lo que no estoy de acuerdo es con el grado de culpabilidad que Marilyn le achaca a su madre. Lo que no sabe es cuán dañino resulta culpar a alguien para el bienestar físico y la salud de sus relaciones.

Marilyn busca en su niñez y en su madre emocionalmente afectada la explicación de sus problemas actuales. Busca en el pasado para ayudarse en el presente. Busca afuera de sí misma la solución a problemas que solamente se le presentan a ella. Es incapaz de darse cuenta de que, no importa qué sucedió antes, ella es responsable en el presente por el curso que tome su vida. Está enterrada hasta las rodillas en el segundo paso del proceso de guardar rencores, llamado "el juego de la culpa".

Esta etapa en el proceso del rencor comienza luego de tomar algo muy personalmente. ¿Recuerda a Dana, en el primer capítulo, que tomó personalmente no recibir un ascenso, a pesar de que sabía que la compañía para la cual trabajaba buscaba contratar personal externo? Ella reaccionó ante la noticia como una afrenta personal a pesar de habérsele asegurado que su desempeño era excelente. Puesto que lo tomó personalmente, se sintió disgustada y molesta.

Para empeorar las cosas, Dana también cayó en el juego de la culpa. Culpó a sus jefes de mentirle. Culpó a la compañía por endulzarle el oído. Culpó a la humillación y al rechazo en el trabajo de sus dolores estomacales. Culpó a su empleador de su estrés y dificultades en la vida.

Cuando al disgustarnos preguntamos: ¿quién tiene la culpa? y luego insistimos que la razón de nuestro sufrimiento radica en otra persona, hemos dado el segundo paso en el proceso de guardar rencores. Caemos en el juego de la culpa, culpando a otros por nuestra aflicción. Esto es un problema, porque cuando la causa de nuestro dolor está afuera, también buscaremos la solución afuera.

La culpa es una de las hipótesis que podríamos formular sobre por qué nos sentimos mal. Cuando las personas han sido heridas en el pasado, pero siguen dolidas en el presente, buscan razones para explicar su dolor. Generalmente escogen la hipótesis de la culpa. Una hipótesis es una conjetura que ofrecemos como respuesta a una pregunta cuando la respuesta no es clara. Cuando usted compra una casa y quiere saber el monto de sus mensualidades, puede buscar la respuesta. Esa respuesta es una cifra específica. El agente de propiedad raíz podría ofrecerle un precio aproximado sin la calculadora a la mano, aun cuando es fácil hallar la respuesta exacta.

En asuntos del corazón es difícil obtener respuestas precisas. Nunca se sabe exactamente por qué la otra persona fue cruel. Nunca sabremos con certeza por qué sentimos disgusto o molestia. Nunca sabremos qué piensan los demás, y tampoco estamos informados de todas las aflicciones que sufre la persona que nos hiere. No podemos saber si las acciones de ese individuo buscaban lastimarnos. No podemos saber cuáles cosas de nuestro pasado influyen en nuestras experiencias hoy.

Sólo sentimos dolor y ofrecemos hipótesis para explicarlo. Algunas personas le achacan la mala fortuna a la posición de las estrellas en el firmamento, o tal vez a una maldición. Otras culpan a quienes los han lastimado. Conozco personas que le achacan la culpa a las decisiones tontas que han tomado. No hay una forma única que explique adecuadamente por qué las cosas son como son.

¿Cómo opera la culpa?

Alan es un hombre de 35 años y descubrió que su esposa mantenía otra relación. Habían estado casados seis años y él pensaba que el matrimonio era sólido. Cuando supo que Elaine lo engañaba se puso furioso y quiso el divorcio.

A pesar de que Alan teorizó sobre lo que estaba sucediéndole a su esposa, es interesante observar que prácticamente no tenía idea de lo que pensaba Elaine. Esto es porque ella se negaba a hablarle. Alan no sabe si Elaine se sentía poco apreciada por él o si solamente buscaba una mejor relación sexual. No sabe si alguna vez ella le dirá, o podrá decirle, la verdad. No sabe si Elaine se odia a sí misma o si lo odia a él, y ni siquiera si pensaba en él.

Cuando habla de ella ahora, dice que trató de arruinarle la vida. Insiste en que le temía a la intimidad y que lo hería deliberadamente. Ha escogido la hipótesis de la culpa para explicar el dolor que siente.

Igual que Alan, cuando sentimos dolor en el presente frecuentemente le achacamos la culpa a las aflicciones del pasado. Una manera de hacerlo es asumir que los demás quieren lastimarnos. Otra manera es relacionar las crueldades del pasado con nuestros sentimientos actuales. Ambas hipótesis dificultan nuestra sanación. Esto no significa que entender algunas de las causas de nuestros sentimientos y comportamientos no ayude. Recuerde que sentirse lastimado no significa automáticamente que alguien quiso lastimarlo. La verdadera cuestión es que, inclusive cuando pensamos conocer el origen de nuestros sentimientos, tenemos que desarrollar las destrezas en el presente que nos cambien para bien.

Podemos aprender a formular hipótesis que nos motiven a mejorar la vida y así sanar el dolor. Es lo opuesto a culpar. Al culpar a otra persona por nuestros problemas, seguimos atrapados en el pasado y alargamos nuestro dolor. Desafortunadamente, no nos damos cuenta de qué tanto reducimos nuestras oportunidades de sanar cuando culpamos a los demás.

Una de mis metas con este libro es ayudarle a usted a que desarrolle hipótesis que le ayuden a solucionar sus aflicciones. Es importante saber que la culpa solamente es una hipótesis que se construye para entender por qué estamos heridos. Al caer en el juego de la culpa, construimos el peor tipo de hipótesis para explicar el dolor. Casi siempre estas hipótesis garantizan la continuidad del dolor hasta tanto las cambiemos.

Lo engañoso del juego de la culpa es que al comienzo nos

sentimos mejor. Sentimos mejoría a corto plazo porque nuestro dolor es responsabilidad de otra persona. Pero, sin embargo, a largo plazo la sensación de bienestar se esfuma y quedamos indefensos y vulnerables. Solamente nosotros podemos tomar las acciones que nos permiten sentirnos definitivamente mejor.

Alan no sabe exactamente por qué sigue tan herido. Su hipótesis es que sufre porque su esposa buscaba lastimarlo, y por eso lo dejó por otro hombre. Alan culpa a su ex mujer por su dolor. El problema que afronta es que no puede cambiar lo sucedido. No puede retroceder el tiempo y hacer que su esposa lo quiera. Solamente puede cambiar su situación presente. Lo hecho, hecho está; y relacionar su bienestar emocional con algo del pasado es arriesgado. No puede cambiar ni su pasado ni a su esposa.

Ciertamente, la esposa de Alan se portó mal. Quebrantó sus votos matrimoniales varias veces. Su comportamiento lastimó a su marido, a su hijo y a la comunidad. Ella es responsable en parte por el rompimiento de la relación, y se le exige el pago del mantenimiento infantil y compartir los derechos de paternidad. No digo que Alan recibió lo que merecía ni estoy absolviendo a su mujer de responsabilidad por su comportamiento. Más bien me opongo a la insistencia de Alan de que su ex mujer le está causando su actual sufrimiento. Es inútil caer en el juego de la culpa, pues en vez de sentirse mejor, Alan sólo logra sentirse peor. Su esposa del pasado sigue controlando su bienestar presente.

Mi hipótesis sobre qué es lo que afecta tanto a Alan es que le está arrendando demasiado campo en la cabeza a su ex mujer. Algo hace en su vida diaria que ocasiona su dolor actual. Culparla le produce dolor, pero a medida que deje de hacerlo, irá mitigando ese dolor. Él es el único responsable de sus sentimientos presentes. En vez de culpar a su ex mujer por su sufrimiento, Alan debería preguntarse lo siguiente: ¿qué puedo aprender que me ayude a sufrir menos?

Cuando culpamos a otra persona de nuestros sufrimientos, cuando pensamos que otros son la causa de nuestro dolor, entonces necesitamos algo de esa otra persona para sentirnos mejor. Cuando Alan culpa a su ex mujer de sus angustias, necesita de ella una disculpa, que admita su error, que cambie o que le ruegue que la perdone; así se sentirá mejor. Pero esto es pedir demasiado. Es muy poco probable que suceda y mientras tanto Alan aguarda en vano. La triste verdad es que su ex mujer tiene una nueva relación a largo plazo y ni siquiera piensa en él.

Mientras que siga culpándola, más difícil le será sobreponerse al rechazo. También se le dificulta establecer una buena relación con otra mujer. Alan piensa que su ex mujer debería hacer algo por él, pero no tiene el poder para lograrlo. Puesto que no tiene poder sobre ella, ahora le agrega rencor y desesperanza al rechazo y al abandono del que ya es víctima. Culpar a su ex mujer sólo ha logrado empeorar su mala situación.

Alan y Marilyn aprendieron por la vía difícil que no podemos saber por qué otras personas han actuado de la forma como lo han hecho. Tampoco sabemos con seguridad las razones que nos hacen seguir sufriendo. Para responder frente a situaciones dolorosas, ofrecemos la mejor hipótesis disponible sobre lo sucedido. Sin embargo, es difícil saber a ciencia cierta qué produce qué. Algo de lo que influye en nuestros sentimientos viene del pasado y otro tanto del presente, y algunas cosas de nuestros deseos futuros. Algunas influencias provienen de nuestro propio comportamiento, otras del comportamiento de los demás, y algunas se deben a factores aleatorios. Nunca podremos saber con certeza por qué nos herimos. Lo único práctico que nos queda por hacer es aprender a que duela menos.

Luchar o escapar

Cuando pensamos en un dolor el cuerpo reacciona, como ante una amenaza, y se activa lo que se conoce como la respuesta de luchar o escapar. El cuerpo libera sustancias químicas cuyo propósito es prepararnos para responder ante el peligro luchando o escapando. Se les conoce como sustancias químicas del estrés. Su función es hacernos sentir incómodos para que así reaccionemos alejándonos del peligro.

Estas sustancias atraen nuestra atención produciendo cambios físicos. Hacen acelerar el corazón y encoger los vasos sanguíneos, con lo cual aumenta la presión de la sangre. También afectan la digestión y producen tensión muscular. La respiración se vuelve menos profunda y los sentidos se alertan para afrontar el problema en cuestión. La digestión se detiene y el flujo sanguíneo se desvía hacia el centro del cuerpo. Nos sentimos incómodos e inquietos.

Casi todos culpamos a la persona que nos lastimó por estas molestas sensaciones corporales. Al hacerlo, caemos en el juego de la culpa de tal forma que quedamos atrapados y sintiéndonos impotentes por mucho tiempo.

El estrés físico que sentimos al gravitar alrededor de una decepción o de un abandono es el motivo por el cual tenemos que luchar tanto para deshacernos de nuestros rencores. Cada vez que Marilyn pensaba en su mamá sentía estrés. Siempre que la recordaba tan distante se le encogía el estómago y le producía dolor de cabeza; y cada vez que se le presentaba algún síntoma físico le sobrevenía una ola de disgusto hacia ella por arruinarle la vida. La culpaba por su incomodidad presente, por activarle el mecanismo de luchar o correr. Esta respuesta física normal, y la culpa que le achacamos a la persona que nos lastima, consolida el rencor que comenzó cuando tomamos personalmente algo que no nos gustó.

Cuando pensamos en alguien que nos ha lastimado profundamente, nuestro sistema nervioso simpático entra de inmediato en acción. El sistema nervioso simpático es la rama del sistema autónomo nervioso cuyo papel es alistar el cuerpo para protegernos del peligro. El sistema autónomo nervioso controla órganos internos tales como el corazón, los músculos suaves y la respiración. También tiene otra división, llamada el sistema parasimpático, que nos tranquiliza una vez pasado el peligro. Ambos sistemas funcionan continuamente. Al aparecer un peligro, el sistema simpático se alista y toma el control de la reacción de luchar o escapar. Una vez pasa el peligro o estamos relajados, el sistema parasimpático controla la actividad y sentimos calma.

La reacción de luchar o escapar del sistema nervioso simpático es rápida y predecible. El problema es que solamente nos ofrece dos opciones: luchar de frente o huir en retirada. Tal vez queremos devolver la moneda a quien nos lastimó y esperar que sufra igual que nosotros. Por otro lado, tal vez deseamos no volverla a ver jamás y tratar de nunca pensar en ella. Aun cuando estas respuestas a tomar las cosas personalmente son corrientes, son básicamente el resultado de las sustancias químicas estresantes moviéndose por el cuerpo. Son reacciones primitivas y no el resultado de pensar detenida y productivamente. El problema es que las opciones que nos ofrecen esas sustancias no sirven para ayudarnos a retomar el control de nuestra vida emocional.

Dicho en forma breve, esas opciones son malas. No nos ayudan a afrontar la carga emocional con personas cercanas, aceptar las experiencias duras de la vida, ni solucionar las sutilezas de las relaciones íntimas.

Podría creerse que pensar en la venganza o evitar el dolor son reacciones bien analizadas. No es cierto. Son el resultado del sistema biológico de defensa. El sistema nervioso reacciona así cuando percibe peligro. Lo malo es que no sabe si el peligro que enfrentamos es presente o de hace 10 años. El sistema nervioso no sabe si su mamá le grita ahora o le gritaba en 1981. Tampoco sabe si su esposo tuvo otra mujer el año pasado o en 1993. El sistema nervioso reacciona de la única forma que sabe hacerlo, así se piense en el problema una vez o mil veces.

Para complicar las cosas, la reacción de luchar o correr altera la habilidad para pensar. Las sustancias químicas cumplen parcialmente sus funciones de protección reduciendo la actividad eléctrica disponible de la parte pensante del cerebro. También cumplen su función desviando el flujo sanguíneo desde el centro de pensamiento del cerebro hacia otros lugares menos desarrollados del mismo. Cuando Marilyn dice estar tan disgustada con su mamá que no puede ni pensar claramente, dice la verdad. Cuando sentimos frustración por estar pensando permanentemente en nuestras aflicciones, existe una razón.

Nuestro cuerpo está tan bellamente diseñado para protegernos del peligro, que no nos permite malgastar nuestros más preciados recursos planeando cosas o pensando en nuevas ideas. La biología dicta que la supervivencia es primero. El cuerpo está dispuesto a protegernos cada vez que recordamos los horribles gritos del jefe, o las 263 veces que describimos con lujo de detalles el día en que nuestra madre nos abandonó.

Pensemos en lo siguiente. ¿De qué otra forma podría el cuerpo limitarnos a dos opciones? El cuerpo trata de salvarnos la vida desviando algo de la energía eléctrica de la parte pensante del cerebro hacia otras partes menos desarrolladas. El cuerpo tratará de salvarle la vida cuando se enfrente con un tigre de Bengala. También lo hará si el auto de adelante pierde el control y usted tiene que accionar el freno de inmediato. Ante situaciones como éstas, necesitamos toda la concentración disponible para sobrevivir al reto.

El cuerpo no tiene necesidad de salvarle la vida cuando recuerda el desapego materno 10 años atrás. Tampoco tiene que luchar o huir cuando le cuenta a su pareja el grito propinado por su mejor amigo. No hay que activar el sistema nervioso simpático para explicar por enésima vez que mi padre quería más a mi hermana. Debemos aprender a distinguir el peligro real del peligro imaginario, para así operar eficazmente. No es posible aprender esta fundamental lección de la vida mientras sigamos culpando a los demás por lo mal que nos sentimos, o porque la vida no nos sonríe. Al caer en el juego de la culpa, quedamos atrapados en el círculo vicioso del dolor y la incomodidad física.

Ceder el poder

El error más grande que se comete bajo el efecto de las sustancias estresantes es culpar de nuestra molestia a la persona que nos lastimó. Al culpar a otros por nuestros sentimientos, les cedemos el poder de controlar nuestras emociones. Seguramente, tal poder será mal usado y seguiremos heridos. Es alarmantemente alta la cantidad de personas que le ceden poder a aquellos que no los quieren.

Sentirse mal cada vez que se piensa en la persona que nos lastima se vuelve costumbre y nos hace sentir víctimas de alguien más poderoso. Nos sentimos indefensos porque nos reiteramos mental y físicamente lo mal que estamos. Nos equivocamos al culpar al ofensor de esta reacción normal de defensa. El error le entrega las llaves de la salida de emergencia a otros.

Joanne le cedió el poder a su amiga Nancy. Nancy había aconsejado a Joanne sobre una relación amorosa, pero sus consejos no fueron efectivos. No pensó cuidadosamente en lo que Joanne le preguntaba, y en honor a la verdad, Nancy estaba celosa del éxito de Joanne con los hombres. Al romperse la amistad, Nancy empezó a salir con el hombre con quien Joanne había tenido una relación.

Joanne se sintió víctima de los caprichos y el descuido de Nancy. Quería que Nancy le resolviera la situación y le acabara su sufrimiento, pero ella no pensaba dejar de salir con Sandy, pues pensaba que estaba mejor con ella que con Joanne. Nancy quería mantener la amistad y se lo dijo a Joanne. Ella, a su vez, no podía creerle, y siguió viviendo bajo el esquema de luchar o correr. Pensó vengarse, o dejarla para siempre.

Evidentemente Nancy se portó mal con Joanne. Le aconsejó mal y, al terminarse la amistad, le partió el corazón enamorándose de su antiguo novio. Pero hasta que Joanne fue capaz de responsabilizarse de sus propios sentimientos, Nancy detentó el poder sobre el mecanismo de luchar o correr de Joanne. Al cederle su poder a una persona que no le dio lo que quería, se disgustó, y así siguió. Joanne tomó personalmente la actitud de Nancy, y con ello nació la furia y la liberación de sustancias estresantes. También la culpó de sus dolores estomacales, de su tensión muscular y de su ansiedad.

Joanne estaba a punto de crear un gran rencor. Permitió que la continuara lastimando alguien que no cambiaría y, como resultado, se sintió víctima indefensa de una mala amiga. Ceder poder sobre uno a otras personas que no tienen en mente lo mejor para uno es un grave peligro; también lo es cedérselo a quienes nos han lastimado.

Recordemos a Dana, en el primer capítulo. Sus superiores no querían herirla. Es más, apreciaban y admiraban su trabajo. No la tuvieron en cuenta para el ascenso porque contrataron personal por fuera de la compañía. Pero eso no le impidió culparlos por su carrera, su salud y su aflicción emocional.

La situación de Stan es completamente distinta, aun cuando también desembocó en rencores como los de Dana, que lo esclavizaban con la culpa que les achacaba a otros. Stan fue terriblemente maltratado por una madre alcohólica y un padre abusivo y ausente. Recuerda ver a su mamá ebria en el sofá y la vergüenza que sentía cuando llegaban amigos de visita. Su padre llegaba diariamente a pelear con su mamá, para luego atacarlo a él. Contaba con apenas 16 años cuando decidió irse de la casa. Sus padres jamás respondieron a sus cartas o llamadas.

Para empeorar las cosas, la mamá de Stan lo culpó por la situación familiar. Cuando llamaba, su madre le decía lo herido que estaba su padre, y cómo había acabado con la familia. En su última conversación telefónica le gritó que había desmembrado a la familia. Al poco tiempo murió.

Aun cuando soy sensible a la terrible infancia de Stan y a las primeras experiencias de su vida como adulto, dudo que sea útil culpar a la mamá por sus actuales sentimientos de furia. Ella fue indiferente y en ocasiones cruel. Pero ya muerta, no puede cambiar nada. Stan permanece ligado a ella hasta tanto la siga culpando de sus fracasos en la vida y de su furia crónica. Peor aun, Stan sigue cediéndole poder a una persona cruel, que fue incapaz de cambiar hasta el final de sus días.

Día tras día veo lo común de la experiencia de Stan. Veo a muchas personas que le ceden poder a otras crueles. Ahora pregunto: ¿cuántos le ceden poder a familiares que no se interesan por ellos? ¿Cuántos a los socios comerciales que quisieron lastimarlos, o a la pareja infiel? ¿A cuántas personas conocemos que miran hacia atrás en vez de mirar hacia adelante? ¿Cuántos se pasan la vida arrendándole demasiado espacio en la cabeza a sus dolores pasados?

Piense en el desperdicio de quedarse apegado por la culpa a personas que no se preocuparon por usted. El sufrimiento es un vacío sin fin que espera a los que caen en el juego de la culpa.

Cuando Nancy le arrebató el novio a Joanne, la sola pérdida de la relación ya era más que suficiente. Al no obtener Dana el ascenso, el sufrimiento por el dinero y el prestigio era suficiente. Al ser criado y luego rechazado por una mamá alcohólica, Stan debió sufrir más que suficiente. Cuando la esposa de Alan lo engañó y luego lo abandonó, esa pérdida ya era suficiente dolor.

Cada una de estas personas siguió apegada a su amigo, jefe, madre o pareja, culpándolos por su constante dolor. Cada uno siguió aferrado durante años a lo peor de su vida. Al tratar de resolver el problema de una herida inmerecida, solamente lograron agravar su situación. El problema que tenían era cómo hacer para sanar su herida y seguir adelante. Con la solución que ensayaron —la culpa— siguieron apegados. Siguieron relacionándose con quienes los lastimaron, prolongando el dolor y la impotencia.

Responsabilizar a las personas por sus acciones no es lo mismo que culparlas por nuestros sentimientos. Es justo esperar que los padres respondan por la manutención de los hijos. Es justo que el conductor que ocasiona un accidente y de inmediato desaparece pague tiempo en la cárcel. Lo que genera sufrimiento innecesario es responsabilizar a nuestra pareja por el sufrimiento permanente o por nuestra incapacidad de comenzar otra relación. En nada ayuda responsabilizar a ese conductor por nuestra permanente depresión, o nuestra renuencia a aceptar nuevos riesgos.

Es difícil desprenderse del dolor cuando las personas han sido crueles. He visto repetidamente cómo el perdón nos enseña esa destreza. El perdón nos permite recuperar el poder de las personas que nos siguen lastimando mediante el uso que le damos a la culpa y a la ofensa personal. Mantenernos apegados a personas que nos lastimaron, al tomarnos las cosas personalmente, es el primer paso en el proceso mediante el cual hacemos más intenso el rencor por no obtener lo que queríamos. La culpa es el segundo. El perdón es la llave que abre la puerta de salida.

En el siguiente capítulo seguiré analizando cómo se crean los rencores. Examinaré cómo al tomar personalmente una ofensa, y luego culpar a los demás por nuestros sentimientos, ésta se con-

vierte en rencor. Veremos cómo el maltrato termina convirtién-
dose en una historia en la que seguimos siendo víctimas y que se
repite una y otra vez. Bien sea que se la contemos a los demás
o a nosotros mismos, reiterarla nos ofrece poco alivio y poca
esperanza.

CAPÍTULO 4

La historia del rencor

La actitud infeliz no solamente es dolorosa, sino despreciable y desagradable.

¿Hay algo más ruin e indigno que el humor punzante, quejumbroso y rezongante, sin importar cuáles graves males lo ocasionaron? ¿Qué podría injuriar más a los demás? ¿Qué hay menos adecuado para salir de dificultades? Con ello sólo se logra asegurar y perpetuar los problemas que le dieron origen y se aumenta el malestar de la situación.

WILLIAM JAMES

Cuando unos amigos tienen una cita o salen de vacaciones esperamos que nos cuenten cómo les fue. Queremos oír una historia interesante. Si la cita o las vacaciones fueron buenas entonces traerán buenas historias para contar. Estar interesados en la historia no significa que nos interesen todos los detalles. Sería muy aburrido oír detalladamente el viaje en taxi desde Manhattan. O tal vez todos los platos del menú y cómo se decidieron por el desayuno. Imploraríamos misericordia si algún amigo nos narrara todos los programas que ha visto en la televisión. Lo que esperamos de ellos es una buena historia y no un resumen exageradamente detallado.

Al hablar con nuestros amigos sobre la relación con nuestros padres, pensamos en momentos especiales. Si papá fue cruel, podemos ilustrarlo con un par de ejemplos. Si papá y mamá fueron amables y generosos, podemos contar un par de anécdotas que lo demuestren. Nadie describe cada amanecer de su vida o los detalles de situaciones dolorosas. Es imposible describir cada momento de la infancia.

Lo que hacemos en lugar de lo anterior es elaborar nuestra historia para que los amigos se formen una idea de cómo fue nuestra infancia. Les ofrecemos una imagen instantánea de nuestra vida. Para contarla, escogemos los sucesos más representativos. Escudriñamos nuestra memoria y seleccionamos unos pocos entre miles de la niñez. Esperamos crear una historia que muestre la imagen de nuestras experiencias.

De la misma manera, nuestros amigos de vacaciones escogerán algunos momentos que consideran interesante contar. Al escucharlos queremos que nos transmitan los aspectos más importantes y llamativos. Hablando o escuchando, se construye una historia. Cómo se construye dicha historia, tiene consecuencias para nuestro bienestar. Cuando hablamos de rencores o heridas, la manera como creamos nuestra historia resulta especialmente importante. Ésta ordena los sucesos secuencialmente y permite describir nuestros sentimientos. Comentamos los hechos y ofrecemos interpretaciones sobre las acciones de los demás. Más importante aun, nuestra historia permite que digamos lo que significan para nosotros las experiencias. Para hacerlo, hay que decidir cuáles sucesos se quieren resaltar y cuáles otros dejar a un lado, o tal vez apenas mencionar. Nadie alcanza a imaginar el contenido de lo que decidimos resaltar, interpretar o dejar a un lado, y menos aun sabemos sobre el daño potencial si la historia se convierte en una historia de rencores.

Seguramente nunca se ha detenido a pensar que las historias que cuenta nacen de seleccionar el contenido de una amplia gama de experiencias. Es posible que tampoco haya pensado que existe algún grado de decisión, o que hay muchas formas para describir una situación particular. Tal vez ni siquiera tenga en cuenta que la razón principal de la historia es ayudarle a entender qué sucedió. El objetivo principal de cualquier historia es ayudar a poner en contexto lo sucedido. El segundo es describirlo.

Muchos puntos de vista

Veamos un hecho simple. No importa lo claros y evidentes que hayan sido los sucesos de una experiencia dolorosa, cada uno de los involucrados tiene su propia historia. Bien sea que nosotros hayamos sufrido la ofensa, o quien la cometió, cada persona se fija en aspectos distintos de una misma situación. Los espectadores, amigos y familiares tienen su propia versión de los hechos. Naturalmente, cada uno de nosotros tiene su propio punto de vista, dependiendo del papel representado.

No hay una misma historia que refiera lo sucedido desde todos los puntos de vista. No hay una historia verdadera, solamente muchos puntos de vista. Nuestra historia refleja nuestro punto de vista y, adicionalmente, transmite un tema. Para seleccionar nuestro tema, hay que escoger entre ser la víctima o el héroe, o describir a los demás como héroes o villanos. A veces el punto central de nuestra historia se refiere a lo bien que actuamos, o tratamos de ensalzar nuestros logros, o detallamos lo terrible que fue.

La historia también puede ser algo que mantenemos callado o compartimos con los demás. El hecho de no decirle a los demás no significa que no tengamos una manera de contarnos a nosotros mismos lo sucedido. Por cada suceso creamos una historia. Cómo la contamos, a quién y con qué frecuencia, afectará dramáticamente nuestra vida.

Nuestra historia no es solamente un recuento objetivo de la realidad. A veces tenemos que transmitir malas noticias y, al hacerlo, contamos cierto tipo de historia. En ocasiones se necesita delicadeza, y por eso transmitiremos los sucesos de cierta forma. Nuestra historia suministra información, pero también transmite ideas, y su intención podría influir sobre otras personas. El tipo de historia que contamos ilustra cómo recordamos el incidente y cómo nos afecta la vida.

Frecuentemente, cuando contamos una historia, nos concentramos en la parte negativa en que una situación dolorosa nos ha afectado. El peligro es quedar atrapados contando una historia en la cual tomamos personalmente una ofensa, y luego culpamos a otra persona por algo del pasado. Construimos una imagen de indefensión en la crueldad de la otra persona. Al hacerlo, creamos una historia de rencores.

Las investigaciones demuestran que las historias de dolor cambian de acuerdo al agraviador o al agraviado. En un estudio, los psicólogos pidieron a sus voluntarios responder a un punto que describía una situación común y corriente, en la cual una persona lastimaba a otra, como en un accidente de automóvil. Aunque evidentemente había una persona afectada, a los participantes únicamente se les suministraron detalles parciales. Luego pidieron a los voluntarios crear una historia y completar los datos desde el punto de vista de cada quien. Podían asumir el papel del ofendido o del ofensor.

Para hacer más interesante el experimento, se les dio amplia libertad de respuesta a los voluntarios. Podían describir lo ocurrido antes del accidente, lo que pensaban los involucrados, o también otras cosas, como las condiciones climáticas o de tráfico. La respuesta podía ser tan extensa como quisieran, y la razón para tal flexibilidad era darle a cada persona libertad para responder como quisiera.

Los resultados del estudio mostraron claramente una cosa. Si uno es el ofensor en una situación difícil ve las cosas muy distinto al ofendido. Los voluntarios que respondieron desde el punto de vista del ofendido, minimizaron su responsabilidad por lo ocurrido y le achacaron la culpa al ofensor. Para ellos, la persona que los lastimó buscaba hacerlo, pero ellos no tenían por qué ser culpables de lo sucedido.

Los voluntarios que respondieron desde el punto de vista de los ofensores lo hicieron diferente. Estas personas le dieron mayor responsabilidad de lo sucedido al ofendido, a la vez que minimizaban el daño producido por su acción. En sus historias el daño fue accidental, y los afectados generalmente hicieron algo que los puso en riesgo. Curiosamente ninguno de los dos grupos suministró una narración objetiva de lo acontecido. Ambos dieron una versión que reflejaba su punto de vista de manera clara, pero no hubo una realidad objetiva unánime.

¿Está usted contando la historia de un rencor?

Dependiendo de si se es el ofensor o el ofendido, algunas de nuestras historias se vuelven historias de rencores. Al escudriñar en la memoria, sabemos que algo de lo que guardamos son historias de rencores. En ellas describimos las cosas dolorosas por las que hemos pasado pero no hemos sanado. Las reconocemos porque, al contarlas, nos ponemos de mal humor o sentimos de nuevo dolor. Sabemos que se trata de la historia de un rencor cuando se siente molestia en el estómago, presión en el pecho, o sudan las manos. Las historias de rencor son las que se cuentan explicándole a un amigo por qué la vida no ha salido como queremos. Son las que contamos para justificar nuestra infelicidad o desagrado.

He aquí unas preguntas que le ayudarán a decidir si la historia que ha estado contándose a sí mismo y a los demás es una historia de rencor.

1. ¿Le ha contado su historia más de dos veces a la misma persona?
2. ¿Recuerda mentalmente los sucesos más de dos veces al día?
3. ¿Le habla a la persona que lo agravió, a pesar de no tenerla presente?
4. ¿Se ha propuesto contar la historia de su molestia sin alterarse, pero de repente se agita inesperadamente?
5. ¿La persona que lo lastimó es el personaje central de su historia?
6. ¿Al contar la historia, se acuerda de otras cosas dolorosas que le han sucedido?
7. ¿Se concentra su historia en su dolor y en lo que perdió?
8. ¿Hay un villano en su historia?

9. ¿Se ha propuesto no volver a contar su historia y luego rompe la promesa?

10. ¿Busca a otras personas con problemas parecidos para contarles su historia?

11. ¿Su historia sigue igual con el paso del tiempo?

12. ¿Ha revisado los detalles de su historia para constatar que sean precisos?

Si respondió afirmativamente a cinco de las primeras 11 preguntas, o respondió no a la pregunta 12, hay buenas probabilidades de que su historia sea de rencor. Pero no pierda la esperanza. Se puede cambiar una historia tan fácil como se creó.

Creación de la historia de un rencor

Lo que dificulta desprendernos de los rencores es la manera como se crean los recuerdos en la memoria. La mente guarda los recuerdos por categorías. Para que las cosas sucedidas adquieran sentido, asociamos las ideas con otros recuerdos. Los recuerdos, pues, se guardan por categorías. Al suceder cosas malas, quedan archivadas en "historias de rencores". También podrían guardarse en "la gente no me quiere" o "la vida es injusta". Algunas personas tienen archivos grandes para estas categorías y, por ende, recuerdan fácilmente sus dolores y rencores.

Al guardar los recuerdos de esa forma, la mente busca sucesos del pasado acordes con nuestro actual estado de ánimo. Si estamos tristes, tendremos acceso inmediato a los tristes recuerdos del pasado. Si nos disgustamos, encontraremos recuerdos que nos produjeron disgusto; y si pensamos en situaciones pasadas de maltrato, habrá otros ejemplos más para llenarnos la cabeza.

Las categorías de recuerdos más dañinas son aquellas que nos recuerdan cuando tuvimos sentimientos de impotencia y furia. Las historias de rencores hacen esto por naturaleza. Dada la naturaleza asociativa de la memoria, las cosas que activan estas categorías únicamente conducen a más sentimientos de dolor. No nos damos cuenta de la cantidad de estados de ánimo que vienen determinados por los recuerdos de dolores pasados. Enfocándonos en aquellos sucesos dolorosos disminuimos nuestra seguridad. Además activamos las sustancias químicas estresantes tan peligrosas para el bienestar.

Hice un gran esfuerzo para que Víctor entendiera el riesgo inherente a cómo contaba su historia de rencor. Víctor es ministro presbiteriano. Cuando lo conocí estaba disgustado y dolido porque sus superiores no le permitían reubicarse en otro lugar. Quería trasladarse a un clima más cálido debido a su artritis, pues vivía en Nueva Inglaterra, donde los inviernos son inclementes.

Tenía un cargo administrativo importante y los superiores le manifestaron que lo necesitaban allí. Para Víctor eran insensibles e indiferentes ante su salud y sus sentimientos. Se quejó amargamente de esta situación y frecuentemente traía a colación otras decisiones tomadas por los superiores que no le habían gustado. Evidentemente, Víctor se flagelaba concentrándose intensamente en las desagradables consecuencias de la decisión de sus superiores.

Como resultado, no podía recordar las buenas decisiones tomadas anteriormente por sus jefes. Estaba pensando en otras malas decisiones en lugar de pensar solamente en su situación actual. Le resultaba difícil decidir el mejor camino hacia el futuro mientras siguiera cargando una canasta llena de "malos jefes". Víctor estaba atrapado sintiéndose víctima de una suerte injusta.

De la misma manera, cuando creamos una historia de rencor, pasamos a la etapa final del proceso de rencor. Sufrimos contándola una y otra vez a los demás y a nosotros mismos. A pesar de tratarse de la tercera y última etapa del proceso de rencor, la historia generalmente señala el comienzo de dificultades venideras. La historia de rencor es nuestro recuento de frustración e impotencia, basado en tomar algo personalmente y luego culpar a otra persona por el sufrimiento. La historia parece verdadera cada vez que la contamos, porque las ya conocidas sustancias químicas recorren nuestro cuerpo; y contarla seguidamente es arriesgado para el estado de ánimo y la seguridad. También es un peligro para la salud, puesto que la presión arterial elevada se convierte en factor de riesgo cuando pensamos muy seguido en el rencor.

Al no recibir el ascenso esperado, Dana (capítulo 1) quedó desolada. Tomó el rechazo personalmente, culpó a sus superiores por dejar escapar su sueño, y contaba a todos cómo arruinaron su vida. Cada vez que Dana contaba su historia, revivía su inmerecida pérdida activando nuevamente la frustración y el disgusto. Su historia de rencor la dejaba a merced de la cruel suerte y de unos jefes caprichosos. Mientras siguiera contando la misma historia seguiría sintiéndose frustrada e impotente.

Al principio sus colegas simpatizaron con su reclamo. Sentían empatía con su pérdida y su frustración. Sin embargo, a medida que bajaba su desempeño laboral y seguía quejándose de haber "desperdiciado 10 años de mi vida", también se redujo el apoyo de sus compañeros. Muy pronto nadie quería estar junto a ella, cansados de oir su historia de rencor. Ellos mismos comenzaron a contar su propia historia. En su versión, Dana era el problema, pues afectaba el ambiente de trabajo y era incapaz de seguir adelante con su vida. Entonces Dana empezó a extrañarse por el distanciamiento de sus compañeros de trabajo.

Al crear su historia de resentimiento, Alan (capítulo 3) se concentró en los aspectos de su abandono que lo lastimaron personalmente. Resaltaba la infidelidad de su ex mujer pero hacía caso omiso de sus dificultades conyugales. Su esposa se quejó durante años de su falta de entusiasmo sexual. Alan solamente se concentró en los defectos de su mujer, pero nunca en intentar mejorar la relación. Se torturaba con la pérdida y era incapaz de ver que muchas personas afrontaban situaciones parecidas. Culpaba a su ex mujer cada vez que sentía soledad, le producían celos otras parejas, o se enfrentaba con problemas financieros. Su historia de rencor se reforzaba con el convencimiento de que su vida no tenía sentido sin el amor y el apoyo de su mujer.

Alan no completó el proceso de rencor hasta no crear su historia. Cuando su mujer lo abandonó, quedó sumido en el más profundo dolor. Podía haber tomado las acciones de su esposa muy personalmente, culparla del dolor, pero aun así crear una historia conservando algo de poder personal. Pero solamente cuando creó su historia de rencor, Alan perdió la flexibilidad para responder. No tenía que hacerse la víctima. Hay tantos casos de hombres que sobreviven a la pérdida como de quienes terminan destrozados.

Los amigos de Alan lo apoyaron cuando su mujer lo abandonó. Lo acompañaron y escucharon sus gemidos y reclamos. También conoció a otros hombres abandonados por sus mujeres, y todos estuvieron de acuerdo en que las mujeres son egoístas y poco confiables. Éste fue un período corto de la vida en el que Alan sintió mucho apoyo, a pesar de encontrarse profundamente dolido.

Pero infortunadamente, el apoyo se fue erosionando a medida que sus amigos se interesaban por otras cosas y seguían con su vida. Los otros hombres recientemente divorciados siguieron adelante, y no necesitaban ni querían oír las mismas quejas. Se aburrieron de oírse a sí mismos, y a Alan, quejarse. Comenzaron a dejarlo a un lado, culpa que también le achacó a su ex mujer. A regañadientes comenzó a salir, pero siempre regresaba desilusionado: una está muy flaca, la otra habla demasiado y la siguiente no escucha lo suficiente.

Cuando conocí a Alan estaba solo, amargado y sin saber qué lo hizo tan infeliz. No sabía el precio que estaba pagando por su historia de rencor. Cada dardo mental que le mandaba a su ex mujer se lo clavaba él. La furia que sentía por ella le impedía atraer a otras mujeres. Su desconfianza le hacía juzgar duramente a los demás. Su dolor le hacía casi imposible encontrar temas de interés que atrajeran la atención de sus amigos. Todo esto se lo achacaba a su abandono, y de ahí su dolorosa historia.

Quiero aclarar la diferencia fundamental entre crear una historia de rencor y simplemente contarle a los demás nuestra aflicción. La historia de Alan no se convirtió en historia de rencor por contarle a los demás la traición de su mujer. Tuvo la inteligencia de buscar ayuda al romperse el matrimonio. Tenía una historia de rencor porque la contaba una y otra vez, y en ella le achacaba la responsabilidad de su malestar a su ex mujer. Su historia se convirtió en rencor porque tomó personalmente las acciones de su ex mujer. Cada vez culpaba de su infortunio al pasado. No escuchaba las sugerencias de familiares y amigos para sacar adelante su vida, y más bien se quedó atorado en un ciclo de dolor.

Encuentre apoyo social

Los investigadores han descubierto que las personas como Alan y Dana, que comparten sus experiencias con los demás, tienden a tolerar mejor el estrés. A esto se le conoce como apoyo social y, cuanto más se tenga, tanto mejor. Las investigaciones demuestran que el apoyo social es benéfico para las personas que sufren de estrés. Las personas que buscan el apoyo de familiares y amigos viven generalmente más contentos y con mejor salud.

Los científicos también han encontrado que los individuos sin amigos y que tienen que afrontar las cosas por sí solos luchan más contra las experiencias difíciles de la vida y mueren antes. Más aun, un extenso estudio muestra que las personas socialmente aisladas corren mayor riesgo de muerte prematura. La falta de compañía es igualmente peligrosa para la vida, o más peligrosa aun, que el cigarrillo. Otro estudio demuestra que las personas de avanzada edad con infarto al corazón tienden a morir en el hospital si no reciben alguna visita. Un solo visitante aumenta considerablemente sus probabilidades de salir con vida del hospital; así es que por cada visitante extra, mayor probabilidad de sobrevivir.

Cuando se trata de sobreponerse a las dificultades de la vida, por ejemplo la pérdida del empleo, una reorganización en la empresa, condiciones tensionantes en la oficina o la estancia prolongada en el hospital, el apoyo social es crucial. Las investigaciones también demuestran que la ayuda apropiada de amigos y familiares cuida de nuestra salud. Puede ayudarnos a resolver nuestras tensiones.

Sin embargo, en otra serie de estudios, algunos investigadores descubrieron aspectos interesantes del apoyo social sugiriendo que existe apoyo positivo pero también negativo. Todos necesitamos el apoyo de las personas que se interesan por nosotros. Pero tenemos que usar sabiamente ese apoyo.

Las personas que más aprovecharon el apoyo social pidieron consuelo durante menos tiempo. Solicitaron consejo y querían saber cómo afrontar mejor lo sucedido. Querían que sus familiares les fuesen sinceros y luego buscaron con ello cambiar su vida. Estas personas usaron el apoyo para ayudarse en momentos difíciles beneficiando su salud. Se encontraron ante un reto y lo asumieron decididamente. Pudieron haber creado una historia de rencor pero prefirieron el sentido común y el apoyo de sus amigos para afrontar la crisis, para luego contar la historia del éxito en el manejo de sus problemas.

Aquellos que no aprovecharon el apoyo social, solicitaron otras cosas de sus familiares y amigos. Se quejaban con ellos por su maltrato y pedían su apoyo aun cuando estuvieran equivocados. Pensaban que sus problemas eran muy grandes y se molestaban ante los retos presentados. Su autoestima era tan frágil que no aceptaban consejos de cambio por su propio bienestar. Todas estas personas contaban su historia de resentimiento y se resistían a abandonarla. Como consecuencia sufrieron problemas de salud.

Quiero referirme a la historia de una mujer que usó sabiamente el apoyo de amigos y familiares. Hasta ahora he escrito sobre personas para quienes sus historias de rencor eran más importantes que aprender a vivir con sus pérdidas. Pero ésta es la historia de una mujer que encuentro admirable. Demuestra que no todas las ofensas deben convertirse en rencor, y que no todas las historias de rencor son inevitables solamente porque estemos profundamente heridos. Al leer su historia, veremos cómo la ayuda de los demás nos puede llevar a convertirnos en héroes en lugar de víctimas.

René fue atropellada por un automóvil cuando montaba su bicicleta en una calle poco transitada de alguna pequeña ciudad. Era una experimentada ciclista, montaba regularmente hasta la oficina y conocía las normas de tráfico. Se movilizaba por el lado correcto de la calle, señalizaba debidamente y utilizaba el casco.

No le corría prisa y se desplazaba cuidadosamente. Pero nada de eso la protegió cuando un conductor apresurado intentó sobrepasarla por adentro, atropellándola. René fue golpeada violentamente, lanzada al aire y el conductor huyó. Quedó gravemente herida y estuvo interna dos semanas en el hospital con la cadera fracturada y con una conmoción severa. Al salir estuvo en recuperación en su casa durante seis meses.

La cadera nunca sanó por completo, sufrió de jaquecas crónicas y caminó con bastón durante cinco años. Nunca encontraron al conductor que la atropelló. Tuvo que dejar el trabajo, y su marido se vio obligado a conseguir otro mejor remunerado. Sin embargo, René sobrevivió al accidente, a la pérdida de su empleo, al suceso fortuito de violencia, y todavía debe aguantar dolores crónicos. Logró esto convirtiendo su dolor en compasión por el dolor de otros. Ahora tiene un nuevo empleo de tiempo completo y además es voluntaria en una clínica del dolor ayudándoles a los demás a sanar sus heridas.

En lugar de quejarse, René agradece la ayuda de su marido y de su familia. Les cuenta a sus conocidos que no hubiese sobrevivido sin su ayuda. Les agradece que le hayan demostrado amor mas no lástima. Aprecia que su esposo la haya motivado a regresar a la escuela cuando aún estaba adolorida. Habla cariñosamente de su padre, quien le aconsejó relacionarse con otras personas que vencieron problemas parecidos. Recuerda cuando le dijo: "No puedes cambiar el pasado, pero eres la única que puede construir tu futuro". Aunque se siente frustrada por el dolor, René sabe que hoy es mejor persona por todo lo que ha tenido que vivir.

Cada uno de nosotros puede aprender a manejar las heridas y el dolor como René. No es necesario contar interminables historias de victimización. Podemos perdonar a quienes nos lastimaron y seguir adelante con nuestra vida. Podemos perdonarnos a nosotros mismos por quedar atrapados y dolidos. Podemos perdonar a nuestros padres si nos lastimaron, y también a los amigos y familiares a pesar de no habernos apoyado. Podemos ayudar a nuestros amigos a perdonar y a seguir adelante si los vemos atrapados. Podemos crear una historia en la cual somos héroes y no víctimas.

Escogiendo la historia

El proceso de crear una nueva historia empieza por tener cuidado cada vez que se habla de las cosas dolorosas sin solucionar del pasado. Cuando escuchamos hablar de las aflicciones pasadas, es necesario detenerse un instante para ver si se cuenta una historia de rencor. Si es así, hay que parar y respirar profundo. La historia del rencor, aparentemente tan cómoda y familiar, es un enemigo. Es lo que nos tiene acorralados, más que la misma causa del dolor. Nos mantiene en el pasado. Es alienante para los amigos y la familia, y nos hace recordar a todos que somos víctimas. Una vez que cambiemos la historia estaremos en el camino de la sanación.

¿Recuerda la metáfora de los aviones en la introducción del libro? Ahora pensemos en ellos de otra manera. Voy a usar esa metáfora para ilustrar diferentes formas de describir una situación difícil.

Los aviones han estado volando en círculo durante horas, pero ahora cada uno de nosotros es un pasajero atrapado esperando aterrizar. Finalmente aterrizamos, llegamos a destino y se abre la puerta. Me interesan las diferentes reacciones al ver a los familiares y amigos que nos aguardan.

Algunos tendremos historias de rencor listas para abrumar a nuestros conocidos. Nos quejaremos del retraso, de la mala comida, describiremos pormenorizadamente la ineptitud de la aerolínea y pensaremos cómo nos deberían compensar por el sufrimiento ocasionado. Otros dirán a sus seres queridos lo mucho que les alegra verlos. Hablarán de la falta que les han hecho y lo agradecidos que están de haber aterrizado sanos y salvos. Estas personas querrán compartir con los amigos, y al preguntárseles dirán que fue un reto guardar las esperanzas luego de tantas vueltas en el aire.

Es razonable pensar que los pasajeros que cargan una historia previa de rencor sufrirán más que aquellos sin ella. Para las personas que sencillamente están contentas de haber aterrizado y felices de ver a la familia de nuevo, el vuelo ya es cosa terminada. Aquellos con rencores seguirán sentados en el avión durante meses, a pesar de haberse terminado el vuelo. Cada uno escoge la historia que quiere contar. Recordemos que podemos perdonar y seguir adelante, o permanecer amarrados a cosas sobre las que no tenemos control.

Ahora que conocemos los tres pasos que crean un rencor, veamos cómo se perdona. Mediante la experiencia del perdón, enseñaré cómo se puede contar una historia diferente. Veremos las opciones que tenemos para corregir nuestra historia y no resaltar más el mal cometido o el dolor sufrido. Aprenderemos a contar nuestra historia de tal forma que los problemas sean retos para afrontarse y no solamente rencores que nos atrapen. Al terminar este libro, su historia lo pintará como un héroe conquistador, capaz de sobreponerse a los obstáculos. Su historia será la de un héroe que salió vencedor en el camino del perdón.

CAPÍTULO 5

Reglas, reglas, reglas

Aquello que es pasado y que no se pudo evitar no se debe sufrir.

BIG ELK, JEFE MAHA. Tomado de *Commonplace Book of Prose*,
1830.

En cada uno de los anteriores capítulos he dicho que el resentimiento nace al ocurrir algo que no deseamos y le alquilamos demasiado espacio a ese suceso. Los tres pasos del proceso del resentimiento son los cimientos con los cuales entendemos qué es lo que está ocurriendo cuando los dolores del pasado nos hacen sentir una dolorosa combinación de emociones y pensamientos. Ya he descrito los tres: tomar las cosas personalmente, caer en el juego de la culpa y crear una historia de rencor. Sin embargo, aun queda la pregunta: ¿cómo se explica que unas situaciones se conviertan en rencores pero otras no? No siempre que no se obtiene lo deseado se produce un resentimiento. ¿Existen factores que determinen por qué algunas situaciones pueden producir más resentimiento que otras? La respuesta es un gran sí. Antes de guardar un resentimiento, reaccionamos de una forma específica ante una situación dolorosa. El porqué reaccionamos así es el tema de este capítulo.

Lo que apuntala el proceso del resentimiento es algo que he llamado "reglas para no observar". Aquí enseño cómo un error sencillo y pequeño nos hace reaccionar mal ante una desilusión o una derrota iniciando el círculo vicioso del proceso del resentimiento. Este pequeño error es la fuente de todo rencor. Antes de dar el paso hacia el perdón, debemos retroceder para examinar los momentos dolorosos cuando todavía teníamos la opción de decidir cómo responder.

Regresemos, pues, al caso de Sarah, a quien conocimos en la introducción. Sarah no quería que su esposo Jim llegara tarde. Sin embargo, sus salidas nocturnas sumadas a sus malas costumbres laborales eran tan sólo unas de varias señales de que Jim padecía de problemas de adicción. Muy pronto, el problema se convirtió en la pesadilla de las llamadas telefónicas tarde en la noche, grandes deudas y abandono. La dejó con un bebé y una montaña de cuentas sin pagar. Naturalmente, Sarah no quería que esto le sucediera y reaccionó con furia.

El sueño de Sarah sobre cómo debía ser su vida no contemplaba la destrucción producida por las sustancias adictivas. Soñaba con una familia amorosa, con el apoyo de un padre trabajador y cariñoso. Reaccionó con indignación, furia y dolor al no obtener lo deseado. Tomó personalmente el problema de adicción de Jim, lo culpó por su zozobra y creó una historia de resentimiento que contó por años. Sarah pensaba que su marido era la razón de sus problemas emocionales y de la vida. No sabía el papel que ella misma jugaba en su descontento. No sabía que su reacción ante el problema lo hacía más doloroso y duradero.

Pensemos sobre un hecho obvio. No todas las personas casadas con un adicto terminan como Sarah. No todos los casados con un alcohólico crean rencores. Algunas personas logran identificar las señales de peligro, tomando rápidamente posiciones firmes. Sobreviven a pesar de sufrir dolor y vergüenza. Inclusive pueden crecer gracias a la superación. Otras personas hacen esfuerzos titánicos para ayudar a su pareja, concentrándose en los esfuerzos positivos. Otras más se reúnen con personas que luchan con situaciones similares y encuentran aliento poniéndose en contacto con grupos de apoyo. Algunas personas hacen lo posible por manejar el problema y siguen adelante cuando ya han agotado sus recursos. En ninguna parte está escrito que se debe crear un resentimiento por haberse casado con un adicto.

Reglas que no se pueden hacer cumplir

Existe una forma particular de pensar que nos lleva desde el punto A, en el que sucede algo, hasta el punto B, donde se forma el resentimiento. La forma específica como Sarah veía su situación le hizo incrementar la zozobra. Algunas de sus costumbres mentales acrecentaban sus problemas, mientras que otras los minimizaban. El proceso mental que lleva hacia el resentimiento es el que trata de hacer cumplir reglas que no se pueden hacer cumplir. Lo que sigue en este capítulo explica dichas reglas y cómo las creamos.

Para entenderlas mejor, imaginemos un diligente oficial de policía cuyo trabajo consiste en vigilar un tramo congestionado de carretera. Desde su patrulla observa un automóvil BMW último modelo corriendo a 150 kilómetros por hora. Comienza a escribir la multa y enciende el motor. Sin embargo, hace un ruido pero no responde. Sin poder moverse, ve cómo se acerca otro auto a gran velocidad, y otro más. Mientras piensa qué hacer se disgusta y siente impotencia.

Su cabeza se llena de preguntas: "¿Escribo una multa para cada auto o dejo así las cosas? Si escribo las multas ¿qué hago con ellas? ¿Qué hago con respecto a los autos que continúan pasando a esas velocidades?" El oficio del policía es detener a los infractores de la velocidad, pero como su motor está descompuesto, no puede hacerlo. Se encuentra en la difícil situación de hacer cumplir las reglas sin los medios necesarios. ¿Qué se puede hacer con las reglas que no se pueden hacer cumplir?

Peor aun resultaría si pasa un automóvil a 180 kilómetros por hora con el conductor ebrio. Ahora no solamente le preocupa la velocidad, sino el riesgo para otros conductores. El policía tendrá que enfrentarse a una crisis si ese conductor ocasiona un accidente y luego huye. Él sigue varado y no puede hacer nada. El auto no responde y el oficial no puede cumplir con su deber. Se encuentra ante el hecho de tener que hacer cumplir las reglas que en ese momento no se pueden hacer cumplir.

El interrogante con el que lucha el policía es el mismo que

afrontamos todos cada vez que se viola una de nuestras reglas que no se puede hacer cumplir. La pregunta es: "¿sigo escribiendo multas que no puedo entregar?" Lo mismo que el agente, frecuentemente nos encontramos en situaciones en las que tenemos que descubrir qué hacer al no tener control sobre ellas.

Imaginemos que el policía tiene que esperar dos horas antes de que lo recoja otra patrulla. En ese lapso de tiempo ve pasar 50 autos a 150 kilómetros por hora. Supongamos que escribe una multa para cada auto. ¿Qué hace con ellas? Tal vez las coloque en el asiento trasero de su patrulla, o tal vez adentro de su cuaderno de anotaciones. No importa dónde las guarde, van a obstruir parte de su vida. De la misma manera obstruimos la mente cuando escribimos multas que no podemos cobrar a nombre de amigos, parejas, vecinos y socios de trabajo.

Frecuentemente, al tratar de hacer cumplir reglas que no se pueden hacer cumplir, escribimos multas mentales para "castigar" a aquellos que han actuado mal. Infortunadamente, si nuestra regla no se puede hacer cumplir, los únicos lastimados seremos nosotros mismos. Nos llenamos la mente de multas. Nos frustramos porque las cosas no resultan como queremos. Nos molestamos cuando ocurre algo equivocado. Sentimos impotencia porque no logramos que las cosas salgan bien.

Estoy convencido de que al tratar de hacer cumplir algo sobre lo cual no tenemos control, creamos un problema para nosotros mismos y éste se nos cruza en el camino mientras averiguamos qué es lo mejor para hacer. Es mucho más difícil saber qué hacer cuando estamos molestos, frustrados e impotentes. Es difícil tomar decisiones acertadas cuando escribimos multas constantemente pero no tenemos a nadie a quién entregárselas.

La zozobra se cruzó en el camino de Sarah cuando quiso averiguar qué hacer al desmoronarse su matrimonio. El vano intento por hacer cumplir reglas que no se podían hacer cumplir —no solamente la adicción de su marido— estuvo a punto de ocasionarle un colapso. Las multas que escribió se convirtieron en un problema tan grande como el comportamiento de su marido.

La probabilidad de hacer cumplir reglas que no se pueden hacer cumplir es la misma que hacer brotar sangre de una roca. Pensemos por un instante por qué hacer esto vuelve más difícil la vida. ¿Alguna vez a obligado a una persona a hacer lo que no quiere? ¿Tuvo éxito? ¿Ha tratado de obtener lo que necesita de alguna persona que no quiere colaborar? ¿Cómo le fue? ¿Alguna vez le ha exigido a su pareja que sea más cariñosa? ¿Tuvo suerte? ¿Se ha enojado consigo mismo al cometer un error? ¿Le ayudó en algo molestarse? ¿Alguna vez le exigió a su jefe un mejor trato? ¿Modificó con ello su comportamiento? Cada uno de estos deseos normales es un ejemplo de tratar de hacer cumplir reglas que no se pueden hacer cumplir. Tratar de cambiar lo que no se puede cambiar, o tratar de influir sobre aquellos que no quieren ser influenciados, únicamente resultará en fracaso y ocasionará malestar emocional.

Nuestras reglas determinan nuestros sentimientos

Las reglas que establecemos para el comportamiento propio y el de los demás determinan buena parte de nuestros sentimientos. ¿Por qué? Porque algunas reglas se pueden hacer cumplir, pero otras no. Al tener demasiadas reglas que no se pueden hacer cumplir, creamos un problema. Tratar de hacer cumplir solamente aquellas cosas sobre las cuales tenemos control hará más llevadera nuestra existencia.

Cuando le pido a mi hijo de dos años que no entre a mi habitación, puedo colocar una reja en la puerta para dejarlo afuera. Si lograse trepar por la reja, puedo llevarlo a la sala o tal vez colocar una reja más grande. Si quiero y tengo ánimo, puedo mantener al niño lejos de mi habitación. Generalmente, hago que se quede donde yo quiera. Puedo hacer cumplir mi regla.

Cuando establecemos la regla para que nuestro hijo de 18 años regrese a casa con el auto todas las noches a las 10:30, estamos a las puertas de la frustración. Se le puede insistir hasta el cansancio, pero la decisión final sobre la hora de regresar la tomará él. A no ser que se tenga una relación excepcional con el joven, no es uno quien está sentado junto a él cuando conduce.

Podría retrasarse por varias razones. Tal vez hay demasiado tráfico. Tal vez decida obedecer a sus amigos y no a nosotros. Se le puede olvidar la hora de regreso. Podría no importarle lo que pensamos. Exigirle regresar a una hora determinada es una regla que no se puede hacer cumplir. Podemos controlar físicamente a nuestro hijo de dos años, pero no se puede hacer lo mismo con el de 18. La diferencia es que el mayor tiene la posibilidad de escoger si nos hace caso o no.

Tratamos de hacer cumplir una regla que no se puede hacer cumplir al culpar a los demás por nuestros sentimientos. Ciertamente hacemos lo mismo cuando tomamos personalmente el comportamiento de otra persona. Es prácticamente seguro que existió una regla que no se podía hacer cumplir cuando creamos un resentimiento. Cada vez que nos molestamos por alguna razón, estamos intentando hacer cumplir una de esas reglas. Más aun, sentirse disgustado, impotente o deprimido es señal de ello.

Podemos saber que estamos tratando de hacer cumplir una norma que no se puede hacer cumplir, si algo nos ocasiona mucha zozobra, con la excepción de una pérdida reciente o una enfermedad. Al afrontar la muerte reciente de algún ser querido, la pérdida de la casa, o al enterarnos de una enfermedad grave, es natural sentirse abrumado y sin poder pensar claramente. Sin embargo, una vez transcurrido un breve período de tiempo, debemos enfrentar el problema de hacer cumplir una regla que no podemos hacer cumplir.

Nadie tiene el control de su propia salud, ni sobre la muerte o vida de las personas queridas. Dicho de forma directa, cuando sucede algo desagradable, tenemos la opción de aceptarlo o no aceptarlo. La razón por la cual no aceptamos lo que nos sucede es porque nos aferramos a nuestras reglas. Es lo mismo que la persona que cae al mar por la borda y se aferra al ancla, y en el último suspiro sigue reclamando que el ancla debió evitar que el barco se zarandeara en medio de la tormenta.

¿Qué es una regla?

Una regla es cualquier expectativa que se tenga sobre cómo debe ser una cosa, o sobre cómo debería pensar o comportarse una persona. Hago amplia esta definición a propósito. Todos establecemos reglas sobre cómo debemos pensar y actuar, cómo deben pensar y actuar los demás, y cómo debería ser nuestra vida. Tenemos reglas prácticamente para todo, incluyendo la forma apropiada de vestir, el lenguaje apropiado, cuántos autos debería haber en la carretera, el número correcto de productos en cada línea del supermercado, cómo deberían hablar los demás, cómo deberían tratarnos nuestros hijos, e inclusive cómo debería ser el estado del tiempo.

Una regla que no se puede hacer cumplir es una expectativa que tenemos pero que no tenemos el poder de hacer que suceda. Puede ser la expectativa de que los padres lo traten tan bien como al hermano, o de ganarse la lotería. Puede ser el deseo de ganar el primer premio en una carrera u obtener un aumento de salario. Podría ser la expectativa de un día soleado o que la fila del supermercado sea corta. Son infinidad de expectativas sobre las que no tenemos el poder de hacer que sucedan.

Una regla que no se puede hacer cumplir es aquella sobre la cual no tenemos control para hacerla o no cumplir. Es aquella sobre la cual no tenemos el poder de hacer que sucedan las cosas como queremos. Al tratar de hacerla cumplir nos molestamos, nos amargamos, nos desalentamos y nos sentimos impotentes. Tratar de forzar algo imposible es ejercitar la frustración. No es posible obligar a la pareja a querernos, al socio a ser justo o al padre a tratar igual a todos sus hijos.

Cualquiera quedaría frustrado si al mirar a la roca esperase a que brotara sangre. Casi todos los padres se alteran y se sienten frustrados mirando el reloj cuando su hijo adolescente llega tarde; y los hijos de padres duros se molestan porque quisieran que su vida se pareciese más a un programa divertido y no a una mala telenovela. Nosotros nos frustramos cuando esperamos que nos traten mejor de lo que nos tratan. Cada vez que tratamos de hacer cumplir una regla que no se puede hacer cumplir, sobreviene la frustración y la impotencia. Imaginemos la frustración y la furia de Sarah cada vez que Jim regresaba tarde. ¡Cuántas multas escribiría y guardaría en su cabeza!

Cuantas más reglas tengamos, mayor es la probabilidad de sentirnos alterados y desilusionados. Cuanto más busquemos hacer cumplir lo que no podemos controlar, peor nos sentiremos. Sólo con aferrarse a una de estas reglas se le abre la puerta al sufrimiento cada vez que se quebranta. Cada vez que Jim llegaba tarde, Sarah se molestaba. Lo hacía porque él estaba afuera tomando y porque ella estaba sola. Pero también se molestaba porque Jim no le obedecía. No estaba haciendo lo que ella pensaba que debía hacer. Sarah se sentía impotente tratando de hacer cumplir una regla que no podía hacer cumplir.

Como resultado, Sarah escribió cantidad de multas para Jim. Él quebrantaba todas las reglas; quebrantó tantas que Sarah perdió la cuenta. El problema era que Jim no tomaba las multas en serio. No le importaba que ella lo multara todo el día. Pero las multas comenzaron a llenar los pensamientos de Sarah.

Parte de su frustración era una respuesta legítima al comportamiento destructivo y negligente de su esposo. Como se verá en el siguiente capítulo, para poder perdonar es importante saber qué comportamientos no van con uno y cuáles son los límites que no se deben traspasar. Sin embargo, otra parte del sufrimiento era la insistencia de Sarah para que Jim fuese de cierta forma cuando no tenía el poder para hacerlo. No podía hacer que dejara su adicción a las drogas. No tenía el poder para hacerlo volver a casa en las noches. No podía forzarlo a llegar temprano al trabajo, y no podía hacer que la quisiera. En lugar de aceptar la total falta de responsabilidad de su marido, Sarah mantuvo vivo un control ilusorio. Por eso cada vez que Jim quebrantaba una de sus reglas, ella se molestaba, y nunca se preocupó por pensar si las reglas que le imponía eran realistas.

Sarah veía el comportamiento de su esposo en la forma exacta que se necesita para crear un resentimiento. Pensaba en él de tal forma que tomaba su comportamiento personalmente y lo culpaba de todos sus problemas. Ella pensaba que estaba mal que su esposo fuese adicto a las drogas. Pensaba que tenía que regresar a casa por la noche. Pensaba que Jim tenía que llegar a tiempo al trabajo. Pensaba que tenía que quererla. Sarah creó una serie de reglas que Jim rompía descaradamente una y otra vez, y escribió docenas de multas. Sus reglas la hacían sufrir todavía más.

No digo que el comportamiento de Jim fuera aceptable. No digo que sea fácil convivir con un adicto. El actuaba de manera irresponsable, maltrataba a su esposa y era negligente con el matrimonio. No sugiero que Sarah pudiera vivir con una persona así o soportar las desgracias de su matrimonio sin dolor. Lo que estoy diciendo es que tratar de hacer cumplir reglas que no se pueden hacer cumplir genera sentimientos de impotencia y molestia y no de poder. Escribir multas no es lo mismo que tomar acciones constructivas. Escribimos multas cuando no sabemos qué acción constructiva tomar.

Lorraine es ahora una madre sola de dos niños. Estuvo casada con Larry durante 17 años. Estando casados, Larry trabajaba todo el tiempo; y, efectivamente, ella se la pasaba sola. Prácticamente nunca estuvieron juntos y Larry no asistía a las actividades escolares de sus hijos. La relación se erosionó por negligencia, y Lorraine se sentía cada vez más amargada.

Un día ella no aguantó más y le manifestó sus sentimientos. Entonces se pusieron de acuerdo para pasar el siguiente sábado juntos. Llegó el sábado. Lorraine se despertó y encontró una nota de Larry donde le decía que iría unos minutos a la oficina. Luego de cuatro horas, no se sabía nada de Larry. Loraine estaba furiosa, y cuando su esposo regresó, le gritó y le lanzó varios utensilios de la cocina. Le dijo que estaba cansada de sus mentiras. Larry quebrantó la regla de Lorraine por última vez y le pasaron una buena multa. Él no entendía por qué se había molestado tanto. Al fin de cuentas, solamente estaba adelantando algo de trabajo.

"Mi marido no debe mentirme", es un ejemplo de una regla que no se puede hacer cumplir. Lorraine y Larry tendrían un mejor matrimonio si él hubiese sido más sincero. Tal vez no quería estar en la casa con Lorraine y no sabía cómo decírselo. O tal vez sentía algún resentimiento por el comportamiento de su esposa. La furia de Lorraine hizo difícil el diálogo fructífero. Ella estaba demasiado concentrada escribiendo multas como para pensar en dialogar. Estaba convencida de que Larry estaba equivocado por haber quebrantando su regla y no creía necesario escuchar su versión de la historia.

A todos nos encantaría que las personas más cercanas fuesen sinceras con nosotros. Nuestras relaciones serían mucho mejores porque confiaríamos más fácilmente en la pareja y sentiríamos seguridad. Infortunadamente, la realidad es que no podemos hacer que nuestra pareja sea más sincera de lo que decide serlo. No podemos obligarla a hacer nada que no quiera hacer. Si Larry quiere trabajar y mentir sobre ello, no hay nada que Lorraine pueda hacer para evitarlo. Imagino que muchos, o todos nosotros con parejas que mienten, escondemos reglas que no se pueden hacer cumplir debajo de una montaña de multas.

Antes de examinar este tema, quiero hacer una diferenciación muy pertinente. Muchas personas confunden sucesos inesperados con sucesos indeseados. Frecuentemente, uno espera que no ocurra lo que no se quiere. Pero los dos son distintos. Por ejemplo, si oye que alguien golpea a su puerta a las 3:45 de la mañana, seguramente sentirá ansiedad. Preguntará quién es agriamente o con inseguridad. Si una voz le responde que tiene usted un cheque de gerencia a su nombre por 100.000 dólares, la noticia era inesperada pero ciertamente bienvenida. Seguramente no le molestará recibir un cheque de esa suma.

Sin embargo, si la persona que golpea viene a incautar su automóvil, entonces este suceso es inesperado e indeseado. Si está atrasado en sus pagos, el llamado podría ser esperado pero definitivamente indeseado. Si se molesta es porque tiene una regla diciendo que, a pesar de no haber cumplido con la obligación financiera, eso no debería acarrearle consecuencias.

Para Sarah, la adicción de su marido era un problema inesperado e indeseado. Al casarse con Jim, ella no tenía planes de contingencia contra esa adicción. De alguna forma no estaba siendo realista. A pesar de no querer un marido alcohólico, es algo que puede ocurrir. Muchas personas tienen ese problema. Al comienzo, el hábito del licor de Jim fue inesperado e indeseado. Con el paso del tiempo, Jim casi nunca estaba sobrio, y su adicción se convirtió en esperada pero indeseada. Sin embargo, las reglas de Sarah que no se podían hacer cumplir no le permitían juzgar con claridad y le dificultaban reaccionar ante un comportamiento esperado pero indeseado.

En el caso de Lorraine, el rechazo de Larry fue inesperado e indeseado. Tuvieron un noviazgo muy cariñoso y unos buenos años de matrimonio. Pero luego, la ausencia de Larry se hizo corriente. Su ausencia del hogar se volvió esperada pero indeseada. Lorraine no fue realista. A pesar de no querer un esposo indiferente, lo tenía, lo mismo que millones de mujeres. Su respuesta fue molestarse y buscar maneras de vengarse de Larry.

En ambas mujeres, el sufrimiento nació de no poder aceptar la realidad de su vida. Vivían con maridos que las desilusionaban en lugar de satisfacerlas. Pero en lugar de actuar constructivamente, cada una de estas mujeres trataba de hacer cumplir sus reglas. Las dos escribieron multas a granel y sufrieron porque no comprendían el poder mortal de las reglas que no se pueden hacer cumplir. Cada una argumentaba que su regla era la correcta, mientras que la de sus maridos estaba equivocada. Ninguna se dio cuenta de que no hay forma de ganar cuando se trata de hacer cumplir estas reglas.

El dolor sentido por cada una tenía que ver con qué tanto trataba de hacer cumplir la regla. Se molestaban cuando se quebrantaba. Ninguna de las dos tenía el poder de hacer que sus maridos hicieran lo que ellas querían, lo que generaba sentimientos de impotencia. Sarah tenía una regla en la cabeza: su marido no debe beber. Si Jim no debía beber, ¿por qué lo hacía? Seguramente él tenía una regla diferente. Su regla decía que estaba bien hacerlo. Tal vez tenía otra regla que decía que las esposas solamente deberían ocuparse de sus propios asuntos. Sarah no seguía sus reglas y tal vez eso le ocasionó frustración.

Ella no sabía que su regla de no beber no se podía hacer cumplir. Para ella, lo normal que una esposa debe esperar de su marido es sobriedad. Para mí, ésa es una regla que no se puede hacer cumplir y que terminó con la opción de Sarah de recuperarse de su difícil y dolorosa experiencia. En su caso, la regla hizo más difícil todavía vivir con un borracho. Jim era alcohólico y hacía lo que hacen los alcohólicos: beber. Sarah escribió muchas multas por el comportamiento esperado pero indeseado. No se adaptó bien al comportamiento inesperado porque insistía que Jim parara. Para Sarah, tener una regla para hacer cumplir lo que no se puede hacer cumplir quebrantada regularmente, generó el ciclo que le hizo crear un resentimiento.

Las reglas están en todas partes y son la raíz de casi todos los sufrimientos. Generalmente marido y mujer tienen reglas distintas para la misma cosa. Esto puede originar toda suerte de problemas. Una de las reglas femeninas que escucho con más frecuencia es: "He tenido un día muy duro en el trabajo y necesito que mi marido me entienda y no me fastidie con el sexo". Pero los maridos generalmente tienen una regla muy diferente. Ellos piensan: "He tenido un día muy duro en el trabajo. Necesito a mi cariñosa y sexualmente dispuesta esposa". Cuando esto ocurre, ambos tienen reglas que no se pueden hacer cumplir.

Linda y Jorge eran así. Cuando Jorge quería hacer el amor y Linda estaba muy cansada, ella reaccionaba molesta con Jorge por quebrantar su regla —aun cuando no lo decía de esa forma— y lo consideraba un patán desconsiderado. Infortunadamente, la regla para Jorge era diferente. Él interpretaba la falta de deseo sexual de su esposa como una descortesía. Como resultado, Linda generalmente andaba de mal humor con Jorge y Jorge sentía que su esposa lo rechazaba. Los dos trataban de hacer cumplir sus reglas en vez de afrontar la realidad de las limitaciones propias y las de su pareja. Su matrimonio mejoró cuando dejaron las reglas a un lado y más bien empezaron a perdonarse mutuamente.

Detrás de todo resentimiento hay una verdad: la parte ofendida guarda reglas que no se pueden hacer cumplir y que han sido quebrantadas. Una regla puede ser tan general como por ejemplo "yo no debería sufrir", "la gente debería ser amable conmigo", o "a mí deberían quererme". También puede ser una regla general de comportamiento, como por ejemplo "mi novio debió ordenar el cuarto de baño como le pedí". En cualquier caso, exigir que se observen reglas que no se pueden hacer cumplir se encuentra en la base del proceso del resentimiento.

Cuando pensamos que las personas a quienes hemos querido deberían querernos igual, estamos creando una de estas reglas. El solo hecho de quererlas no significa que también nos deban querer a nosotros. Si la mujer piensa que el marido no debería beber sino regresar con ella a casa por la noche, está creando una regla. Que ella quiera sobrio a su marido no significa que él piense lo mismo. Si creemos que los amigos no deben mentir, estamos creando una regla que no se puede hacer cumplir. Que la relación sea más llevadera al decir la verdad no significa que los amigos deban facilitarnos la relación.

Cuando usted dice que su familia debería ser más sensible ante su aflicción, está creando una regla. Que usted necesite cariño no quiere decir que la familia tenga que dárselo cuando usted quiera. También crea reglas cuando espera que el estado del tiempo sea perfecto durante las vacaciones. Sólo porque usted quiere que haga buen tiempo no significa que así ocurrirá. Si desea que el jefe le tenga paciencia, está creando una regla que no se puede hacer cumplir. Que usted quiera tener un jefe sensible no quiere decir que eso sea prioritario para él.

Lo que se desea no es igual a lo que se recibe

En cada uno de los ejemplos anteriores se estableció claramente lo que se desearía que sucediera. Cada ejemplo consiste en un deseo bueno y positivo. El mundo sería un lugar mejor si todos fuesen amados y tratados justamente. Cada uno de éstos es un buen deseo, y es positivo saber qué es lo que uno quiere. El problema sobreviene cuando nos damos cuenta de que lo deseado no es lo mismo que lo recibido. Solamente porque Alan (capítulo 3) quería que su esposa volviera a él de rodillas no significa que aquello fuese probable. Se le olvidó que podía vivir sin ella. Cuando Lorraine confundió querer que Larry trabajara menos, con pensar que Larry debería trabajar menos, se olvidó de que había sobrevivido sin él durante años.

Las reglas que no se pueden hacer cumplir afectan nuestro discernimiento. Tratamos con tanto ahínco de hacer cumplir nuestras reglas que no caemos en la cuenta del mal que están ocasionando. Culpamos a los demás por quebrantar las reglas. Escribimos multas para castigarlos. Le retiramos el afecto. Hacemos toda clase de cosas que nacen de la molestia y el dolor en vez de hacer aquello que podría ayudar: pensar si nuestras reglas se pueden hacer cumplir.

El proceso de resentimiento comienza cuando deseamos algo y establecemos una regla que no se puede hacer cumplir para obtenerlo. Recordemos a Dana, quien pensaba que debía obtener el ascenso deseado. Ella cometió un grave error que cambió el deseo en regla. Quería el ascenso, pero quiso creer que se lo debían. Confundió diez años de servicio a la compañía con la seguridad de que el ascenso era suyo. Dana no estaba en control de la decisión, de manera que creó una regla que no se puede hacer cumplir. Ignorando siquiera que había establecido una regla, y más aun, que dicha regla no podía hacerse cumplir, pensó que su deseo por el ascenso significaba que se lo debían. Esto le ocasionó una profunda aflicción, al tomar todo personalmente, al culpar de su fracaso y su depresión a sus superiores y al crear una historia de resentimiento.

Todas las personas sobre quienes he escrito en este capítulo sufrieron por sus reglas. Para Dana y Alan, no obtener lo deseado, seguido de años escribiendo multas, les ocasionó un profundo dolor emocional. Su dolor, molestia y desesperanza concentró su atención en la persona que los lastimó. Esto afectó su discernimiento y les imposibilitó vivir plenamente. Su capacidad de decisión también sufrió y quedaron atrapados durante años.

El primer paso para desenmascarar las reglas que no se pueden hacer cumplir es identificarlas. Cuando nos damos cuenta de que estamos creando dichas reglas, hemos dado el primer paso hacia la autosanación. Solamente con eso recuperamos parte del poder que le hemos cedido a otras personas para que nos lastimen. El siguiente paso es crear reglas que generen paz y mejor control sobre las emociones. Con paz y control también llega un mejor discernimiento y capacidad de decisión.

A veces tenemos que solucionar situaciones difíciles. Por ejemplo, convivir con una pareja alcohólica es una experiencia angustiosa, y con sólo establecer reglas más sencillas no se soluciona el problema. Hay que pensar en cómo protegernos nosotros y posiblemente a los niños. Para hacerlo hay que actuar con sensatez. Con la cabeza llena de ira y desesperanza porque se han quebrantado nuestras reglas, tendremos menos energía disponible para analizar nuestras alternativas. Es difícil dejar a la pareja o hacer efectiva una orden de restricción. Agrandamos el reto al insistir que la pareja haga algo que no puede: beber con responsabilidad.

En lo que resta del libro aprenderemos a no crear más reglas que no se pueden hacer cumplir. Aprenderemos el método para escribir menos multas, comprobado mediante la investigación. Tener una regla que sí se puede hacer cumplir aumenta la probabilidad de mantenerse en control cuando la pareja hace algo que a uno no le gusta. Con reglas así, uno protege la posibilidad de tomar buenas decisiones, inclusive ante el problema de una pareja alcohólica. Con ellas podemos perdonar y tomar decisiones encaminadas hacia nuestro bienestar en lugar de reaccionar ante una pareja descarriada. La paz y el control ayudarán al mejor discernimiento y toma de decisiones.

Recordemos que en casi todos los casos en los cuales se siente un gran dolor emocional, se busca hacer cumplir una regla que no se puede hacer cumplir. Pero hay esperanza. Todos podemos aprender a cambiar nuestras reglas y reclamar nuestro poder. Podemos aprender a perdonar.

SEGUNDA PARTE

El perdón

CAPÍTULO 6

Perdonar o no perdonar: he ahí la cuestión

La bondad y la sensatez deben unirse siempre;
Errar es humano, perdonar divino.

ALEXANDER POPE

Hasta ahora hemos visto extensamente cómo se forman los rencores, aun cuando le hemos prestado poca atención al perdón. Este libro enseña sobre la importancia del perdón en la salud y la felicidad. Con eso en mente, enfocaré el libro en su propósito: ayudarnos a aprender a perdonar a quienes nos han lastimado y a nosotros mismos.

Empiezo por donde siempre comienzo mis charlas sobre el perdón: por mi declaración de que el perdón es una alternativa. Ni usted ni yo tenemos por qué perdonar a quienes nos han lastimado. Pero, por otra parte, podemos perdonarlos. La decisión la tomamos nosotros. El perdón no viene accidentalmente. Es una decisión que hay que tomar. No se perdona únicamente porque pensamos que hay que hacerlo. El perdón no se puede forzar. No es mi intención exigirle a usted que perdone, aun cuando sí le mostraré cómo hacerlo. Luego, la decisión será suya. Para ayudarle a decidir, quisiera mostrarle por qué pienso que perdonar lo beneficia. La alternativa existe, bien sea que alguien solicite, o no, que se le perdone. Todos podemos aprender a aterrizar los aviones que siguen volando en círculos. Al decidirnos por el perdón, nos liberamos del pasado para sanar el presente.

Quiero que el perdón sea una de las alternativas a su disposición cuando lo maltraten. Veo continuamente que las personas olvidan la variedad de formas que hay para reaccionar cuando se sienten lastimadas. A veces se disgustan. Otras se ofenden y permanecen con el dolor. A veces dejan que el problema no los afecte. Algunas veces las heridas del pasado emponzoñan y contaminan el presente. En ocasiones no tienen paciencia. No existe una forma única de reaccionar.

En momentos diferentes podemos sentir compasión por la persona que nos lastima o ponernos furiosos con nosotros mismos. A veces no entendemos exactamente lo sucedido, y no sabemos cómo reaccionar.

Todos reaccionamos diferente ante el dolor en cada circunstancia. Por eso quiero que el perdón sea una alternativa a su disposición, para que lo use en caso de necesidad.

En los capítulos iniciales del libro aprendimos el proceso mediante el cual se crea un resentimiento. Arrendarle demasiado espacio en la cabeza a un problema es la consecuencia de tomar algo personalmente. Luego, al culpar a los demás por nuestros sentimientos cedemos poder y proseguimos a la creación de la historia del resentimiento. Respaldando este proceso hay una tendencia a crear reglas que no se pueden hacer cumplir y que esperamos sean observadas por todo el mundo.

Hasta ahora he usado ejemplos de personas reales con problemas reales para mostrar cómo se desarrollan los rencores. Lo he hecho por un motivo: quiero dejar totalmente claro, sin sombra de duda, que los rencores no ocurren por casualidad. Sólo porque fuimos maltratados no significa que debamos crear un resentimiento. Los rencores no son inevitables sólo porque hay una herida profunda. Los rencores se forman cuando reaccionamos de cierta forma ante situaciones particulares.

Los primeros capítulos explican que los pensamientos y sentimientos producidos por un dolor juegan un papel importante en la creación del resentimiento. Una vez logramos entender nuestro papel en el proceso podemos decidir representar el papel principal de nuestra sanación. La forma más poderosa de sanar es mediante el perdón. Cuando perdonamos, tomamos menos personalmente las cosas, culpamos menos a quien nos lastima y modificamos la historia del resentimiento. Al aprender el proceso del perdón, podemos perdonar a cuantos nos han lastimado de cualquier forma.

En este capítulo y los siguientes examinaré las razones por las cuales estamos mejor al decidir perdonar. Describiré las diferencias entre perdonar, aceptar, reconciliación y justicia. He adelantado estudios de investigación que demuestran, de manera concluyente, que lo que voy a enseñarle funciona. Describiré detalladamente esos estudios. Otros estudios científicos demuestran que el perdón puede mejorar la salud, las relaciones y la estabilidad emocional. Usaré también los datos esenciales de aquellas investigaciones pioneras.

Preparación para perdonar

El perdón es solamente una alternativa entre varias otras que podemos escoger cuando estamos heridos. Infortunadamente, del perdón poco se habla y, menos aun, se practica. Esto es cierto, a pesar de que el perdón es una doctrina fundamental de las enseñanzas religiosas y de la política mundial. Las investigaciones sugieren que la mayoría de las personas no tienen en cuenta el perdón cuando deciden cómo manejar las crueldades de la vida. No tener la alternativa de perdonar lastima la mente, el cuerpo y el espíritu.

El perdón no es algo esotérico o del otro mundo. Es una destreza que usted puede desarrollar. El perdón ocurre cuando deshacemos cada paso del proceso del resentimiento. Aprendemos a equilibrar el aspecto impersonal del dolor con el personal, lo cual casi siempre significa tomar algo doloroso menos personalmente. Tomamos responsabilidad sobre nuestros sentimientos cuando alguien nos lastima. Finalmente, cambiamos nuestra historia de resentimiento por una historia de perdón, y pasamos de víctimas a héroes.

Antes de proseguir, debemos aclarar las tres condiciones previas necesarias para perdonar. Las tres son simples y casi todos los lectores de este libro las habrán cumplido ya:

- Saber lo que se siente sobre lo ocurrido.
- Tener claridad sobre la acción que motivó el dolor.
- Compartir la experiencia por lo menos con una o dos personas de confianza.

Si usted no cumple con estos requisitos, el perdón tendrá que esperar. No hay que apurarse a perdonar, pues cuando se esté preparado, hacerlo será más fácil y profundo. Frecuentemente conozco personas como Darlene, quienes se ponen en riesgo al cumplir estos requisitos repetidamente. Jack, su novio, la dejó plantada en el altar, y tres años más tarde seguía arrendándole espacio en la cabeza a su novio. Se quejaba de lo mal que se sentía y de lo equivocado que estaba al terminar la relación. Le contó su desdichada historia a todos cuantos quisieron escucharla. Llevó las tres condiciones previas hasta el extremo. Veo a más personas como Darlene, atrapadas abriéndose las heridas, que personas que no están listas para empezar a perdonar.

La primera condición previa es poder describir sus sentimientos. Eso no significa que los sentimientos sean simples y claros. Los sentimientos cambian día a día, van y vienen. Sarah se molestó con su ex marido un par de días por su adicción, y luego consigo misma por embarcarse en una situación tan desesperada. Esto vino acompañado por un sentimiento de fracaso de su parte por crear una relación tan frágil. Además, sentía vergüenza de ser madre sola dependiente de la beneficencia. Otras veces se mostraba desafiante pregonando que ningún sucio ex marido arruinaría su vida.

Cuando nos maltratan podemos esperar varios sentimientos dolorosos. No tiene nada de raro sentirse molesto, confundido, furioso, abandonado, solo o asustado. Es corriente sentirse aturdido y abrumado; sentir una cosa un día y otra al día siguiente.

Sarah sacó provecho de identificar sus sentimientos. Identificarlos hace contrapeso a negarlos o minimizarlos. Es fácil y corriente negar la intensidad de nuestros sentimientos como una manera de ahorrarnos dolor. A veces nos cuesta trabajo aceptar que realmente ocurrieron cosas malas que duelen. Podemos negar la intensidad de nuestros sentimientos para seguir metidos en una relación difícil. Reconocer cómo nos sentimos es un paso en la lucha contra la tendencia a permanecer en una relación dolorosa y ofensiva. De cualquier manera, no estaremos listos a perdonar hasta tanto tengamos claridad sobre nuestros sentimientos.

Es igualmente importante saber exactamente qué ocurrió que sea inaceptable. Esto significa tratar de recordar detalles lo mejor posible. No significa que debamos escudriñar exhaustivamente cada minuto de lo ocurrido. El propósito es liberarnos de la tendencia a negarlo o minimizarlo. Queremos saber que lo experimentado es un comportamiento inaceptable y poder decir claramente lo que estuvo mal. ¿Cómo podemos saber qué cosa evitar en el futuro si no tenemos claridad sobre los límites traspasados? Tener claridad sobre lo que nos produce dolor reduce la posibilidad de que repitamos una situación dolorosa.

Al principio Darlene decía que su novio era un fiasco, un mentiroso de primera clase y lo odiaba. La había engañado y lo odiaba. Cada dos frases repetía que lo odiaba. Le pregunté si tenía algún otro sentimiento. Al cabo de un instante, triste y vulnerable, respondió que se sentía sola y con miedo de volver a confiar.

Sus sentimientos eran complicados y a veces contradictorios. Estaba confundida sobre cuáles sentimientos eran verdaderos. Estaba asustada y, por ende, brava; o, ¿acaso estaba brava y, por ende, asustada? Le recordé que no era necesario sacar todo en claro. Solamente saber lo que sentía. Darlene tenía miedo a estar sola, molesta con su ex novio, molesta consigo misma, confundida y dolida. También dudaba de sí misma y pensaba si acaso el comportamiento de Jack tendría que ver con la falta de deseo por ella. ¿También la dejarían plantada otros hombres? ¿Encontraría alguien que la amara sinceramente?

Jack dejó a Darlene para irse con otra mujer. Le pregunté qué había de malo en ese comportamiento. Me miró como si yo fuera de Plutón y respondió que él le había arruinado la vida. Dijo que lo odiaba y que era un miserable. Luego de otras insinuaciones y algunas lágrimas, dijo: "Me mintió, deshonró a mi familia y me partió el corazón". Le costó tanto calmarse que no tenía claridad sobre lo que Jack hizo mal. Sus sentimientos negativos la abrumaron. Cuando logró articular lo que estuvo mal, entonces cumplió las dos primeras condiciones.

La tercera condición previa para perdonar es contarle a un puñado de amigos de confianza lo sucedido. Eso significa hablar sobre los sentimientos y sobre lo que estuvo mal. Compartir el dolor con unas pocas personas de confianza ayuda a afrontar la situación. Ayuda a traducir los sentimientos en palabras haciéndolos más claros. Compartir el dolor hace que los demás se preocupen por uno y nos brinden su consejo y apoyo. Compartir el dolor nos ayuda a conectarnos con su universalidad y nos ayuda a no sentirnos tan solos.

Hablar abiertamente con una o cinco personas no significa que sea mejor hacerlo con 20. Compartimos nuestra historia con más gente para denunciar al ofensor, lanzar un gemido de dolor, o hacerle saber a los demás que hemos sido víctimas. Estas razones son distintas a buscar consejo y apoyo, y no son otra cosa que la narración repetida de nuestra historia de resentimiento.

Si usted no tiene amigos o familiares de confianza, le sugiero un terapeuta o un grupo de apoyo. Si esto no es posible, escriba sus experiencias en una hoja de papel y luego analice lo escrito. Puede compartir anónimamente lo escrito en conversaciones por Internet. Pero debo prevenirlo sobre una cosa: por favor, no comparta su dolor con personas que puedan lastimarlo o aprovecharse de su confianza. Tampoco tiene que compartir su dolor con quien lo haya lastimado, pues aquella persona no es necesariamente la más indicada.

Una vez compartido su dolor con personas de confianza, puede dar el siguiente paso y aprender a perdonar. Ya sabe cómo se siente, ya sabe lo que está mal, y ya compartió su dolor.

Desde hacía tiempo, Darlene le había contado a varias personas todo lo que se puede decir sobre quedar plantada en el altar. Se dio cuenta de que contar su historia día tras día le ayudaba cada vez menos, y solamente lograba reafirmarle su desilusión y condición de víctima. Quizás para ella, y tal vez para usted también, lo más difícil sea identificar lo que estuvo mal. En cualquier caso, después de completar cada uno de estos pasos —saber cuáles son sus sentimientos, tener claridad sobre lo que estuvo mal, y compartir su experiencia con una o dos personas de confianza— usted estará listo para perdonar.

¿Qué es el perdón?

El obstáculo principal para perdonar es no entender lo que es el perdón. Algunas personas confunden perdonar con aceptar acciones crueles. Hay quienes piensan que perdonamos con el fin de arreglar la relación con el ofensor. Varios tememos perdonar porque pensamos que no se podrá obtener justicia. Algunos creen que el perdón es el paso previo a la reconciliación. También hay quienes piensan que perdonar es olvidar lo ocurrido, o que tenemos que hacerlo porque nuestra religión dice que hay que perdonar. Cada una de las anteriores ideas está errada.

El perdón es el sentimiento de paz que va naciendo a medida que el dolor se deja de tomar personalmente, se va asumiendo la responsabilidad de los sentimientos, y se pasa de víctima a héroe en la historia que usted narra. El perdón es experimentar la paz en el momento presente. El perdón no modifica el pasado, pero cambia el presente. Perdonar significa que, a pesar de estar herido, uno decide lastimarse y afligirse menos. Significa formar parte de la solución. Perdonar es entender que el dolor es normal en la vida. Perdonar es por usted y nadie más. Se puede perdonar y restablecer la relación, o perdonar y jamás hablar de nuevo con esa persona.

Frecuentemente me preguntan si hay un límite de tiempo para perdonar. La respuesta es no. No hay un mismo ritmo para todos. A veces la sola decisión de perdonar es todo lo que se necesita. Ruth pasó años molesta con su tía por no asistir a su boda. Su madre y su tía se pelearon toda su vida adulta, y al llegar la boda las dos hermanas estaban enfrentadas. Ruth había sido cercana a su tía y tomó el desaire personalmente. Años después tuvo un bebé y este suceso le hizo recordar cuánto extrañaba a su tía.

No podía llamarla porque no lograba sobreponerse al desaire de la boda. Cuando le enseñé que el perdón no solamente era posible sino que se podía aprender, llamó a su tía y le dijo que le hacía falta. Afortunadamente para Ruth, su tía fue receptiva y le pidió excusas por su inmadurez. Lo único que necesitó Ruth para llamar a su tía fue la sugerencia de que podía perdonarla. Tenía el equilibrio para perdonar; solamente necesitaba la motivación. Ruth aprendió que el perdón es una alternativa razonable al dolor y al disgusto. Incluyó el perdón en sus alternativas y lo usó a la primera oportunidad.

En el extremo opuesto está Will. Estaba deshecho por la infidelidad de su esposa. Habían estado casados durante diez años cuando ella le dijo que estaba enamorada de otro hombre. Se fue de la casa y, en cuestión de semanas, inició los trámites para la custodia de los niños. Will no había presentido la situación y se sintió furioso, dolido y profundamente rechazado. La infidelidad lastimó su autoestima de muchas formas.

Se deprimió y comenzó a beber. Su desempeño en el trabajo bajó y perdió a sus amigos. Cuando lo conocí cuatro años más tarde era un hombre amargado. Un amigo le regaló de cumpleaños una de mis lecciones sobre el perdón. Will aceptó el regalo, pero era un fastidio en la clase. Discutía e insistía que algunas cosas sencillamente no eran justas, y hablaba más que los 20 estudiantes juntos. Al finalizar el ciclo me dijo que mi material era interesante, pero insistió en que su dolor y los embustes de su mujer quedaban por fuera del alcance del perdón.

No volví a verlo durante seis meses, hasta que apareció de nuevo en una de mis clases. Esta vez había pagado su ciclo. Para ser sincero, yo tuve sentimientos encontrados de verlo otra vez. Siguió el curso con la misma actitud desafiante y con las mismas preguntas casi hostiles de la primera vez. Pero al final de las seis semanas me dijo que, aun cuando el perdón no funcionaría con su esposa, lo había puesto a prueba exitosamente con otras personas. Le dije que tal vez llegaría el día en que incluso su esposa podría ser perdonada.

De nuevo pasaron unos cuantos meses, y entonces recibí un correo electrónico de Will. Me contó que había empezado a salir con una mujer muy agradable. Dijo que cuando empezó a salir con Julie actuaba con la misma amargura y mordacidad que cuando lo conocí. Ella le dijo que escucharía su dolor y le daría apoyo emocional, pero no permitiría que la maltratara. Will se dio cuenta de que tendría que decidir entre confiar o no en ella.

En su mensaje me dijo que todavía debatía mi metáfora de los controladores del tráfico aéreo, pero que de pronto entendió que aquella larga animosidad con su ex mujer ocupaba un espacio muy valioso de su cabeza. Ahora estaba con una mujer que no aceptaba eso, pues su maltrato pasado no le otorgaba el derecho de ser rudo con ella. Will decidió que Julie era más importante que su ex esposa y comenzó a poner en práctica algunas de las cosas que le enseñé. Le abrió su corazón a Julie y, al hacerlo, le dio una oportunidad a su relación. Escribía para agradecerme y para preguntarme si él había sido el hueso más duro de roer. Will perdonó a su ex mujer. Tuvo que aguardar a estar preparado. Pero la perdonó.

Escogemos el perdón porque es bueno para nosotros y bueno para quienes nos rodean. Al perdonar nos ayudamos y servimos de ejemplo a los demás. Al perdonar permitimos que los aviones que llevan años volando aterricen. Como se explicará en el siguiente capítulo, he realizado investigaciones científicas que demuestran por qué descongestionar la pantalla del radar es bueno para la salud mental, emocional y física. Lo que resta de este capítulo versará sobre las tres amplias razones de por qué el perdón es benéfico.

El perdón es benéfico

El principal beneficio del perdón es la reafirmación de que no somos víctimas de nuestro pasado. Ciertamente, el pasado influye en el presente. En el segundo capítulo vimos como Marilyn vivió toda la vida afectada por su relación con una madre fría e indiferente. No puede cambiar el pasado ni retroceder el tiempo. Pero sí puede aprender nuevas formas de vivir en el presente perdonando a su mamá.

Algunas personas crecen en familias que les enseñan cosas siendo niños que luego les cuesta olvidar siendo adultos. Desafortunadamente, algunas cosas que los padres enseñan a sus hijos son dañinas.

Tim creció en un hogar en el cual resolver los conflictos significaba gritar lo más fuerte posible. Siempre había alguien gritando en su casa. Linda creció en un hogar en el cual su padre la humillaba cada vez que hacía algo mal. Ella recuerda que llegaba a su habitación llorando por lo menos una vez a la semana. Infortunadamente, nadie puede cambiar el pasado. Sin embargo, ellos pueden perdonar a sus padres y aprender nuevas formas de vivir.

Aquellos que sufrieron el maltrato de sus padres aprendieron que el mundo no siempre es seguro. Podemos perdonarlos y hacer lo mejor que podamos para crear un ambiente nuevo y más seguro. Cuando perdonamos adquirimos la suficiente calma para decir con seguridad que lo enseñado por nuestros padres fue totalmente equivocado. Con esa calma, podemos trazar el mejor curso para la vida. El perdón es el inicio de un nuevo capítulo, no el final de la historia. Muchas personas piensan que aceptar un error es un fin en sí mismo, pero dejan escapar la oportunidad de perdonar y crecer.

Nadie tiene por qué condenarse a cadena perpetua por su pasado. No podemos cambiarlo y por eso tenemos que hallar una manera de darle solución a los recuerdos dolorosos. El perdón nos brinda la clave para reconocer el pasado y seguir adelante. Cuando perdonamos tememos menos. Sarah, por ejemplo, estaba aterrada de iniciar una nueva relación luego de su desastrosa experiencia con un esposo alcohólico. Cuando salía era tímida y estaba a la defensiva, pues llevaba a Jim cargado en la espalda. Cuando finalmente lo perdonó, supo que con ese solo acto era una mujer más fuerte. Comenzó a frecuentar amigos con ánimo, pero no desesperadamente.

Después de perdonar a Jim, Sarah decidió que jamás permitiría que otro hombre la tratara de la misma manera. Sabía que si la volvían a lastimar se recuperaría. Había desarrollado la destreza del perdón y sabía que podía usarla siempre que la necesitara. Cuando nos demostramos a nosotros mismos que somos capaces de sobrevivir a una situación dolorosa, nos damos cuenta de que podemos lograrlo de nuevo. De esta forma, al perdonar, desarrollamos autoestima. Nos hacemos más fuertes y aprendemos qué nos conviene y qué no nos conviene.

Después de perdonar a Jim, Sarah no olvidó la forma como fue tratada. Ya no lo hacía como víctima sino como sobreviviente. Ella no aceptó su crueldad ni sus problemas de alcoholismo. Sabía que ella y su hijo habían sido maltratados. Ya no le arrendaba espacio en la cabeza, y logró darse cuenta de que él no era el responsable de su aflicción emocional.

Sarah aprendió que podía vivir sin un hombre. Aprendió a ser más confiada. Aprendió a creer en sí misma. Además, olvidó su fantasía de reconciliarse con Jim. Esa película llegó a su final y estaba contenta de salir del teatro.

El segundo beneficio de aprender a perdonar es lo mucho que podemos ayudar a los demás. Pocos conocen el poder que da un ejemplo de perdón. Si miramos a nuestro alrededor veremos amigos, familiares y conocidos llenos de dolor, tristeza y disgusto. Podemos ayudar a muchos mediante el ejemplo de cómo enfrentamos la adversidad y el dolor. Muchas personas se enfrentan al mismo tipo de situaciones dolorosas que nos afectaron a nosotros, y olvidamos cuántas personas pueden ser ayudadas con un ejemplo de perdón.

Cuando Dana perdonó a sus jefes por no ascenderla, se impuso como meta ayudar a los demás. Estaba cansada y desgastada, y pensó que su sufrimiento debía servir para algo. Empezó por prevenir a sus amigos de tener expectativas irreales en el trabajo. Le aconsejó a los demás no reaccionar con la misma furia cuando no obtuvieran lo deseado. Se rio de lo caprichosa que había sido. Dana trató de ayudarles a otras personas a evitar el dolor que ella sintió y así vio que no fue en vano.

Perdonar es una acción que demuestra fortaleza. Podemos perdonar con esa fortaleza solamente cuando tengamos claro que estamos dolidos y que no nos avergonzamos de estarlo. Nuestra fortaleza puede ser un ejemplo para los demás.

El tercer beneficio de perdonar nace del amor y el cuidado que ofrecemos a las personas importantes en nuestra vida. Sé por experiencia propia, y por otras personas, que las heridas pasadas nos hacen alejarnos y desconfiar de las personas que tratan de amarnos. Generalmente las personas que sufren por nuestras aflicciones no son las que nos han lastimado, sino las que se preocupan por nosotros.

Si le arrendamos demasiado espacio a lo que salió mal, ¿qué tanto espacio estamos dejando para apreciar lo bueno de nuestra vida? Si concentramos nuestra atención en las derrotas del pasado, ¿cómo podemos prestar toda nuestra atención a nuestra pareja, amigos o compañeros de trabajo? Si continuamos amargados por las crueldades de nuestra niñez, quiénes sufren, ¿nuestros padres o nuestros amigos y las personas que amamos?

Tim creció en un hogar complicado donde había mucho desagrado y amargura. Cuando Tim lleva ese legado a sus amistades y relaciones afectivas, ¿quién paga las consecuencias? Si Tim está molesto con sus padres por ese hogar sin control y hace corto circuito, ¿quién aguantará la oscuridad? ¿Sus padres o su actual pareja?

Al aprender a perdonar, Tim se dio cuenta de que las personas a quienes rechazaba eran las que verdaderamente se preocupaban por él. A medida que empezó a perdonar a sus padres, pudo ver con más claridad el daño que le ocasionaba a sus relaciones presentes. Pero mediante el perdón aprovechó mejor el tiempo y apreció más a sus amigos y seres queridos.

Qué no es el perdón

Perdonar no significa pensar que lo ocurrido está bien. Perdonar no significa aceptar la crueldad, la falta de consideración o el comportamiento egoísta de quien nos haya lastimado. Will estaba en lo correcto al condenar el adulterio de su esposa. Ella fue cruel y quebrantó sus votos matrimoniales. Le mintió y lo avergonzó. Reconocer sus sentimientos fue necesario y saludable. Su problema es que volvía constantemente sobre su dolor. Escucharlo era como oír un viejo disco rayado que se quedaba en la misma nota. La música interpretada por Will no era propiamente hermosa.

La ira y el dolor son respuestas apropiadas ante sucesos dolorosos, pero debemos saber decir no cuando se pasan del límite. No es necesario sufrir en silencio para perdonar; y perdonar tampoco significa que está bien que los demás nos traten mal. Perdonar es la decisión de liberarnos de la ofensa personal y la culpa que nos mantiene atrapados en el ciclo del sufrimiento. Aun cuando la ira y el dolor son apropiados, a diferencia del vino no mejoran con el paso del tiempo.

Perdonar no es lo mismo que olvidar. No queremos olvidar lo que ocurrió. Más aun, queremos recordarlo. Recordamos para asegurarnos de que las cosas malas no vuelvan a ocurrir. Sarah tomó la decisión de que si su pareja tomaba mucho o aceptaba haber tenido problemas con el alcohol, no volvería a salir con él. Era precavida en sus salidas, pues recordó cómo ignoró las señales del alcoholismo en Jim.

Al recordar lo ocurrido, podemos darnos unas reconfortantes palmaditas en la espalda por haber perdonado. Nos merecemos un reconocimiento por desapegarnos y seguir adelante. Hemos tenido éxito en un viaje difícil y hay razón para celebrar. Recordamos los dolores desde el punto de vista de la sanación y no como víctimas desamparadas. No es necesario quedarse viviendo lo pasado, y tampoco inflarse por haber perdonado. Sólo queremos reconocer la valentía y perseverancia para sobreponernos a las heridas.

Finalmente, tenemos la oportunidad de usar los recuerdos de nuestra sanación para sentir compasión y apoyar a aquellos que lo necesitan. Al perdonar nos convertimos en modelo para aquellos que aún luchan. Ellos se benefician al ver personas que ya sanaron. Usted puede servir como ejemplo de lo que es posible. Con el ejemplo, mostramos a los demás que perdonar es posible.

Darlene perdonó a su novio Jack, aun cuando le tomó tiempo y esfuerzo. Dejó de culparlo por sus sentimientos. Se dio cuenta de que la gente cambia de parecer y muchas veces no sabe cómo expresarlo. Darlene pudo cambiar su historia y así reflejar un nuevo sentido de poder. Dejó de quejarse delante de los demás y se responsabilizó de su vida. Sabía que había perdonado. Sin embargo, cuando Jack la llamó para verla, Darlene no quiso verlo nunca más. Esto me lo contó tímidamente en voz baja. La felicité por haber avanzado y le dije que perdonar y reconciliarse no son lo mismo.

Reconciliarse significa restablecer la relación con la persona que nos lastimó. Perdonar significa alcanzar la paz con una parte dolorosa del pasado y dejar de culpar al ofensor por nuestras aflicciones. Podemos perdonar y decidir que no hay ninguna razón para continuar la relación con la persona que nos lastimó. Esto lo hacemos cada vez que perdonamos a una persona que ha muerto o cada vez que perdonamos a una persona a quien conocimos por un corto pero doloroso instante (por ejemplo, el responsable de un accidente de automóvil que desaparece). Con el perdón tenemos una alternativa. Podemos perdonar ofreciéndole a nuestro ofensor una segunda oportunidad, o podemos perdonar y seguir adelante con otras relaciones. La decisión es nuestra.

De la misma manera, perdonar no significa que desistamos de hacer un reclamo y buscar una justa compensación. Una vez trabajé con un hombre que fue víctima de un accidente causado por un conductor que se dio a la fuga. Cuando conocí a Russell nueve meses después del suceso, estaba muy dolido y amargado. Decía que no podía perdonar porque entonces no podía entablar la demanda. Le dije que entablara la acción legal, si ésa era su preferencia. Le dije que el perdón era para su bienestar físico y emocional: su mente estaría más clara y sus decisiones serían mejores. Le dije que perdonara para que dejara de ser víctima del conductor lo más pronto posible.

También sabía que el sistema jurídico y la compensación monetaria no le darían la satisfacción que Russell necesitaba para su sanación emocional. Russell tenía que ganar tanto en la corte como en la vida —ganar la demanda y recuperar su corazón. Le sugerí establecer un plan doble. El primero para su sanación emocional, incluyendo aprender a perdonar; y el segundo, para asegurarse de que el ofensor fuese castigado. Los dos eran complementarios, pero no lo mismo. El perdón no le garantizaba un juicio rápido, y la justicia no iba a sanar su dolor emocional.

Russell, Dana, Darlene, Marilyn, Tim y Sarah aprendieron a perdonar. Cada uno tenía asuntos diferentes por solucionar, pero los unía el hecho de que algo equivocado e injusto había ocurrido. Sin embargo, hay más pruebas del poder del perdón que sólo estas anécdotas. Otros científicos y yo realizamos estudios sobre el perdón que muestran qué tan benéfico es perdonar. En el próximo capítulo examinaré esas investigaciones. Luego le enseñaré mi método comprobado del perdón, que le ha ayudado a miles de personas a recuperarse de los sucesos dolorosos de la vida.

CAPÍTULO 7

La ciencia del perdón

De los siete pecados capitales, la ira es el más divertido.

Lamerse las heridas, besar las aflicciones del pasado, paladear las amargas discusiones por venir, degustar los dolores inflingidos y recibidos, de alguna manera es banquete digno de reyes. La gran desventaja es que uno mismo se devora. Los huesos del banquete son los de uno.

FREDERICK BUECHNER

La investigación científica demuestra claramente que aprender a perdonar es bueno para la salud y el bienestar —bueno para la salud mental y, de acuerdo con datos recientes, bueno para la salud física. Una serie de estudios científicos concluyentes demuestran el poder de sanación que tiene perdonar. En este capítulo explicaré los aspectos claves de esos estudios para demostrar con toda claridad el poder del perdón para sanar el cuerpo y la mente. Al final de este capítulo y comienzo del siguiente detallaré la investigación de punta que he realizado con mis métodos de preparación para perdonar, y los beneficios que éstos tienen para la salud.

Un puñado de estudios específicos sobre el perdón demuestran que perdonar mejora la salud. Estudios preliminares provenientes de investigaciones en campos conexos, tales como psicología, medicina y religión, demuestran que sentir emociones más positivas, tales como agradecimiento, fe e interés, tienen también un impacto positivo en el funcionamiento cardiovascular.[1] Ambas

clases de estudios dicen que aprender a perdonar trae resultados
benéficos para la vida.

Estudios en diversas disciplinas demuestran que las personas
muy espirituales llevan una vida más saludable y larga.[2] El perdón
es una forma de práctica espiritual benéfica para la salud. Perdonar es un bálsamo contra el dolor y el disgusto en muchas tra-
diciones religiosas del mundo.

Otros estudios demuestran que las personas con gran sentimiento de culpa sufren más variedad de enfermedades.[3] Recordemos que sentir culpa es fuente de resentimiento. Culpar a los
demás es el resultado de la incapacidad para manejar el disgusto
y el dolor. Los estudios médicos y psicológicos han demostrado
durante años que la rabia y la hostilidad son malas para la salud
cardiovascular.[4] Los mismos estudios demuestran que las personas
que tienen dificultad para manejar la rabia tienen una tasa más alta
de enfermedades del corazón y sufren más infartos.

Las investigaciones en los diversos campos sugieren que aprender a perdonar es bueno de diferentes maneras. Cuando perdonamos, sentimos que las emociones positivas aumentan y que es
más fácil sentir esperanza, cuidado, afecto, seguridad y felicidad.
También hay beneficios por sentir menos furia. Puede experi-
mentarse menos depresión y desesperanza, y hasta reforzar la
espiritualidad. Vemos el mundo como un lugar mejor y sentimos
que podemos relacionarnos mejor con la gente y la naturaleza. La
ciencia hoy es clara con respecto a todo lo que nos puede ayudar
el perdón: dejar las molestias a un lado es bueno.

He realizado cuatro de los estudios que demuestran los efectos positivos de aprender a perdonar. Mis estudios tienen cabida
dentro de un panorama mayor de trabajos exitosos sobre el perdón, y prácticamente todos muestran en forma uniforme resultados positivos en el bienestar emocional y psicológico. Las personas que aprenden a perdonar se vuelven más calmadas, aumentan
su esperanza, se deprimen menos, sufren menos ansiedad, menos
estrés, aumentan su seguridad y aprenden a quererse más.

Investigaciones bien dirigidas demuestran que es bueno enseñarles a perdonar a los niños adolescentes hijos de padres ne-

gligentes,[5] a las personas de edad que se han sentido olvidadas,[6] mujeres que han sufrido abusos en la infancia,[7] hombres que sufrieron por el aborto de su pareja,[8] y amantes con una pareja desleal.[9] En cada estudio, a medida que la gente de cada grupo aprende a perdonar, experimenta mejoría psicológica, emocional y física.

Hay tres estudios que han examinado el efecto de perdonar en la salud física. Cada uno de ellos muestra resultados positivos. Además, en el estudio más grande sobre el perdón que realicé, pedimos a los participantes anotar la cantidad de veces que sintieron síntomas de estrés, tales como taquicardia, malestar estomacal y mareo. Las personas que concluyeron mi preparación para perdonar, mostraron una considerable reducción de los síntomas del estrés y, por ende, mejor salud. Más importante aun, el grupo mantuvo su mejoría al hacer una evaluación cuatro meses después de finalizado el programa. Aquellos participantes que no recibieron la preparación para perdonar no mostraron mejoría de salud.

El primer estudio que se concentró específicamente en averiguar por qué perdonar mejora la salud física reveló que cuando la gente piensa en perdonar a su ofensor, mejora el funcionamiento de su sistema nervioso y cardiovascular.[10] En ese estudio se les pidió a unos estudiantes universitarios que imaginaran haber perdonado a su ofensor. Se les pidió rechazar activamente la venganza y asumir una actitud de buena voluntad. Los períodos para imaginar el perdón se intercalaron con períodos para ejercitar su rencor. Al practicar el rencor, aumentó la presión sanguínea, el ritmo cardíaco y la presión de la pared arterial. Éstas son experiencias negativas para el sistema cardiovascular. Si estas respuestas se prolongan, pueden afectar el corazón y los vasos sanguíneos.

Además, durante ese mismo período aumentó la tensión muscular y los estudiantes informaron sentirse incómodos y menos controlados. Durante el período para perdonar no se presentaron molestias psicológicas y los estudiantes informaron sentir emociones positivas y relajamiento. Este experimento demostró que tanto el perdón como el disgusto generan reacciones físicas y emocionales inmediatas. Las reacciones fueron positivas durante el período para perdonar, pero negativas en el período de disgusto.

El estudio demostró que el resentimiento puede tensionar el sistema nervioso a corto plazo. Los estudiantes se sintieron más estresados y aumentó la sensación de incomodidad en poco tiempo. Hasta el momento, ningún estudio ha comprobado que disgustarse produzca daños a largo plazo en la salud, aun cuando tienden a sugerirlo.

Un estudio de la Universidad de Wisconsin, en Madison,[11] indicó que la intensidad con la cual perdonan las personas se relaciona con diversidad de enfermedades. Cuanto más perdonaron, menos sufrieron de una amplia gama de enfermedades; y cuanto menos perdonaron, más enfermedades se reportaron. Esta relación se mantuvo constante para las quejas físicas a corto plazo y para el bienestar a largo plazo.

En el estudio, la relación entre perdonar y la salud estuvo conforme en términos de la frecuencia de síntomas reportados. Las personas con más capacidad para perdonar registraron menos síntomas que aquellas que desarrollaron menos capacidad para perdonar. Las personas con más capacidad para perdonar también registraron menos condiciones crónicas diagnosticadas médicamente. Este estudio estableció una relación fundamental entre aprender a perdonar y la salud.

El tercer estudio específico sobre el perdón y la salud fue realizado en la Universidad de Tennessee. El investigador entrevistó a 107 estudiantes universitarios gravemente lastimados por alguno de sus padres, un amigo o la pareja. En las entrevistas se les pidió recordar el suceso y luego se les tomó la presión sanguínea, el ritmo cardíaco, la tensión muscular de la frente y la sudoración. El estudio encontró que las personas que perdonaron el rechazo redujeron su presión sanguínea, tensión muscular y ritmo cardíaco, comparados con aquellos que no perdonaron. Los que perdonaron también reportaron menos estrés en la vida diaria y menos síntomas físicos de enfermedad.

Los resultados de estos estudios sugieren que hay beneficios para la salud si se aprende a perdonar. Parece que perdonar a corto plazo reduce el estrés. Todos nos beneficiamos con menos estrés, y aprender a perdonar no tiene efectos nocivos. Pero, a pesar de estos resultados positivos, hay que recordar que la investigación sobre el perdón es una ciencia en construcción. Solamente hay una limitada cantidad de trabajos finalizados. En el campo de la salud física, los estudios son pequeños y no demuestran concluyentemente los efectos a largo plazo de perdonar.

El estudio que concluí es el que más se aproxima a demostrar que las personas que aprendieron a perdonar reportaron mejoría en la salud en un período de seis meses. Pienso que durante los años venideros, las investigaciones mostrarán que el perdón es una de las cosas aprendidas que nos sana física, emocional y espiritualmente.

Con la finalidad de saber más acerca de mi trabajo y sobre la ciencia de mis estudios sobre el perdón, detallaré cada uno de mis experimentos. He realizado mis investigaciones sobre el perdón con adultos universitarios, adultos jóvenes y de edades intermedias, pacientes del corazón, y católicos y protestantes de Irlanda del Norte que han perdido miembros de su familia por la violencia política. Mi primer estudio demuestra que aquellas personas a quienes se les enseñó a perdonar se vuelven más tranquilas, sienten menos dolor, son más optimistas, perdonan más en diversas circunstancias y se inclinan más hacia la espiritualidad, la compasión y la confianza en sí mismos.[12] Otros de mis estudios indican reducción del estrés, menos manifestaciones físicas de estrés y mayor vitalidad.

Soy cofundador y director del estudio más grande hasta la fecha que le enseña a la gente a perdonar a quienes los han lastimado. También concluí dos exitosos estudios para enseñar a perdonar con algunas personas de Irlanda del Norte que perdieron a un familiar por asesinato.

Mi metodología para perdonar está siendo probada en este momento en otros proyectos de investigación, y un grupo de cardiólogos en un hospital está usando mi programa para perdonar en pacientes con presión sanguínea elevada. Estos médicos están reuniendo a tres grupos de pacientes para averiguar si un taller sobre perdón de ocho semanas logra reducir la presión sanguínea. Los resultados preliminares del primer grupo sugieren que perdonar conduce a una pequeña reducción de la presión sanguínea. A su vez, esta reducción viene acompañada por una disminución de la inconformidad y el diario mejoramiento de la calidad de vida. En otro estudio, los investigadores que están adaptando mi metodología para perdonar, tratan de ver si esta preparación para perdonar le ayuda a las mujeres premenopáusicas a reducir su nivel de sustancias químicas estresantes en el cuerpo. Este proyecto se encuentra en la etapa de reclutamiento.

El comienzo de la investigación sobre el perdón

Mi primer estudio sobre el perdón fue mi disertación doctoral en la Universidad de Stanford sobre el tema de asesoría y salud psicológica. Estaba interesado en el perdón por diversas razones, incluyendo la lucha que tuve para perdonar a mi viejo amigo Sam. Pensé que si me había sido tan difícil aprender a perdonar, seguramente era igual para otras personas. En mi experimento, quise ensayar si los métodos que había desarrollado y usado en el pasado podían servirles a los demás.

Al empezar a revisar la literatura científica, vi que solamente había entonces cuatro estudios para enseñar a perdonar. Era evidente que el tema representaba un campo abierto a nuevos métodos. Más importante aun, el perdón era un área que necesitaba métodos efectivos.

Antes de involucrarme en mi primer proyecto, asumí una serie de puntos sobre el perdón que, en ese entonces, no habían sido comprobados. Primero, pensé que perdonar era siempre el mismo proceso, sin importar cuál fuese la ofensa. Había leído libros que decían que perdonar a los padres significaba un proceso diferente que perdonar al vecino. Dichos libros también sugerían que perdonarse a sí mismo era un proceso distinto. La idea no me caló. Para mí, perdonar es perdonar. Aprender a perdonar ya es lo suficientemente difícil sin tener que categorizar por tipo de ofensa, y pensé si acaso no sería aquella una de las razones por las cuales a la gente se le dificulta tanto perdonar.

Eso no significa que una ofensa no sea más dolorosa cuando la cometen los padres y no otro adulto o un amigo. Ciertamente, el haber sido golpeado cuando niño deja heridas profundas y puede ocasionar serios perjuicios. Tampoco digo que todas las ofensas sean perdonadas al mismo ritmo, o que el asesinato sea igual a una multa por mal estacionamiento. Lo que digo es que el proceso para perdonar es el mismo, independientemente de la ofensa cometida. Por eso, a diferencia de los estudios previos, los voluntarios para mi estudio habían sido lastimados por una variedad de ofensores. En los otros estudios provenían de situaciones específicas.

Segundo, asumí que el perdón tiene que ver más con la vida actual que con el pasado. La meta de prepararse para perdonar es disminuir el sufrimiento para que la gente pueda seguir adelante con la vida. Entendí que las personas quieren sentirse bien en el presente. Para bien o para mal, el pasado es pasado. Solamente podemos trabajar con el presente, de manera que concebí mi primera preparación para perdonar teniendo como meta la felicidad presente.

Tercero, asumí que el poder de perdonar se desperdicia cuando solamente se aplica a los peores aspectos de la vida. ¿Por qué únicamente perdonar a un padre abusador o a la pareja alcohólica para hallar la paz? ¿Por qué no aprender a perdonar los problemas y dificultades que enfrentamos diariamente? ¿Por qué no perdonar todo lo que se atraviesa en nuestro camino? Vi que perdonar pequeñas ofensas podía ser una buena práctica para perdonar los grandes obstáculos de la vida. Decidí enseñarle a la gente a perdonar todo tipo de cosas para así tener más paz en la vida.

Puesto que en ese entonces yo era un estudiante de posgrado, decidí realizar mi investigación con otros estudiantes. Recluté voluntarios entre 18 y 30 años de edad que cargaban algún rencor contra alguien cercano. Trabajé con estudiantes que tenían que perdonar a sus padres por haberlos lastimado, a sus maestros por calificarlos injustamente, a un amigo cercano por acostarse con su pareja, a la pareja por infiel, al jefe por mentir y a la hermana o hermano por ser los predilectos de la familia.

Las únicas ofensas que dejé por fuera fueron casos de violencia física o sexual ocurridos durante los cinco años previos. Recluté 55 voluntarios a quienes separé en dos grupos al azar: uno recibió mi preparación para perdonar inmediatamente, y el segundo lo recibió cuando lo concluyó el primero. Cada persona tuvo la misma oportunidad de recibir la preparación primero o después. Las personas del segundo grupo sirvieron como punto de comparación con las personas del primer grupo. Tener ese grupo para comparar me permitió establecer que todos los cambios positivos se debieron a mi preparación para perdonar y no a otros factores. Distribuir a los sujetos aleatoriamente significa que coloqué todos los nombres de los voluntarios en un paquete y luego un asistente en la investigación los ubicó en los grupos de acuerdo con una fórmula numérica. Este procedimiento aleatorio fue la mejor manera de obtener dos grupos iguales para compararlos.

Los resultados de mi primer estudio fueron muy positivos y validaron mis hipótesis. Cuando digo que mi investigación fue exitosa quiero decir que casi todos los resultados positivos fueron estadísticamente significativos. El éxito de la investigación no solamente significa que la calificación del grupo para perdonar fuese mejor que el grupo comparativo. Generalmente, un grupo obtendrá mejores calificaciones que el otro al finalizar el experimento. Pero eso no es suficiente para asegurar que los números indiquen que el experimento funcionó. Los cálculos estadísticos muestran si la diferencia es significativa; es decir, no debido a la suerte ni a una o dos personas que lograron gran mejoría. Estadísticamente significativo quiere decir que existe un 95 por ciento de certeza de que los resultados positivos no son consecuencia del azar.

Para este experimento me interesaba trabajar con estudiantes que tenían algo que perdonar sin ser excesivamente hostiles, vengativos o depresivos. Me interesaba averiguar si el individuo promedio que siente rencor puede beneficiarse de aprender a perdonar. Quería una preparación que pudiese dársele a cualquiera, así estuviese lidiando con un resentimiento pequeño o uno grande.

Para participar en el estudio, los estudiantes tenían que presentarse voluntariamente. Luego, cada uno tenía que completar una prueba psicológica estándar tres veces. La primera, al iniciarse el estudio; la segunda, al concluir la preparación para perdonar; la tercera, a las diez semanas de haberse terminado el curso. En las pruebas psicológicas, las calificaciones iniciales de los estudiantes estuvieron por debajo del promedio normal. Éstos eran jóvenes psicológica y emocionalmente normales con problemas para perdonar a alguien; pero no estaban deprimidos ni furiosos. Más aun, en algunos casos estos jóvenes sentían menos molestia y esperaban vengarse menos que el promedio de personas de su edad.

Es difícil en la investigación científica obtener resultados positivos significativos con personas que comienzan el estudio dentro del promedio. La meta de casi todas las investigaciones psicológicas es comenzar con sujetos deprimidos, ansiosos o disgustados, para que logren concluir los programas dentro del promedio. Mis estudiantes comenzaron en el promedio y mejoraron significativamente. Además de aprender a perdonar, mejoraron su funcionamiento psicológico y emocional de varias maneras. Me enorgullece decir que los resultados positivos permanecieron iguales hasta dos meses y medio después de concluida la preparación. Los resultados demuestran que casi todo el mundo se beneficia de aprender a perdonar.

Al inscribirse para el experimento, los estudiantes no sabían si quedarían en el grupo del perdón. Luego de completar el primer grupo de cuestionarios, se les pidió quedarse para comenzar inmediatamente la clase o irse para la casa si pertenecían al segundo grupo. Los estudiantes de la primera clase se reunían semanalmente con otras 12 ó 15 personas. Cada clase duró una hora, durante seis semanas consecutivas.

Para este experimento establecí cinco metas básicas. Examinaré cada una y describiré cómo se alcanzaba la meta, resaltando, además, la más importante: reducir el grado de rabia experimentada por los participantes. Esta discusión la elaboraré al final, porque el disgusto mal manejado es un serio factor de riesgo de enfermedades coronarias y merece tratarse con detenimiento.

La primera meta fue ayudar a que los miembros del grupo para perdonar se sintieran menos dolidos por la situación que los impulsó a presentarse al experimento. Esto se logró exitosamente con una reducción significativa del dolor desde el inicio hasta el final del estudio. Se les pidió a los estudiantes dibujar una línea en una escala de uno a diez para mostrar su actual grado de aflicción. El grupo del perdón, en promedio, marcó por encima de ocho. Al finalizar el experimento diez semanas más tarde, el grupo para perdonar marcó apenas un poco encima de tres.

La segunda meta del estudio fue ayudar a los participantes a aprender a perdonar como estrategia general para solucionar problemas. Quería que los jóvenes no solamente perdonaran a quien los lastimó, sino que tuvieran la alternativa del perdón para otras situaciones. Esto lo medimos mediante dos métodos diferentes.

Primero, otro investigador del perdón elaboró unas breves descripciones sobre otras situaciones que podrían evocar perdón, reconciliación, venganza o respuestas diversas. Los ejemplos podían ser de este estilo: un amigo cercano me mintió, alguien robó en mi casa, mi novia se fue sin previo aviso, soy víctima de maltrato en la oficina. Se pidió a los participantes escoger dentro una gama de posibilidades, y el equipo investigativo únicamente computó el número de respuestas de perdón.

Para la segunda evaluación, creamos una viñeta que describía una situación interpersonal dolorosa. Por ejemplo, una novia llama por teléfono y dice que ha vuelto a dormir con su ex novio, y quiere hablar. Los participantes tenían que describir su estrategia para manejar el posible dolor y las dificultades generadas por esa situación para la pareja. En ambas, los estudiantes en el grupo para perdonar demostraron que aprendieron a perdonar. Los estudiantes de ese grupo poseían mejores estrategias para manejar el dolor y mostraron mucha más confianza para perdonar a su pareja.

La tercera meta de la preparación fue ayudar a los estudiantes a perdonar a la persona que los lastimó. Primero, el número total de participantes indicó que muy posiblemente perdonarían a su ofensor. Segundo, vimos que las mujeres -quienes representaban el 75 por ciento del estudio- perdonaron más rápidamente a su ofensor que las mujeres del grupo de comparación.

Los resultados mostraron algo interesante y lleno de sentido común: el paso del tiempo es un factor importante para desprenderse de las aflicciones. Todos los participantes sintieron menos dolor con el paso del tiempo. Aun cuando el grupo del perdón hizo mayores progresos que el grupo de comparación, ambos sintieron menos dolor con el tiempo. El viejo dicho "las heridas sanan con el tiempo" tiene validez. La gran diferencia es que, cuando la gente aprende a perdonar, también mejora su salud psicológica y física, y aprende estrategias que le ayudan a sentir confianza para manejar con mayor destreza situaciones futuras difíciles y dolorosas.

La cuarta meta de la preparación fue mejorar el funcionamiento psicológico, emocional y espiritual de los participantes del grupo para perdonar. Me interesaba ver cómo la preparación para perdonar aumenta la esperanza, la confianza en sí mismo, la compasión, el crecimiento personal y la calidad de vida. El grupo para perdonar mejoró significativamente en cada prueba con respecto al grupo de comparación. Esto significa que los miembros del grupo se volvieron más sanos emocionalmente al aprender a perdonar. Hacerse más fuerte emocionalmente puede ser un importante efecto secundario de aprender a perdonar. Sentimos mayor confianza y optimismo. Para los participantes del grupo de comparación, el tiempo disminuyó su dolor aun cuando no hizo mejorar su funcionamiento psicológico o emocional.

Perdonar mejora la salud

Los cambios emocionales positivos que encontré tienen consecuencias para la salud. Se ha demostrado que los niveles más altos de esperanza le ayudan a la gente a manejar exitosamente el dolor y algunas manifestaciones de enfermedades.[13] La gente optimista vive más y se enferma menos.[14] Las personas espirituales afrontan mejor la pérdida y la enfermedad.[15] La depresión es un factor de riesgo para las enfermedades coronarias y puede predecir quién regresará vivo del hospital luego de sufrir un infarto.[16] Un estudio reciente demuestra que las personas depresivas corren mayor riesgo de sufrir infarto.[17]

La primera meta de mi preparación para perdonar fue reducir la intensidad de rabia en los participantes. Específicamente me interesaba reducir las reacciones de rabia de los estudiantes en relaciones interpersonales dolorosas. Alcancé las siguientes metas. El grupo para perdonar disminuyó sus niveles de rabia en un 15 por ciento desde el comienzo hasta el último período de cuantificación, diez semanas después de terminada la preparación. Los estudiantes mostraron menos rabia en los días que fueron examinados y en sus reacciones ante situaciones a largo plazo.

Me interesaba el tema de la rabia, porque las investigaciones indican que es un factor significativo de enfermedades cardio-vasculares.[18] La enfermedad del corazón es la principal causa de muerte de hombres y mujeres. Las autopsias en adultos jóvenes fallecidos muestran que la enfermedad coronaria arterial, con arterias reducidas y comienzos de placa de colesterol, empieza en la segunda década de vida. Ni siquiera los adultos jóvenes son inmunes a esta enfermedad ni a los efectos negativos de las emociones sin control.[19] Recientemente se realizó un estudio en adultos con presión sanguínea normal. A los sujetos se les practicó una prueba psicológica para calcular su nivel de rabia. Aquellos con niveles elevados tenían tres veces más probabilidades de desarrollar enfermedades coronarias que aquellos con niveles bajos. Esto sucede porque la rabia libera sustancias químicas estresantes, las cuales afectan el funcionamiento del corazón y reducen las arterias coronarias y periféricas.

En el pasado se pensaba que el principal factor de riesgo de la enfermedad del corazón era el comportamiento Tipo A. Estudios iniciales mostraron que las personas Tipo A presentaban mayores riesgos de sufrir infartos. Se pensaba entonces que una persona Tipo A era aquella que siempre anda apurada, es excesivamente competitiva, excesivamente trabajadora y fácilmente disgustable. La combinación de todos estos rasgos era considerada causa de alto riesgo cardiovascular. Sin embargo, varias investigaciones demostraron que el componente peligroso de la personalidad Tipo A es la hostilidad. Trabajar excesivamente o andar siempre de afán no es un riesgo para la salud.[20]

El estudio sobre el perdón en la Universidad de Wisconsin[21] indicó que aprender a perdonar puede ayudar a prevenir las enfermedades del corazón en personas de edad intermedia. En dicho estudio se encontró que, cuanto mayor era la capacidad de perdonar de las personas, menos reportaban problemas de salud coronaria. Igualmente, cuanto menor era su capacidad de perdonar, mayor la incidencia de problemas del corazón.

El mismo estudio reveló que cuanto más hostil fuese un individuo, mayor la cantidad y la frecuencia de problemas de salud reportados. La relación entre perdonar y la ausencia de problemas de salud es más fuerte que la relación entre hostilidad y la manifestación de enfermedades. El autor concluye que "en este estudio, no perdonar es un mecanismo de predicción más importante de problemas de salud que la misma hostilidad".

Un estudio fascinante indica que pensar durante cinco minutos en algo que produce disgusto puede bajar la variabilidad del ritmo cardíaco (VRC).[22] La variabilidad del ritmo cardíaco es una medida crítica de la salud del sistema nervioso que indica la flexibilidad del sistema cardiovascular. El corazón necesita ser flexible para responder ante el peligro y el estrés. Además, la baja VRC es un importante pronosticador de quiénes no sobrevivirían a las enfermedades del corazón.[23] En ese estudio, los cinco minutos de disgusto también desaceleraron la reacción del sistema inmunológico. Los investigadores examinaron la IgA salivar, que es una medida corriente del funcionamiento inmunológico. En las personas disgustadas de ese estudio, la IgA bajó entre cuatro y seis horas después de haber ocurrido el incidente que les produjo el disgusto.

En ese mismo estudio, los investigadores demostraron que

cuando los participantes recordaban a alguien querido, el cuerpo respondía mediante cambios físicos positivos. Vieron que mejoraba la VRC y la respuesta inmunológica. Además, vieron que pensar en sentimientos positivos armonizaba las ondas cerebrales. La función armónica del cerebro mejora la habilidad de pensar con claridad. He notado que cuando las personas perdonan, toman mejores decisiones. Es emocionante ver que perdonar podría ayudar a la armonización del cerebro.

Mi primer estudio mostró que aprender a perdonar le ayuda a la gente de formas diversas. Perdonar es una experiencia compleja que hace cambiar los sentimientos de un individuo, sus emociones, ideas, acciones y su grado de confianza en sí mismo. Creo que al aprender a perdonar las heridas y golpes de la vida, damos un paso importante que nos ayuda a sentir esperanza, intimidad espiritual y menos depresión. Son cambios que mejoran la salud y nos dan más energía para vivir mejor, además de hacer que el cuerpo funcione óptimamente. Estos resultados científicos me demuestran la importancia de continuar investigando los efectos de perdonar.

El proyecto del perdón de Stanford

Debido al éxito del primer estudio, mi consejero de disertación doctoral, el doctor Carl Thorensen, y yo, obtuvimos financiación para repetir y aumentar el estudio. Este experimento lo bautizamos Proyecto del perdón de Stanford, el cual fue considerablemente más grande que cualquiera de los anteriores. La respuesta para el reclutamiento fue arrolladora. Recibimos dinero para trabajar con 110 personas, pero debido al interés en el perdón, participaron más de 260 personas.

Habían transcurrido dos años desde los primeros grupos, y había aprendido mucho durante ese tiempo. Hice una especialización en psicología clínica y estuve en contacto con pacientes todo un año. Por eso logré mejorar, fortalecer y ampliar el entrenamiento para perdonar. Como resultado, los sujetos del Proyecto del perdón de Stanford participaron en seis sesiones de 90 minutos cada una. De nuevo evaluamos a los pacientes al comenzar el experimento, al finalizarlo y ocho semanas después de concluido.

En el proyecto trabajé con adultos afligidos de 25 a 50 años de edad. De nuevo no agrupé a los pacientes de acuerdo al ofensor, con la excepción de personas víctimas de abuso o violación durante los últimos cinco años. Reclutamos personas incapaces de perdonar a su pareja por infiel, o por tener problemas de drogadicción o alcoholismo, al mejor amigo por abandono, a los padres por maltrato, al socio por mentiroso, o a los hermanos por falta de cariño. Otra vez hicimos grupos al azar para perdonar y de comparación, y calificamos el bienestar espiritual de los participantes, su dolor, ira, salud física, estrés, optimismo y capacidad para perdonar.

Un aspecto interesante que aprendimos durante el proyecto es que las mujeres se inscriben más que los hombres en el experimento. Esta diferencia de sexos está apoyada por otros estudios sobre el perdón y por mi experiencia en clases públicas. De todas las llamadas recibidas, cerca del 80 por ciento fueron de mujeres. Queríamos reclutar igual cantidad de hombres y mujeres para determinar si perdonar es diferente entre los sexos. Como dato curioso, reclutamos más hombres cuando cambiamos nuestro anuncio solicitando "personas que guardan un rencor".

Al momento de escribir este libro, seguimos recibiendo resultados del proyecto. Hasta ahora los datos han sido sumamente positivos. Sabemos que gracias a la preparación recibida el grupo del perdón sintió menos estrés, cambio que se mantuvo invariable entre 16 y 18 semanas luego de terminar el experimento. Los participantes se volvieron más indulgentes en general, y también con la persona que los lastimó. No hubo cambio en esos resultados durante los cuatro meses posteriores al experimento. Los participantes del grupo para perdonar confiaron más en su capacidad de perdonar, y en su habilidad para sentir menos molestia y más control emocional.

Las personas que participaron en el Proyecto del perdón de Stanford se enfurecían muchísimo menos, tanto en ese momento como en general. También informaron sentir menos dolor que las personas del grupo de comparación al finalizar la preparación, lo mismo que 16 a 18 semanas más tarde. Además, las personas se volvieron considerablemente más optimistas desde que empezó el experimento.

Aparte de registrar cambios de estrés, optimismo e ira pedimos a los participantes decir cómo se sentían de salud. Se les pidió indicarlo en una escala de 1 a 5, donde 1 representa excelente y 5 mal. Los participantes del grupo del perdón reportaron una pequeña mejoría de salud, mientras que el grupo de comparación no mostró mejoría. Comparada con la población general, el promedio de salud de los participantes fue muy bueno, por lo cual dicha mejoría es digna de atención.

Finalmente le preguntamos a los participantes cuál era su reacción física más común ante el estrés. Los ejemplos fueron dolor de cabeza, dolor de estómago, mareo, cansancio y dolor muscular. Me complace informar que aprender a perdonar redujo considerablemente la cantidad de síntomas físicos experimentados por el grupo para perdonar. Eso quiere decir que la preparación para perdonar le ayudó a la gente a reportar menos estrés y menos síntomas del estrés que afectan el cuerpo.

Estos dos primeros proyectos del perdón demuestran que las personas experimentan cambios positivos gracias al perdón. Uno de los rasgos interesantes de estos estudios es que no reclutamos personas que padecían rencores graves. Reclutamos todo tipo de personas resentidas con alguien cercano. También es importante anotar que no solicitamos personas que hubieran padecido una muerte cercana o hubieran sido víctimas de abuso. En mis dos proyectos siguientes cambié el enfoque completamente. Trabajé entonces con personas que habían sufrido la peor de las tragedias: la muerte por asesinato de un familiar cercano. Con ello podía mostrar que mi procedimiento para perdonar funciona con todo tipo de heridas.

Mi socio investigador y yo bautizamos los dos siguientes estudios como Proyectos de la Esperanza de Irlanda del Norte. En el primero, un ministro presbiteriano llamado Byron Bland y yo trajimos a Stanford a cinco mujeres católicas y protestantes que necesitaban aprender a perdonar urgentemente. Cuatro de ellas habían perdido a un hijo en la violencia política que ha azotado a Irlanda del Norte durante los últimos 30 años. La quinta mujer vivió una pérdida muy dolorosa y también necesitaba perdonar.

Concluimos el entrenamiento para perdonar del segundo Proyecto de la Esperanza en el invierno de 2001. Entonces trajimos a 17 hombres y mujeres también de Irlanda del Norte que habían perdido a un ser querido por asesinato. De nuevo eran católicos y protestantes. Algunos habían perdido a sus padres, otros, a un hermano, y los demás a sus hijos. Los dos proyectos fueron, sobra decirlo, una prueba importante para mi entrenamiento para perdonar.

Creo que no existe nada más difícil que perdonar el asesinato de un miembro de la familia. En el siguiente capítulo describiré detalladamente los Proyectos de la Esperanza para darle una idea de lo que es trabajar con personas que han sufrido una gran pérdida.

En este capítulo he repasado las investigaciones científicas que demuestran que perdonar ayuda a las personas física, mental y emocionalmente. Algunos de los estudios corroboran la importancia de aprender a perdonar, mientras que otros resaltan los efectos positivos de volverse más espiritual o de sentir emociones más positivas. Cada estudio sobre el perdón le ofrece beneficios a quienes participan. Se realizaron estudios en una amplia gama de ofensas y temas, y perdonar sencillamente funciona: sana la vida de la gente produciendo paz y esperanza. Lo he visto funcionar muchas veces y tengo los datos que lo demuestran. He presentado estudios de caso de personas que han perdonado y ahora le estoy enseñando a usted a perdonar. Estoy convencido de que el perdón también funcionará en su vida.

He resaltado mis dos primeros estudios porque fueron relativamente grandes, bien diseñados, y porque trabajé con diversidad de personas con multitud de aflicciones. En este libro usted está aprendiendo el mismo procedimiento que ayudó a los estudiantes universitarios, a los adultos de edad intermedia y a las personas de Irlanda del Norte a sufrir menos dolor. Si logré enseñarle a sanar sus heridas a personas que perdieron a sus hijos, estoy seguro de poder ayudarle a usted y a las personas que quiere.

1. W. Tiller, R. McCraty y M. Atkinson, "Toward Cardiac Coherence: A New Non-Invasive Measure of Autonomic System Order". *Alternative Therapies* 2 (1996): 52-65.

2. L. K. George et al., "Spirituality and Health: What We Know, What We Need to Know", *Journal of Social and Clinical Psychology* 19, no. 1 (2000): 102-16.

3. H. Tennen y G. Affleck. "Blaming Others for Threatening Events". *Psyhological Bulletin* 119 (2000): p 322-48.

4. T. Q. Miller et al., "A Meta-Analytic Review of Research on Hostility and Physical Health", *Psychological Bulletin* 119, no. 2 (1996): 322-48.

5. R. H. Al-Mabuk, R. D. Enright y P. A. Cardis, "Forgiveness Education with Parentally Love-Deprived Late Adolescents", *Journal of Moral Education* 4, no. 4 (1995): 427-44.

6. J. H. Hebl and R. D. Enright, "Forgiveness as a Psychothrapeutic Goal with Elderly Females", *Psychotherapy* 30 (1993): 658-67.

7. S. R. Freedman y R. D. Enright, "Forviveness as an Intervention Goal with Incest Survivors", *Journal of Consulting and Clinical Psychology* 64 (1996): 983-92.

8. C. T. Coyle y R. D. Enright, "Forgiveness Intervention with Post Abortion Men", *Journal of Consulting and Clinical Psychology* 65 (1997): 1042-46.

9. M. S. Rye, "Evaluation of a Secular and a Religiously Integrated Forgiveness Group Therapy Program for College Students Who Have Been Wronged by a Romantic Partner". Bowling Green, Ohio: Bowling Green State University, 1998.

10. Van Oyen C. Witvilet, T.W. Ludwig y K. L. Vandr Laan, "Granting Forgiveness or Harboring Grudges: Implications for Emotions, Physiology, and Health", *Psychological Science*, no. 12 (2001): 117-23.

11. S. Sarinopoulos, "Fogiveness and Physical Health: A Doctoral Dissertation Summary", *World of Forgiveness* 3, no. 2 (2000): 16-18.

12. F. M. Luskin, "The Effect of Forgiveness Training on Psychosocial Factors in College Age Adults", disertaciones sin publicar, Universidad de Stanford, 1999.

13. C. R. Snyder, "The Past and Posible Futures of Hope", *Journal of Social and Clinical Psychology* 19, no. 1 (2000): 11-28.

14. B. Q. Hafen et al., "Mind/Body Health: The Effect of Attitudes, Emotions and Relationships", Needham Heights, Mass.: Allynand Bacon, 1996.

15. F. M. Luskin, "A Review of the Effect of Spiritual and Religious Factors on Mortality and Morbidity with a Focus on Cardiovascular and Pulmonary Disease", *Journal of Cardiopulmonary Rehabilitation* 20, no. 1 (2000): 8-15.

16. A. Ferketich et al., "Depression as an Antecedent to Heart Disease Among Women and Men in the NHANES I Study", *Arhives of Internal Medicine* 160, no. 9 (2000).

17. B. S. Jonas, "Symptoms of Depression as a Prospective Risk Factor for Stroke", *Psychosomatic Medicine* 62, no. 4 (2000): 463-71.

18. R. Williams y V. Williams, *Anger Kills: Seventeen Strategies for Controlling the Hostility That Can Harm Your Health.* Nueva York: Random House, 1993.

19. C. Iribarren et al., "Association of Hostility with Coronary Artery Calcification in Young Adults", *Journal of the American Medical Association* 283, no. 19 (2000).

20. Williams y Williams, *Anger Kills.*

21. Sarinopoulos, "Forgiveness and Physical Health".

22. Tiller, McCraty y Atkinson, "Toward Cardiac Coherence".

23. R. C. Carney, "Depression Affects Heart Rhythm". Yahoo News, 1997.

CAPÍTULO 8

Irlanda del Norte: la prueba máxima

Si no quieres predisponerte a la ira, no la alimentes, no le permitas crecer. Al comienzo no hables y piensa cuántos días no estuviste furioso: "Sentía rabia todos los días; luego uno sí y otro no; después cada dos, ¡cada tres!". Si logras pasar 30 días, ofrece un sacrificio a los dioses dando gracias.

EPICTETO

En el capítulo anterior mencioné brevemente haber terminado uno de los Proyectos de la Esperanza de Irlanda del Norte, y que actualmente voy por la mitad del segundo. En ambos proyectos, mi socio de investigación y yo hemos trabajado con las familias de personas asesinadas de Irlanda del Norte para ayudarles a sanar su pérdida. En el primer proyecto trabajamos con mujeres que perdieron a sus hijos por asesinato, y en el segundo trabajamos con 17 hombres y mujeres, cada uno de los cuales también perdió a un familiar por la misma razón. Trabajamos con esas familias para tratar de ayudarlos a alcanzar la paz y comenzar el diálogo entre personas en países destruidos por conflictos. Por eso invitamos a católicos y protestantes de Irlanda del Norte a nuestros talleres.

Empezamos a organizar el primer proyecto en el verano de 1999. Mi compañero en el Proyecto de la Esperanza, el reverendo Byron Bland, adelanta labores para la paz en Irlanda del Norte y tiene muchos contactos en ese país. Una de las personas con quienes entabló amistad fue Norma McConville. La señora McConville ha sido activista por la paz de Irlanda del Norte desde hace 30 años. Conoce el país y su gente, y Byron confiaba en ella para ubicar víctimas de la violencia política dispuestas a participar en nuestra preparación para perdonar. Norma fue nuestro contacto y, gracias a ella, logramos ganar la confianza necesaria para que las madres volaran miles de kilómetros desde su hogar para abrir viejas, pero aún sangrantes, heridas, ante unos desconocidos.

El reverendo Bland me llamó inicialmente porque supo del trabajo que yo realizaba en el Proyecto del perdón de Stanford. El sabía que yo le estaba enseñando a la gente a perdonar. Había leído informes sobre mis investigaciones en los diarios, pero no sabía si lo que hacíamos funcionaría en Irlanda del Norte. Conocía de primera mano la inmensa necesidad de recuperación que tienen las víctimas de tragedias personales, y sabía que dichas tragedias son el resultado de años de violencia política en ese país. Ha visto con sus propios ojos el daño causado por el dolor y el rencor en personas, familias y comunidades.

Byron me preguntó si estaría dispuesto a ensayar mi preparación para perdonar con personas profundamente dolidas. Cada una de las mujeres seleccionadas para el primer proyecto de la esperanza había perdido a un hijo por asesinato. Para algunas, los sucesos sucedieron hace 20 años, aun cuando descubrimos que no importaba cuánto tiempo había transcurrido desde el asesinato. Las mujeres aún sentían un dolor inmenso; y para empeorar las cosas, pensaban que su necesidad de sanar había sido ignorada.

Byron y yo nos dimos cuenta de que tendríamos que vencer varias dificultades para realizar un proyecto de este estilo. Primero, no teníamos dinero y tampoco sabíamos si mi preparación para perdonar funcionaría con pérdidas tan dolorosas. Organizar la estadía, el transporte, la alimentación y la preparación, además de las actividades recreativas y turísticas durante una semana, era tarea dispendiosa. Pero acordamos hacer el ensayo porque queríamos ayudar y, hasta donde sabíamos, ese tipo de proyecto para perdonar no se había llevado a cabo.

Ninguna de las mujeres podía pagar su viaje transatlántico, y tampoco contaban con recursos para alojarse en los Estados Unidos. Son personas provenientes de familias de clase trabajadora y sencillamente no tenían fondos para el viaje de una semana. Logramos conseguir donaciones para los boletos de avión y alimentación, y cada una recibió alojamiento en casas de voluntarios. La Universidad de Stanford facilitó el espacio para realizar los talleres y, en enero del 2000, llegaron al Aeropuerto Internacional de San Francisco.

Les enseñé a estas mujeres mis métodos para perdonar y cuantificamos los resultados. Como en los pasados experimentos, en la primera reunión les pedí que completaran unos cuestionarios de evaluación básica. Al final, poco antes de regresar, respondieron de nuevo los cuestionarios. Es lo que llamamos segunda prueba. Finalmente, seis meses después de haber regresado a Irlanda, les enviamos un juego de cuestionarios para la evaluación de seguimiento.

Cuando llegaron a California, las historias que narraron sobre su pérdida eran desgarradoras. Una de ellas contó cómo secuestraron a su hijo de camino hacia el trabajo. Fue tirado dentro de una tumba angosta con las manos amarradas a la espalda, para recibir luego un disparo en la cabeza. Su cuerpo estuvo desaparecido durante 20 años. Apenas puedo imaginar el horror que debe sentir una madre al enterarse de que su hijo ha sido asesinado.

Otra contó que su hijo trabajaba en un restaurante donde se servía pescado frito con papas fritas. Un día, un hombre caminó hasta la ventanilla de despachos y comenzó a disparar. Su hijo fue herido siete veces y murió al instante. Una tercera mujer narró que a su hijo le dispararon una noche que estaba con su mejor amigo de la infancia. Ella y su hijo eran protestantes y el amigo, católico romano. Los dos estaban en una taberna cuando entró un partidario de los protestantes que les disparó y los mató a los dos. El hijo de la cuarta mujer era policía; murió en cumplimiento de su deber.

Cada una de estas historias es atroz y deprimente. Al escucharlas uno no deja de preguntarse cómo puede la gente ser tan cruel. Hablando con estas madres aprendí de primera voz lo devastador que es perder a un hijo.

Viajaron a Palo Alto en enero del año 2000 y participaron durante una semana en mi preparación para perdonar. Cuando llegaron, habían pasado 18 meses de iniciado el Proyecto del perdón de Stanford. Durante ese tiempo, yo ya le había enseñado a cientos de personas a perdonar y había perfeccionado mis métodos de enseñanza.

Los resultados del Proyecto de la Esperanza apoyan mi convicción de que mi aproximación para perdonar se ha fortalecido. La prueba está en los resultados positivos que hemos obtenido de nuestras cuantificaciones científicas, y los cambios en la forma como estas mujeres narran la historia de su pérdida y de su vida. Ellas aprendieron a contarla de manera tal que les permitió alcanzar cierto grado de paz y un sentimiento renovado de esperanza.

A diferencia de los primeros dos estudios, esta vez no usamos un grupo de comparación para evaluar los cambios. No quisimos que estas personas pensaran que su sufrimiento estaba siendo usado principalmente para el avance de la ciencia. Era imposible pensar en traer 12 mujeres que hubiesen sufrido una pérdida grave hasta los Estados Unidos, y ofrecer el taller de preparación solamente a la mitad. Por eso, porque no hubo grupo de comparación, mis resultados son considerados menos sólidos de acuerdo con los estándares de la ciencia. Sin embargo, aun con ese punto débil, los resultados que obtuvimos son notables.

De acuerdo con la escala que indica el grado de dolor de 1 a 10, las mujeres irlandesas comenzaron la semana en 8,5. De nuevo, se trata de una prueba psicológica normal en la cual cada una dibuja una línea en una hoja de papel indicando su dolor. Cuando regresaron al finalizar la semana, la medida estaba apenas arriba de 3,5. Luego, cuando recibimos los cuestionarios seis meses más tarde, su grado de aflicción todavía era inferior a 4. Los cambios observados en la escala son parecidos a aquellos obtenidos en mis dos estudios previos. Esto fue reconfortante, porque las heridas de estas mujeres eran mucho más graves.

En otra medida aparte, la del estrés, estas mujeres lo redujeron casi a la mitad desde el comienzo de la preparación hasta la evaluación de seguimiento seis meses después. El cuestionario sobre el estrés pregunta a las personas cómo están afrontando las dificultades de la vida.

Las mujeres irlandesas mostraron un aumento en la capacidad de perdonar al asesino de aproximadamente 40 por ciento durante la semana del taller. Este resultado positivo se mantuvo constante al momento de la evaluación de seguimiento. Igualmente, se redujo la depresión. Con base en una lista de 30 puntos que indicaban depresión, las mujeres marcaron un promedio de 17 al comienzo del taller, y un promedio de 7 al final. A los seis meses el valor fue diez. La evaluación de seguimiento indica que su optimismo era más notorio.

Sabía que para tener éxito era necesario ofrecerles a estas mujeres la preparación más fuerte posible. Trabajé duro para aclarar mis ideas y mejorar mi entendimiento sobre temas tan devastadores como la muerte de un hijo. El resultado fue un procedimiento sólido para ayudarlas —el mismo que usted está leyendo en este libro.

Los efectos positivos del Proyecto de la Esperanza de Irlanda del Norte van más allá de nuestras expectativas. Empezamos con mujeres que tenían todos los motivos para sentir dolor y furia extremas, y terminamos al final con mujeres que lloran la pérdida de sus hijos pero que, gracias al perdón, ganaron fortaleza para afrontar su dolor.

En palabras de una de las participantes: "La vida es para los vivos". Otra dijo: "Debemos seguir adelante con el recuerdo de los hijos en nuestro corazón".

Todavía me asombro de que las mujeres hayan mostrado mejoría en cada una de las variables. Me asombra que la preparación para perdonar funcionó y que los efectos positivos continuaron, inclusive después de que regresaron a su país bajo el difícil ambiente político que enfrenta a una cultura con otra. Una cosa es ayudar a las personas cuando están de visita en los Estados Unidos y otra, muy distinta, es dar una guía sólida que resista el regreso a las comunidades donde prevalecen la desconfianza y el dolor.

No quiero asegurar que esas mujeres hayan superado completamente su pérdida. Tampoco clamo sanar a todos quienes han sufrido una tragedia. Un hijo es irreemplazable y la vida nunca es igual después de una pérdida tan profunda. Pero cada uno tiene alternativas para reaccionar ante las tragedias de la vida. Nosotros pudimos calmar la aflicción emocional de estas mujeres para que pudiesen encontrar opciones de vida olvidadas. A su manera, cada una escogió concentrarse en los vivos y honrar la memoria de los hijos desaparecidos teniendo más esperanza y sintiéndose menos inconformes.

El segundo Proyecto de la Esperanza

Unos seis meses después de finalizar nuestro primer Proyecto de la Esperanza, el reverendo Bland y yo coincidimos en organizar un segundo ciclo del proyecto. Llamamos a Norma McConville para preguntarle cómo podríamos ampliar la preparación para trabajar con 18 personas. Sabíamos que podíamos ser eficientes con cinco, pero ¿funcionaría nuestra táctica con tres o cuatro veces esa cantidad? ¿Funcionaría con otros miembros de familia, no solamente madres?

Apenas hemos terminado el entrenamiento del segundo Proyecto de la Esperanza. En este proyecto, las cinco primeras mujeres volvieron a Stanford para otra semana de entrenamiento para perdonar. Cada una trajo a dos o tres amigos, familiares o miembros de la comunidad quienes también habían padecido la pérdida de un familiar por asesinato. Las cinco mujeres originales sirvieron de participantes y también de guías en el proceso de perdonar de sus compañeros. De Irlanda del Norte llegaron hijos de padres asesinados, esposas de hombres asesinados, hombres y mujeres que han perdido a un hermano o hermana por asesinato, y padres y madres de hijos asesinados.

En el segundo proyecto, las historias también fueron difíciles de escuchar. Uno de los hombres contó la pérdida de su padre.

Era apenas un muchacho cuando le dispararon, por lo que creció solo con su madre y su hermano. Sabe que la única razón por la cual lo asesinaron fue por ser protestante. Como consecuencia, este hombre desarrolló un odio intenso por los católicos; odio que, en buena parte, se disipó durante el Proyecto de la Esperanza. Aprendió que los católicos que han perdido a un miembro de familia sufren tanto como él ha sufrido. El dolor de la pérdida sobrepasa los límites de la política y la religión.

Otra participante narró la pérdida de su esposo. Fue secuestrado en su casa y obligado a conducir una camioneta llena de explosivos hasta un retén militar. La bomba fue detonada con su esposo sentado en el asiento del conductor. Otra mujer contó cómo su marido fue asesinado mientras cuidaba a sus nietos. Una tercera mujer explicó cómo su marido fue asesinado hace 30 años, y después hicieron explotar una bomba en su casa. Las historias son aterradoras por su crueldad y falta de sentido.

Durante el segundo Proyecto de la Esperanza ofrecimos de nuevo una semana de entrenamiento. El grupo se reunió dos veces diarias durante una semana. Cuantificamos la eficacia del entrenamiento en la segunda prueba al finalizar la semana. Adicionalmente, seis meses más tarde enviaremos los cuestionarios para la evaluación de seguimiento para cuantificar el éxito del proyecto a largo plazo. Como mencioné anteriormente, una cosa es ayudar a las personas cuando están de visita en los Estados Unidos, y otra muy distinta cuando regresan a casa.

Apenas hemos comenzado a examinar los datos de la segunda prueba del proyecto, y aún no tenemos datos de seguimiento. Este proyecto tiene en común con cada uno de los experimentos pasados el significativo aumento estadístico de la mejoría. Su nivel de dolor disminuyó casi en un 40 por ciento durante el transcurso de la semana —el mismo nivel en el que terminó el primer grupo. Además, el segundo grupo de la esperanza mostró una disminución del 15 por ciento de su estado de rabia y disminuciones similares en los niveles de estrés.

En el campo psicológico, los participantes del segundo proyecto llegaron sufriendo de un alto nivel depresivo y regresaron de mejor disposición. Los miembros del grupo demostraron una reducción estadística significativa de su experiencia depresiva. La reducción de la tristeza fue alrededor de 20 por ciento desde el principio hasta el final de la semana.

Uno de los nuevos aspectos explorados con el segundo proyecto fue el bienestar físico. Se le pidió a cada persona que completara dos cuestionarios relativos a la salud. Las primeras preguntas pedían información sobre la frecuencia con la cual experimentaban síntomas físicos de estrés o aflicción emocional, tales como dolor de cabeza, náusea, dolor muscular o dificultad para dormir. Al final de la semana, el grupo de la esperanza dos reportó una disminución de los síntomas del estrés cercana al 35 por ciento.

El segundo cuestionario examinaba el nivel energético y la vitalidad de los participantes. En la escala de 1 a 5, se les pidió indicar qué tan bien dormían, cómo era su apetito, con qué tanta energía se sentían, si sentían o no dolores, y si estaban tiesos y adoloridos. Al finalizar la semana del perdón, el grupo esperanza dos mostró un aumento estadístico significativo de su vitalidad física y su bienestar.

En pocas palabras, me siento complacido con los resultados. En el transcurso de una semana les ayudamos a sentirse física y emocionalmente mejor a personas que han sufrido una pérdida muy grande. Alentamos a estas personas a dejar su rencor y proseguir la vida con amor, y así lo hicieron, beneficiando su cuerpo y su mente.

Para completar nuestra evaluación, les pedimos a los participantes que llenaran un cuestionario que mostraba qué tanto habían perdonado al asesino de su hijo, padre o hermano. Los resultados fueron interesantes y a la vez estimulantes. Dos de los 17 participantes mostraron una marcada disminución en su capacidad para perdonar desde el principio de la semana hasta el final. Algo en la muerte de su ser querido hizo que fuesen menos dados a perdonar al asesino. Cuando evaluamos los resultados de los restantes 15 participantes, observamos un cambio positivo y estadísticamente significativo en su proceso de perdonar.

Estos resultados, más o menos mezclados, tienen mucho sentido. No todas las personas se sienten mejor luego de recordar durante siete días algún aspecto horrendo de su vida. Estoy muy satisfecho de que la gran mayoría de los participantes de esperanza dos se volvieran más indulgentes, y al final sintieran menos furia, depresión y dolor, además de sentirse mejor físicamente. Estoy maravillado por el significado de estos resultados, pues demuestran el increíble poder de sanación de las personas ante los peores horrores. Refuerzan mi convicción de que se puede aprender a perdonar.

Durante cada uno de los proyectos de la esperanza, fue un privilegio poder hacer parte de la sanación y del crecimiento emocional de estas personas. Estoy admirado por la valentía de estas víctimas de la tragedia sin sentido. He reflexionado sobre lo que significa volar hasta un país extranjero y compartir los dolores más hondos con personas que no se conocen. Cada una de estas personas es un héroe. Confiaron, escucharon, aprendieron y sanaron.

El reverendo Bland y yo seguiremos ofreciendo nuestra preparación para perdonar a la gente de Irlanda del Norte y otros lugares del mundo. Ya estamos organizando nuestro próximo taller en el que tendremos algunos de los participantes de esperanza dos trabajando como instructores para ayudar a nuevos contingentes de personas lastimadas. Nuestra meta es preparar personas en lugares de conflicto para que enseñen ellas mismas el procedimiento para perdonar.

Espero que estas semanas de perdón den inicio al proceso que ayude a sanar sociedades divididas y trabadas en amargos enfrentamientos. Mi deseo es que cada uno haga lo mismo en la familia y con los amigos. El perdón no solamente se necesita en el peor de los ambientes políticos, sino también en el mejor. Que personas que vieron morir asesinados a sus familiares en una sociedad dividida aprendieran a perdonar debe ser una esperanza para todos.

El resto de este libro describe detalladamente el proceso para perdonar que les enseñamos a los participantes de esperanza dos.

Al principio del siguiente capítulo describiré paso a paso cómo perdonar. Usted tiene poco que perder y mucho que ganar cuando haga del perdón una de sus alternativas.

TERCERA PARTE

Perdonar sana

Técnicas para perdonar y sanar: cambiar de canal, respirar y dar gracias, concentrarse en el corazón y TREP

> El hombre sabio se apresura a perdonar con presteza, pues conoce el verdadero valor del tiempo y no ha de morir con un dolor innecesario.
>
> SAMUEL JOHNSON

En los primeros ocho capítulos expliqué cómo y por qué creamos y guardamos rencores. Definí el perdón y le di razones para agregar el perdón a nuestra lista de opciones. Describí las investigaciones que reafirman el poder de perdonar para sanar el cuerpo y la mente, y resalté mis propias investigaciones. Ahora le enseñaré a usar los anteriores conceptos para perdonar a cualquier persona, inclusive a uno mismo.

Ya es tiempo de sanar los rencores. En el capítulo 6 resalté las tres condiciones previas para perdonar: saber lo que se siente, saber qué fue lo que salió mal, y compartir la experiencia con un par de personas de confianza. Si cumplimos con estos tres pasos, estamos listos para aprender a perdonar.

No estoy afirmando que perdonar sea siempre fácil o que usted escoja perdonar a quienes lo han lastimado. Sólo digo que, al cumplirse estas condiciones previas, perdonar se vuelve una opción sumamente buena.

Obstáculos para perdonar

Ante todo hay que aclarar cuáles son los obstáculos para perdonar. El primero es la tendencia a confundir ofensas imperdonables con incapacidad para perdonar. He encontrado que esta confusión le dificulta a la gente perdonar; por eso hay que aclararla para ayudar al lector. Frecuentemente encuentro personas que confunden su falta de motivación para perdonar con el sentimiento de que ciertas ofensas simplemente son imperdonables. A pesar de cumplir con las condiciones previas, a estas personas les cuesta trabajo despojarse de sus rencores. Se resisten a la idea de perdonar y discuten si la ofensa es o no perdonable.

Mike, a quien conocimos en el primer capítulo, es un buen ejemplo. En uno de los talleres escribí las tres condiciones previas en el pizarrón y anuncié que ya estábamos listos para comenzar. Mike alzó la mano para decirme que tal vez esas condiciones no le iban a permitir perdonar. Lo que le había sucedido era muy injusto, pues le habían prometido un cargo como diseñador de páginas web, pero en cambio estaba escribiendo sobre asuntos técnicos. ¿Acaso no veía yo que le habían mentido? ¿Cómo se puede perdonar a mentirosos así? ¿No está mal perdonar a la gente que miente de esa forma? ¿No es lo mismo que olvidar el asunto?

Le dije a Mike que imaginara un depósito de 20 millones de dólares a su nombre en un banco suizo. El dinero sería suyo con una sola condición: comprometerse a no pensar más en su inconformidad. Tenía que pensar que los banqueros poseen un detector de pensamientos que les dice si aún guarda sentimientos negativos por sus superiores. Si lo sorprenden pensando negativamente o disgustado, perdería el dinero. Le pregunté que si bajo esa condición estaría dispuesto a abandonar su rencor.

Mike respondió: "Por supuesto que lo haría. Mi madre no crió a un tonto, y sólo un tonto dejaría volar 20 millones de dólares". Entonces le dije: "Realmente, estamos hablando de tu motivación para perdonar, no de si tus jefes deberían o no ser perdonados. Evidentemente estaría bien perdonarlos. Tú sencillamente no quieres hacerlo, a menos que te den una muy buena razón para ello". Luego proseguí: "A mí me parece que los perdonarías siempre que hubiese una buena recompensa, ¿verdad?". Me miró un poco avergonzado y respondió: "Sí, creo que sí". Mike se dio cuenta de que no era el engaño lo que lo detenía, sino tener o no suficientes razones para perdonar.

Como respuesta a la oferta de los 20 millones de dólares, algunas personas dijeron que por principio no perdonarían a su ofensor por dinero. Esa lógica no me convence, pues si alguien me lastima me encantaría recibir dinero para dejar de sufrir. Adicionalmente, no entiendo por qué alguien quiera sufrir más por una injusticia. ¡Dejar volar 20 millones de dólares es demasiado sufrimiento! Pienso en una linda casa a la orilla del mar, fondos ilimitados y trabajar solamente en lo que me gusta. Para aquellos que encuentran el dinero insuficiente, tengo una pregunta alterna. Dana, la mujer que no fue tenida en cuenta para el ascenso, es una de esas personas. Pero, antes de continuar, permítame advertirle que esta segunda ilustración puede resultar difícil para algunas personas.

Le pedí a Dana que pensara en un revólver cargado apuntándole a la cabeza, con el seguro suelto, un dedo tembloroso en el gatillo, y la persona que lo sostiene sólo espera la orden de apretarlo. La única salvación de Dana es comprometerse a desprenderse de su rencor. La condición es que elimine los pensamientos negativos contra su ofensor y quedará libre. Después de pensar en esta situación por un momento, Dana parecía agitada y manifestó que, por supuesto, no se haría matar por un rencor. Su tono fue obvio, y estoy de acuerdo. Sin embargo, para mí es igualmente obvio que los rencores nos lastiman de muchas formas y no se necesita un revólver cargado para producir la necesidad de cambiar. Aún no he encontrado a una persona que decida apegarse a su resentimiento en un caso como éste. Nadie quiere morir por el gusto de seguir dolido y molesto.

Infortunadamente, muchos de nosotros sufrimos de rencores reprimidos durante años. En el capítulo 7 mostré los comprobados efectos positivos de perdonar y los efectos nocivos del resentimiento, la ira y la depresión. Estoy seguro de que lastimamos nuestro bienestar psicológico, nuestras relaciones y seguramente nuestra salud física apegándonos a los rencores. No solamente la ira y el dolor afectan la vida de quienes no perdonan, sino también la pérdida de la felicidad, el amor y la intimidad. Por favor, no decida hacer parte de ese grupo de personas. Mejor perdone para siempre.

La buena noticia es que estamos mejor dispuestos para perdonar de lo que creemos. Nuestras principales barreras no son las ofensas sino la falta de herramientas para lograrlo. Pensamos que la naturaleza misma de la ofensa es imperdonable; pero si miramos a nuestro alrededor, encontraremos muchas personas que han perdonado exactamente la misma ofensa. Recuerde que he trabajado con personas que lograron progresar significativamente en el proceso de perdonar actos de violencia que ellas no provocaron. No hay ofensa que sea imperdonable. Si buscamos bien encontraremos a alguien que ha perdonado en situaciones parecidas.

Cuando tomamos el lugar del ofendido en los dos escenarios precedentes, entendemos que la duda para perdonar es ante todo asunto de motivación. Ésta no la sentimos, puesto que al no existir razones tan poderosas como la muerte o la riqueza, no sabemos qué tan bien nos sentiremos cuando hayamos perdonado. Dudamos si el esfuerzo vale la pena; y, puesto que no contamos con las herramientas para perdonar, tal esfuerzo nos parece excesivo. Este libro le brinda las herramientas para perdonar. El esfuerzo lo suministra usted.

La razón para usar estas técnicas es recuperar el poder que se le ha cedido al pasado para arruinar el presente. Frecuentemente olvidamos que perdonar es para nosotros, no para el ofensor. Perdonar no es aceptar la crueldad o el maltrato. Perdonar nos devuelve la paz.

Lo que no funciona

Además de la falta de motivación y mala preparación, hay otra barrera más para perdonar. Se trata de la tendencia a seguir reaccionando ante el dolor de manera poco efectiva. Cuando nos sentimos lastimados no sabemos cómo sufrir menos para hallar la paz. Todos le buscamos soluciones diversas al problema, y algunas funcionan mejor que otras. Si sólo dejásemos de hacer lo que no funciona, sería menor el dolor y mayor la receptividad de nuevas formas para solucionar el problema. Permítame ofrecer un ejemplo.

Alicia nunca se relacionó bien con sus suegros. Se casó muy joven con Hugh, con quien tuvo un hijo casi inmediatamente. Un año más tarde nació un segundo bebé. Los primeros años de matrimonio fueron difíciles, y los duros comentarios de los padres de Hugh los hicieron más todavía. Constantemente les decían todo lo que hacían mal y cómo su generación había sido mejor. Eran críticos y entrometidos, y ni Hugh ni Alicia apreciaban sus visitas.

Alicia hizo todo lo que se le ocurrió para solucionar el problema. Trató de enfrentarse a sus suegros. Luego decidió callarse cuando llegaban de visita. Trató de ser muy amigable y hospitalaria cuando conversaban por teléfono. Se quejó con Hugh. Lo amenazó si volvían a la casa. Le sollozó y lo acusó de no interesarse lo suficiente por ella. Nada de eso los hizo cambiar ni tampoco mejorar su relación con Hugh. Sus suegros continuaron siendo desagradables, no importaba qué tanto ella se esforzara.

Le pedí a Alicia que hiciera una lista de todas las estrategias que se le ocurrieran para solucionar el problema con sus suegros. Luego le pedí que dibujara una estrella junto a las que había puesto en práctica sin suerte. Una estrategia fracasada era aquella que no la hacía sentir mejor ni cambiaba la actitud de sus suegros.

Le dije a Alicia que por lo menos aceptara que algunas estrategias "no funcionan", y dejara de aplicarlas. Podía mejorar su vida, siempre que no volviera a intentar una estrategia fracasada. Sufría tanto por las estrategias que no funcionan, como por no tener estrategias que funcionan. Solucionaría una parte de sus problemas no repitiendo lo que "no funciona".

Al poner en práctica el ejercicio se dio cuenta de que nada de lo que había hecho funcionaba. El problema con los suegros seguía presente. También vio que seguía usando estrategias fallidas. Se molestaba con sus suegros o con su marido cada vez que ensayaba lo que no funciona; y al mirar su lista de estrategias fracasadas convencida de no volverlas a usar, tuvo nuevas ideas. Estas incluían palabras como *déjalo ir, perdónalos, relájate*. Entonces Alicia pudo identificar lo que no funciona y quedó libre para ensayar si la práctica de perdonar y soltarse funcionaba. Y vio que sí.

Perdonar es práctico

Las tres barreras que he descrito son impedimentos corrientes cuando se quiere perdonar. Yo las menciono porque hacen parte de mi aproximación práctica a perdonar. He organizado este libro de forma tal que muestre claves para perdonar a lo largo del texto. La meta es que perdonar sea práctico. Quiero que cada persona aprenda a perdonar. Mi definición de perdón se fundamenta en el beneficio de sentir paz, y he descrito paso a paso cómo se forman los rencores. Encontrar la paz no tiene que ser complicado.

Recordemos que los rencores nacen cuando algo no deseado sucede en la vida de una persona. A partir de ese instante desagradable se toman las cosas personalmente, se culpa al ofensor de los sentimientos y se cuenta la historia del rencor. Esta historia indica que se le ha arrendado demasiado espacio en la cabeza al dolor y a la rabia. En el capítulo 6 definí el perdón como el sentimiento de paz que nace a medida que:

- las aflicciones se tomen menos personalmente,
- se asuma la responsabilidad por los sentimientos,
- se pase de víctima a héroe en la historia que se cuenta.

Quisiera exhortar a que se recuerde esta definición de perdón. Ante todo, es una definición práctica. La meta es sentir paz, y tal sensación llega cuando se han sanado los rencores —culpabilizando menos, responsabilizándose de sus sentimientos y cambiando la historia que se narra. A esta paz la llamo perdón. A medida que siente más paz avanza hacia la meta de sanar los rencores. Aprende a perdonar.

En mi definición de perdonar hay tres componentes. El más crítico es narrar la historia. Cuando narramos la historia de nuestra victimización es porque hemos tomado algo personalmente y culpamos al ofensor por nuestros sentimientos. Al contar la historia de nuestro heroico triunfo sobre la injusticia, culpamos menos y no tomamos las cosas personalmente. Sin embargo, es muy difícil cambiar de repente la bien ensayada historia del rencor.

Para evitar ese problema, sugiero que asuma la responsabilidad de sus sentimientos. Debemos recordar que somos los responsables de nuestras experiencias emocionales. No debemos responsabilizar al pasado por lo que sentimos en el presente. Sólo porque haya ocurrido algo desagradable en el pasado, o que ocurra en el futuro, no significa que arruinemos todos nuestros días. No estamos garantizados contra las dificultades, el maltrato y la falta de bondad. Quedamos indefensos cuando le cedemos a nuestro ofensor poder excesivo sobre nuestros sentimientos. Nuestro dolor solamente disminuye cuando retomamos el poder y vemos que somos responsables de nuestros sentimientos.

Yo enseño dos técnicas complementarias que ayudan a recobrar la responsabilidad de nuestros sentimientos. La primera es muy fácil de poner en práctica y está al alcance de todos. Se trata de no perder de vista las cosas buenas de la vida. Parece sencillo, pero requiere esfuerzo. Significa que debemos invertir tiempo y energía buscando belleza y amor en la vida, para contrarrestar el tiempo que desperdiciamos en rencores, disgustos y heridas. La segunda técnica es practicar la TREP, o técnica para reforzar las emociones positivas, para reducir la zozobra de inmediato al sentirnos molestos, lastimados o furiosos. La TREP es una técnica sencilla que funciona cada vez que se presentan disgustos. Ésta la explicaré al final del capítulo. Ahora quiero que veamos juntos la primera técnica: encontrar las cosas positivas de la vida.

Los dos componentes para responsabilizarnos de nuestros sentimientos son importantes. Los dos hacen que la persona se sienta mejor y le quitan el poder a las heridas que nos arruinan días, meses y años. Recordemos que responsabilizarse de nuestros sentimientos no significa sentirse complacido por lo que pasó. Responsabilidad sencillamente significa estar en control de las reacciones emocionales propias. Perdonar no significa concentrarse en lo ocurrido en el pasado, y tampoco seguir molesto y apegado a los rencores. Puede ser que nos hayan herido en el pasado, pero el disgusto se vive en el presente. Tanto el perdón como los rencores son experiencias de ahora.

Que nuestros padres fuesen unos incompetentes en 1978 no significa que debamos sentirnos molestos el 7 de julio del año 2002 a las 4:15 de la tarde. O tal vez la pareja fue infiel en 1996. Eso no significa que debamos seguir disgustados el 4 de agosto del 2001 a las 9:00. Tal vez tengamos una mala relación con una hermana, pero no por eso vamos a sentir molestia y rencor durante dos horas en la segunda semana de octubre.

Quiero que se entienda claramente que responsabilizarse de los sentimientos propios no significa que lo sucedido sea su culpa. Usted no hizo que sus padres lo lastimaran o que su novio le fuese infiel. Tampoco hizo que el automóvil lo golpeara o que se enfermara. No fue su culpa que el jefe se molestara ni que el estado del tiempo le arruinara las vacaciones. Pero, aun cuando usted no ocasionó nada de lo anterior, sí es responsable por lo que piensa, actúa y siente desde que ocurrieron los sucesos. Es su vida, y tiene que manejar sus emociones y reacciones.

Cambiar de canal a control remoto

Asumir la responsabilidad significa ante todo que, a pesar de estar heridos, hagamos un esfuerzo por apreciar lo bueno de la vida. Cuando entendemos que el dolor es parte normal de la existencia, nos esforzamos por verlo en perspectiva. No estoy de acuerdo con la creencia de que las experiencias dolorosas son más reales que la capacidad de sentirse bien. Tampoco lo estoy con la tendencia a asegurar que las experiencias dolorosas son más intensas que la belleza del atardecer o el amor que sentimos por nuestros hijos.

Muchos le arrendamos más espacio a la práctica del rencor que a concentrarnos en la gratitud, el amor o el aprecio por la naturaleza. Mi mensaje central en este punto es que al invitar más experiencias positivas a la vida, los dolores son menos importantes. Es el primer paso para responsabilizarse de los sentimientos y comenzar a perdonar. Cuanto más espacio se le arriende en la cabeza al amor por los hijos o a la belleza de un día de lluvia, el resultado será menos espacio y menos tiempo para el dolor.

Para entender mejor esta idea voy a compartir con usted una útil metáfora. Piense que lo que ve en su mente aparece en una pantalla de televisión. Imagine que lo visto y oído por usted es un programa de televisión. Usted puede cambiar de canal con el control remoto. Selecciona los programas que quiere ver. Si quiere una película de terror, tal vez tenga que cambiar al canal 6. Si le interesa una historia de amor debe cambiar al 14. Si prefiere un programa sobre la naturaleza tiene que seleccionar el canal 51. Usted decide los programas que verá en su televisor manejando el control remoto.

Ahora piense que cada uno de nosotros tiene un control remoto que cambia los canales que observamos en la cabeza. Imagínese que las imágenes en su cabeza se pueden cambiar como cambia los canales de la televisión. Desde este punto de vista, el rencor puede compararse con un control remoto que se queda pegado en el canal del rencor. Para personas como Denise, eso significa interminables repeticiones del programa *Mis padres irresponsables*. Otras, como Mike, sólo pueden ver episodio tras episodio de *Jefes mentirosos*. Hay muchos programas en el canal de los rencores y los retransmiten sin cesar. Muchas personas que guardan rencores habrán gastado ya el botón de dicho canal. *Mi vida fue injusta* tiene amplia acogida, mientras que *Mis padres me maltrataron* es un conocido drama.

Mi reto es enseñarle a reprogramar su control remoto. Quiero que lo programe para que siempre sintonice los canales de la gratitud, la belleza, el amor y el perdón. Éstos siempre aparecen en la guía de programas y siempre hay alguien viéndolos en su aparato de televisión. Sólo porque el esposo de Sarah consumía drogas, le fue infiel y luego la abandonó, no significa que sus canales de la gratitud y la belleza no se puedan sintonizar. Siempre hay un hermoso atardecer o una historia de generosidad y heroísmo en el diario. La verdad es que Sarah necesitaba acceder a esos canales desesperadamente en momentos difíciles, pero aumentó el sufrimiento bloqueando el control remoto en el canal de los rencores.

Generalmente las personas encuentran que es más sencillo querer acceder que poder acceder a los canales del perdón, la gratitud, la belleza y el amor. Tal vez su control remoto esté pegado. Si no encuentra nada para ver en el canal de la belleza o del amor, tal vez pueda ver programas en los televisores de otras personas con buenas antenas de recepción. Si lo ha lastimado el amor, no deje escapar el placer de ver a los demás unidos por él. Si usted no tiene pareja sino un gato, póngalo en el canal del amor. La voz de los niños siempre produce sonrisas. Nunca habrá un momento en el que no podamos dar gracias por los dones que nos da la vida. Cada bocanada de aire es un hermoso regalo.

Puesto que trabajo en California, generalmente le sugiero a la gente no olvidar el canal del Gran Sur. El Gran Sur es una región de la costa de California de naturaleza hermosa y bellos paisajes. Es como el parque nacional de Yosemite o el Gran Cañón, un lugar de extraordinaria belleza. Es tan hermoso que resulta imposible tener mal humor estando allí. Le pido a cada uno prender el canal del Gran Sur para recordar que la belleza natural siempre se encuentra a la mano. Es tan verdadero como son verdaderos los dolores del pasado, y se obtiene con solo oprimir un botón. Ni siquiera hay que levantarse del sillón, pues es decisión propia qué vamos a ver en nuestra televisión mental.

El mundo está lleno de cosas para ser apreciadas y encontrarlas bellas. El reto está en aprender a ver. Los canales del perdón y el agradecimiento nos hacen recordar que aun cuando estamos heridos, no tenemos que concentrar nuestra atención en el dolor. Los canales del amor y la belleza nos recuerdan que tenemos la opción de seleccionar en todo momento lo que nos gustaría ver, oír y experimentar.

Nadie nos puede imponer en qué concentramos nuestra atención. Dicho de otra manera, solamente nosotros manejamos el control remoto. Si tenemos la costumbre de prender el canal de los rencores, se debe recordar que todo hábito se puede modificar. El mundo está lleno de héroes que se sobrepusieron a las dificultades pasándose al canal de la valentía. Todos podemos ser héroes, y así los demás se beneficiarán al ver nuestra vida en su televisor.

Cuando sintonizamos los canales de la gratitud, el amor, la belleza o el perdón, le damos descanso al cuerpo. Al concentrarnos en los problemas y rencores, el cuerpo se tensiona. Las sustancias químicas se activan y la persona se siente cansada y agobiada. Acusamos al ofensor por nuestro malestar y sentimos que cedemos el poder. De esa manera restituimos el daño ocasionado con una respuesta molesta.

Si usted tiene el control remoto un tanto corroído, le ofrezco unas sugerencias sobre cómo mejorar la sintonía de los canales de la gratitud, el amor, la belleza y el perdón. Cada una de ellas ha sido puesta en práctica por muchas personas y les ha resultado útil.

Canal de la gratitud

- Vaya al supermercado más cercano y dé gracias por la abundancia de alimentos disponibles.
- Vaya a un hospital o a un hospicio para ancianos y agradezca su buena salud.
- Cuando conduzca, mentalmente agradezca a los conductores que respetan las normas de tránsito.
- Si tiene a alguien especial en su vida, déle las gracias por preocuparse por usted. Hágalo todos los días.

- Recuerde los detalles amables que tuvieron sus padres con usted.
- Agradezca al dependiente de la tienda por atenderlo.
- Agradezca el trabajo representado en los muebles, aparatos y alimentos de su casa.
- Dé gracias cada mañana al despertar por el regalo de la vida.

Canal de la belleza

- Si lo detiene el tráfico, fíjese en la hermosura del cielo y el extraordinario movimiento de las nubes y las aves.
- Deténgase delante de una escuela y mire el juego alegre de los niños.
- Busque un lugar favorito en la naturaleza al que sea fácil llegar. Acuérdese de cómo es y las sensaciones que produce.
- Disfrute de los programas sobre la naturaleza en la televisión.
- Disfrute profundamente su pieza musical predilecta.
- Camine lentamente y llénese de los olores y paisajes de la naturaleza.
- Fíjese en el olor y el sabor de los alimentos bien preparados.
- Observe la asombrosa belleza de las flores, especialmente su variedad de colores.
- Fíjese qué bien se ven las personas que usted quiere.
- Visite el zoológico y admire la variedad de los animales.
- Imagine la belleza del Gran Sur.

Canal del perdón

- Busque personas que hayan perdonado y pídales que le cuenten su historia.
- Recuerde las veces que ha perdonado y no olvide que es capaz de perdonar.
- Lea libros sobre personas que hayan perdonado hechos dolorosos.

- Indague historias de perdón en su familia.
- Trate de perdonar las pequeñas ofensas que ha sufrido.
- Trate de perdonar un ratito cada día.
- Perdone al conductor que le cerró el paso en la carretera.
- Piense en las veces en que usted hirió a los demás y quiso que lo perdonaran.
- Acuérdese cuando alguna persona fue amable con usted a pesar de haberla lastimado.
- Fíjese con qué frecuencia perdona naturalmente a sus seres queridos.

Canal del amor

- Busque a los enamorados y alégrese de su felicidad.
- Visite un hospital y fíjese en el amor de la familia de aquellos que están enfermos.
- Recuerde las veces que fue amado.
- Recuerde las veces que amó.
- Llame a un amigo y dígale que lo aprecia.
- Recuerde la amabilidad de sus padres.
- Pregúntese qué puede hacer para volverse una persona más bondadosa.
- Dígale a otra persona que le cuente sobre la vez que se sintió verdaderamente amada.

Además de las anteriores formas de sintonizar emociones positivas, los siguientes ejercicios le ayudarán a evitar la corrosión de su control remoto. Éstos ofrecen mejores resultados practicándolos frecuentemente. Tendrá que seguirlos ejercitando hasta que desarrolle la destreza de encontrar belleza y agradecimiento naturalmente.

Respirar y dar gracias

1. Dos o tres veces diariamente, cuando no esté muy ocupado, disminuya su ritmo y preste atención a su respiración.

2. Fíjese que su respiración entra y sale naturalmente. Preste atención al vientre. Al respirar, permita que el aire empuje el vientre suavemente. Al soltar el aire, aflójelo conscientemente hasta sentirlo blando.

3. Siga respirando lenta y profundamente de esta forma unas cinco veces.

4. Luego, durante las siguientes cinco u ocho respiraciones, diga "gracias" en voz baja, acordándose del don de la respiración y la suerte de estar vivo. Frecuentemente las personas responden más intensamente al imaginar que la experiencia de agradecimiento está en su corazón.

5. Luego de esas respiraciones de agradecimiento, haga la respiración del vientre una o dos veces más.

6. Regrese lentamente a sus actividades.

Practique este ejercicio de respirar y dar gracias por lo menos tres veces a la semana.

Concentrarse en el corazón

1. Póngase en una posición cómoda que pueda mantener entre diez y quince minutos.

2. Lentamente concentre su atención en la respiración a medida que inhala y exhala. Al respirar, permita que el aire empuje el vientre suavemente. Al soltar el aire, aflójelo conscientemente hasta sentirlo blando. Practique esto durante cinco minutos.

3. Luego traiga a la mente alguna experiencia con otra persona por quien sintió mucho amor, o una imagen de un paisaje natural que lo llene de belleza y tranquilidad. Para este ejercicio no escoja a una persona a quien esté tratando de perdonar.

4. Cuando la imagen de tal experiencia sea clara, trate de revivir los sentimientos de paz y amor de nuevo en el presente. A muchas personas les gusta imaginar que los buenos sentimientos se concentran en el corazón.

5. Viva esos momentos de paz todo lo que pueda. Si se da cuenta de que su atención se disipa, regrese al primer paso y al ejercicio natural del vientre.

6. Luego de diez o quince minutos, abra lentamente los ojos y regrese lentamente a sus actividades.

Perdonar: la práctica

Helena era una mujer atractiva de unos 35 años de edad que vivía sola. Durante mis talleres casi siempre permanecía escuchando en silencio, pero con frecuencia vi cómo se le acumulaban algunas lágrimas en los ojos. Cuando hablaba, el tono de su voz revelaba rencor. Siempre se opuso a la posibilidad de perdonar argumentando que su dolor no tenía solución. Nunca perdonaría a su hermana por romperle el corazón.

Helena y su hermana siempre habían competido entre sí. Joan era dos años mayor y a Helena siempre le tocaba la tajada más pequeña del pastel. Contó que siendo niñas Joan siempre fue la favorita de sus padres. Hace poco, a Helena y a Joan les gustaba el mismo hombre. Helena empezó a salir con Rick y se lo presentó a Joan. En cuestión de semanas, Joan y Rick se fueron a vivir juntos. Helena quedó destrozada. Se sintió traicionada y poco atractiva. Sus padres le dijeron que lo olvidara, pues Joan y Rick estaban enamorados, y le preguntaron por qué no quería que su hermana fuera feliz.

Helena se sentía miserable, pues cualquier cosa le hacía recordar su pérdida. Estaba tan enfadada que a todos les comentaba lo desvergonzada y ruin que era su hermana. Un día le pregunté a Helena por qué estaba tan disgustada si ni siquiera veía a su hermana. Me miró como si estuviera loco. Le dije: "Helena, no veo algo o alguien en este recinto que pudiese disgustarte. Sin embargo, estás disgustada. ¿Por qué?" Me pregunté en voz alta si acaso Helena había adquirido la costumbre de molestarse. Le dije que era posible que se hubiese acostumbrado a sentir emociones negativas.

Afirmé que esto es común cuando estamos dolidos. Frecuentemente adoptamos la costumbre de recordar repetidamente la traición o el maltrato. Le recordé que ella era la propietaria que arrendaba espacio en la cabeza. Caminé hasta el pizarrón y le mostré a Helena que su hermana era un avión que ella mantenía en el aire cuando hacía mucho tiempo debería estar en tierra.

Luego dirigí la clase a un recorrido visual para aprender a apreciar un bello paisaje natural —un ejemplo de sintonizar la televisión en el canal de la belleza. Al finalizar la visualización, le pregunté a Helena cómo se sentía. Respondió que se sentía bien, pero confundida porque no entendía qué tenía que ver eso con perdonar. Le pregunté si incidiría en algo recordar esos sentimientos de paz en un momento de molestia. Dijo que podía ayudar. Le recordé que su meta era lograr ese sentimiento de paz que acababa de experimentar.

Perdonar es la práctica de ampliar los momentos de paz. Es decidir qué canal sintonizar. Es el poder que nace de entender que la injusticia de ayer no tiene que doler hoy.

Cuando tenemos experiencias positivas, tales como apreciar la belleza o disfrutar del amor, hemos perdonado unos instantes a quienes nos han lastimado. El perdón es una alternativa para ampliar esos momentos para el resto de la vida. El perdón está disponible en cualquier momento y totalmente bajo nuestro control. No depende de las acciones de los demás. Solamente uno puede tomar esta alternativa.

Le recordé a Helena que su meta era aprender cómo sentirse mejor con más frecuencia durante el día. En esos minutos en los que Helena visualizó un bello paisaje, su hermana no podía lastimarla. Puesto que la acción dolorosa sucedió en el pasado, la única forma en que su hermana podía lastimarla nuevamente era que Helena se concentrara otra vez en la traición. Lo importante para ella era controlar su cabeza y, por consiguiente, sus emociones.

Helena aprendió que sus sentimientos se relacionan directamente con el programa sintonizado en su televisor. Puesto que le prestaba atención continuamente a su hermana, sentía que el dolor la abrumaba. Sólo cuando se sintiera calmada y en paz habría perdonado a su hermana. Le pedí que pensara que su meta era ampliar esos momentos de paz, y le dije que solamente ella tenía el poder de decidir cuántos momentos de paz iba a experimentar.

TREP

El primer paso cuando nos responsabilizamos de nuestros sentimientos es recordar lo bueno y lo hermoso de la vida. Hemos conocido tres partes de este proceso. Lo primero es limpiar el óxido del control remoto para sintonizar programas en los canales de la belleza, el agradecimiento, el amor y el perdón. Lo segundo es practicar la respiración de gracias un par de veces al día. Este ejercicio ayuda a la relajación y nos recuerda que el don más precioso, y que no apreciamos totalmente, es la vida misma. Lo tercero es destinar una hora a la semana para practicar cómo concentrarse en el corazón, pues ayuda a desarrollar la respiración lenta y profunda. Ayuda a la relajación y enseña a traer los buenos sentimientos al presente.

Los tres pasos permiten cambiar nuestra atención a lo positivo y prevenir momentos prolongados de dolor y molestia. No están diseñados para usarse cuando algún recuerdo doloroso o un reencuentro con alguien ocasione un dolor importante. En este caso requerimos de una técnica diferente. La TREP ayuda cuando una experiencia dolorosa llega a nuestra pantalla de televisión.

TREP: Técnica para reforzar las emociones positivas

Hay que aprender a conservar la paz en cualquier circunstancia, sin importar qué tan difícil sea. Ganamos mucha seguridad cuando enfrentamos repentinamente una situación o recuerdo doloroso, pero logramos mantener una actitud positiva. Practicar la TREP ayuda a mantener la calma y a tomar buenas decisiones.

Practicar la TREP para afrontar a un jefe malhumorado evita que la rabia y el dolor nos abrumen. En la carretera congestionada, evita que la desesperación empeore la situación. Ponerla en práctica antes de visitar familiares que no nos gustan permite decidir si dicha visita es, o no, conveniente; e, igualmente, usarla al recordar al padre alcohólico evita que se caiga en la desesperanza.

Helena puso en práctica la TREP, y poco a poco su hermana dejó de ser una amenaza para ella. La TREP es útil en cualquier circunstancia en la que se sienta disgusto, dolor, depresión o amargura. Mis estudiantes la practican cuando recuerdan el maltrato que sufrieron de su ex pareja o de sus padres. También la usan para afrontar constantes dificultades matrimoniales. Cuando se practica la técnica y se mantiene la calma, se siente cómo los rencores pierden su dominio sobre uno.

Practicar la TREP dura 45 segundos en cualquier lugar y momento, y nadie se tiene que enterar de ello. Se puede usar durante una discusión para mantener la calma, o cuando su pareja le está diciendo adiós. Se puede hacer uso de ella cuando hay necesidad de mostrarse firme pero se está preocupado por la reacción del ofensor. La TREP es la técnica más poderosa que conozco para ayudar al control personal de las emociones. Con la práctica, los ofensores se vuelven menos amenazadores. Les quitamos el poder de lastimarnos, reemplazándolo por un sentimiento de tranquilidad y seguridad.

Práctica de la TREP

Cuando sienta las consecuencias de rencores no resueltos o de un conflicto personal en curso:

1. Concentre toda la atención en el vientre a medida que inhala y exhala hondo dos veces. Preste atención al vientre. Al respirar, permita que el aire empuje el vientre suavemente. Al soltar el aire, aflójelo conscientemente hasta sentirlo blando.
2. A la tercera respiración profunda, traiga hasta su mente la imagen de alguna persona a quien usted ame o de un

hermoso paisaje natural que lo llene de admiración. Generalmente, las personas responden mejor cuando piensan que los sentimientos positivos se concentran alrededor del corazón.

3. Siga con la respiración del vientre blando durante la práctica.

4. Una vez calmado, pregúntese qué puede hacer para resolver el problema.

Helena solamente se sentía bien cuando pensaba en vengarse de su hermana o cuando algo la distraía. Era un manojo de nervios. Veía varias películas cada noche y trataba de mantenerse ocupada. Nunca pensó que podía controlar sus propios sentimientos. Su novio la dejó por su hermana y por eso estaba perturbada. Para ella sentirse triste era tan natural como el sol que sale cada mañana. Helena no se daba cuenta de que perder más de dos horas al día lamentándose la hacía sentirse mal constantemente. Al unir lo anterior con el hecho de no invertir ni un segundo del día para dar gracias, su infelicidad resultaba inevitable.

Le dije a Helena que la TREP salía más económica que medio litro de helado al día. En su desesperación, comenzó a practicar la TREP con disciplina cada día. Al comienzo solamente sentía el dolor acostumbrado. Le recordé que lo más importante era concentrar la atención en el vientre y no en la zozobra. Los sentimientos positivos vendrían con el tiempo.

Helena practicó diariamente durante dos semanas. Al concluir ese período, pudo pensar en su hermana sin reaccionar como marioneta. Obtuvo el control sobre sus sentimientos mediante la práctica de la TREP y mejoró su seguridad. También comenzó a pensar qué quería de la vida y por qué desperdiciaba tanto tiempo pensando en la vida de Joan. Entendió que estaba arrendándole demasiado espacio en la cabeza a su hermana. Además entendió que la relación con Rick jamás hubiese funcionado, si él la abandonó tan fácilmente.

No logró entender nada de esto durante el tiempo que estuvo tan disgustada con Joan y cuando pensaba en ella. La TREP, concentrarse en el corazón, respirar y dar gracias y sintonizar el canal de la belleza le dieron a Helena una segunda oportunidad. Antes de aprender a perdonar, solamente escuchaba la parte de su ser que manifestaba ira y dolor. Luego de ejercitar estas técnicas, pudo sintonizar su personalidad cariñosa y pacífica. Hallar ese aspecto de su personalidad, que sencillamente estaba escondido, le devolvió la vida. Estoy absolutamente seguro de que lo mismo le sucederá a usted.

Muchas personas sienten alivio con sólo practicar la TREP. Muchas personas que han tomado mi taller, perdonan y siguen adelante. Se dan cuenta de que concentrarse en los rencores lastima más que el mismo ofensor. Practicar la TREP, concentrarse en el corazón y respirar y dar gracias hacen que conserve el control sobre sus emociones. Las técnicas anteriores combinadas y la sintonización de los canales del amor y la belleza son herramientas poderosas.

Mi intención no era que la TREP fuera un ejercicio único, pero frecuentemente resulta suficiente. Sin embargo, mis métodos para perdonar funcionan como pelar cebollas. Pelar cebollas lleva tiempo porque tienen varias capas. Lo primero en este procedimiento es buscar la belleza y el amor con la misma decisión con que llegan a la mente el dolor y los rencores. Lo segundo es practicar la concentración en el corazón y respirar y dar gracias. Tercero, la TREP.

En el siguiente capítulo le enseñaré a crear reglas que se pueden cumplir. En otro más adelante le enseñaré la mejor forma de corregir su historia de rencor. Durante el transcurso de varios capítulos veremos el método SANAR, poderosa herramienta que le ayudará a perdonar incluso sus viejos rencores. El método SANAR es un procedimiento para curar heridas específicas que lo han afligido durante años.

Ahora le pido que comience a practicar las técnicas aprendidas en este capítulo. Vuélvase un científico. Haga de su vida un experimento y verá lo bien que se sentirá.

CAPÍTULO 10

De reglas que no se pueden cumplir a deseos y esperanzas

Si estás acongojado por algo exterior, el dolor no se debe a ese algo sino a lo que de ello piensas. Por eso tienes el poder de acabarlo en cualquier instante.

Marco Antonio

Las cuatro técnicas del capítulo 9 servirán de ayuda para recuperar el poder que se le ha cedido a alguien o a aquello que nos lastimó. Aun cuando cada técnica requiere práctica, los resultados se ven casi de inmediato. Practique la TREP un par de veces cuando sienta disgusto o molestia y sentirá cambios notables. Practique también concentrarse en el corazón y la respiración de gracias para crear buenos hábitos de apoyo a la TREP. Ensaye a sintonizar su canal de la gratitud y verá que tendrá menos cosas que perdonar. En poco tiempo verá el mundo mejor y de otra forma. La gente dice que empieza a sentirse más segura y cómoda con los demás. A medida que aprendemos a sintonizar gradualmente la gratitud, la belleza y el amor aparece un mundo más bello para disfrutar.

Muchas personas han aprendido a perdonar y han sanado usando estas técnicas. Algunas han logrado sanar sus rencores con sólo una práctica de la TREP, mientras que otros se han demorado semanas sintonizando su borroso canal de la gratitud. En este capítulo y en el siguiente le enseñaré las técnicas para perdonar, que enriquecen y complementan lo aprendido.

Bill es un hombre maduro que llegó a una de mis clases de un día completo para perdonar. Se sentó atrás y no dijo nada durante toda la sesión. Su cara era poco expresiva y no sonreía con mis chistes ni fruncía la frente cuando los exhortaba a perdonar. Al finalizar la clase, vino hacia mí y empezó a hablar. Dijo que hacía unos ocho meses estaba disgustado con Tom, su socio. Tom decidió comprar algunas acciones de una naciente compañía de la Internet y los dos hablaron sobre la compra. Bill pensaba que comprarlas era arriesgado y estuvieron de acuerdo en esperar antes de tomar una decisión definitiva. Sin saberlo Bill, Tom compró las acciones inmediatamente después de la reunión.

Bill se enteró de ello una semana después y se puso furioso. Estaba molesto por la traición, por perder dinero y por el engaño. Sintió que no podía confiar en su socio, pues al fin de cuentas, habían acordado esperar. Tan pronto se enteró, Bill revisó el valor de las acciones y se molestó aun más al enterarse de que habían caído casi 30 por ciento.

Cuando confrontó a Tom, se dio cuenta de que éste no sabía por qué Bill estaba tan molesto. Le dijo que el negocio era demasiado bueno para dejarlo ir y pensó que Bill estaría contento cuando produjera ganancias. Cuando Bill le preguntó sobre la confianza traicionada, Tom respondió que ocasionalmente tenía que hacer lo que le parecía lo mejor. También le dijo que deberían esperar antes de vender, pues con seguridad el valor de las acciones subiría de nuevo. Cuando vino a mi clase, el valor de las acciones aún no se recuperaba y los dos socios tenían miles de títulos valores de una compañía cuyas acciones valían 40 por ciento menos que al comprarlas.

Bill tenía motivo para estar disgustado. Se sentía incómodo por una situación fuera de su control. Estaba molesto con la actitud de su compañero, la pérdida de dinero y el hecho de no poder hacer nada. Cuando se acercó a mí fue para decirme que mi clase le había ayudado.

Me dijo que desde el momento en que empezó a respirar lentamente con el vientre sintió más calma. Después del descanso para almorzar, practicó la TREP cientos de veces y funcionó. No aprobaba la actitud de su socio, pero no dejaría que le robara la tranquilidad o que echara a perder 20 años de amistad y de relación de negocios. Bill aprendió a controlar sus sentimientos. Aprendió que no podía controlar lo que hacía su socio, pero sí podía controlar sus propias reacciones.

El propósito de la TREP, concentrarse en el corazón y la respiración de gracias es cambiar los sentimientos. La práctica de estas técnicas aumenta la sensación de paz y nos ayuda a recobrar el control de nuestras emociones. Una de las consecuencias indirectas de sentir más paz y menos dolor es la capacidad de pensar con mayor claridad.

Por ejemplo, al empezar la clase, Bill estaba pensando terminar con una sociedad de negocios de 20 años. Luego de poner en práctica la TREP un par de veces, logró calmarse y pudo ver la actitud de su socio en perspectiva. Bill no podía pensar claramente porque trataba de hacer cumplir una regla que no podía hacer cumplir. Para él, su socio siempre debía ser confiable. Cuando se tranquilizó, sus expectativas de Tom se hicieron más consecuentes con las metas de negocios a largo plazo. También comprendió que algunas veces hasta los buenos amigos y los socios de negocios hacen cosas que no nos gustan.

La experiencia de Bill no es única. Todos tenemos la cabeza borrosa cuando nos disgustamos. A menudo creemos que nuestra quebrantada mente piensa con claridad. Para mí, pensar con claridad es analizar si tenemos alguna opción de obtener lo deseado. Cuando pensamos con claridad podemos formular la pregunta: ¿Existe una buena probabilidad de que suceda lo que deseo? Si la respuesta es no, la persona que piensa claramente se tranquiliza, trabaja duro para buscar alternativas, y espera que suceda lo mejor. La persona que no piensa con claridad se enfurece, y se siente lastimada y frustrada. Generalmente esa persona se llena de culpa que, si se descuida, le puede ocasionar amargura y desesperanza.

Generalmente, cuando no pensamos con claridad estamos tratando de hacer cumplir una regla que no se puede hacer cumplir. El problema es que hacer cumplir una de estas reglas es imposible. Por ejemplo Marilyn, en el segundo capítulo, exige enérgicamente que su incompetente madre le responda ante su necesidad. Pero si la madre decide lo contrario, no hay nada que Marilyn pueda hacer para cambiarla. Lorraine, en el capítulo 5, podrá exigir con todas sus fuerzas que Larry, su marido, no trabaje hasta altas horas de la noche, y que luego le mienta al respecto. Pero si Larry decide lo contrario, no hay nada que Lorraine pueda hacer para cambiarlo.

En cada escenario de frustración hay cosas que podemos hacer para cambiar la manera como pensamos y sentimos. En este capítulo le enseño a desafiar las reglas que no se pueden hacer cumplir; pero antes de seguir adelante, le recuerdo que, además de cambiar la manera como pensamos y sentimos, uno puede actuar para cambiar su situación. Por ejemplo, Bill pudo haber abandonado la sociedad de negocios para asegurarse de que Tom jamás volviese a comprar acciones, o Dana buscar otro empleo.

El problema que tienen que afrontar las personas cuando están disgustadas, dolidas o frustradas es que tales emociones dificultan tomar buenas decisiones. Cuando le agregamos culpa a los sentimientos de disgusto y dolor, entonces tomar decisiones acertadas es más difícil. Cuando un mal suceso se personaliza exigiendo hacer cumplir las reglas que no se pueden cumplir, tomar buenas decisiones se vuelve casi imposible.

Desafiar las reglas que no se pueden cumplir

En el capítulo 9 aprendimos sobre la TREP, concentrarse en el corazón, la respiración de gracias y sintonizar un buen canal, todo lo cual recomiendo como práctica básica para perdonar. El siguiente paso es desafiar nuestras reglas que no se pueden hacer cumplir para así desarrollar esperanzas y deseos verdaderos. Voy a enseñarle a pensar con más claridad y a no tomar las ofensas personalmente. ¿Por qué? Porque establecer reglas que no se pueden hacer cumplir es la razón principal para tomar las cosas personalmente.

En el capítulo 2 expliqué el peligro de tomar las ofensas personalmente. Ahora demostraré que desafiando las reglas que no se pueden hacer cumplir, nos ayudamos a liberarnos del proceso que crear rencores. Al desafiarlas damos el siguiente paso para aprender a perdonar.

Regresemos, a manera de ejemplo, donde nuestro agente de policía del capítulo 5. El agente está en una carretera con una patrulla que no enciende. Frustrado, observa cómo pasan autos que exceden el límite de velocidad pero no puede hacer nada. Ahora se siente tensionado, frustrado e impotente. No puede realizar su trabajo, y tanto él como los autos no están cumpliendo con su regla. En ese mismo capítulo formulé la pregunta: ¿Qué hacer cuando hay reglas que no se pueden hacer cumplir? Ésta es la respuesta.

El agente tiene la regla de que los automóviles no pueden exceder el límite de velocidad. La comunidad le paga para que imponga multas a los conductores que infringen la regla. Sin embargo, ni la ley ni su autoridad logran detener a todos esos conductores. Su regla no se puede hacer cumplir. Una lección para recordar en la vida es: No importa qué tan adecuada sea una regla, siempre habrá alguien que la quebrante.

Nuestro agente también tiene otra regla: Que su auto funcione. Esta regla dice que los motores de las patrullas de la policía siempre deben funcionar. Su expectativa es que cada vez que introduce la llave y le da vuelta, el motor enciende. Pero no importa cuántas veces dio vuelta a la llave, el auto no encendió y esta regla tampoco se pudo cumplir. Un taller automotriz puede confirmarle cuántas veces se deja de cumplir esta regla.

El agente también tenía otras reglas de comportamiento. De acuerdo con su manera de pensar, un buen policía impone multas a quienes van muy rápido. Un buen policía puede prever problemas con los automóviles y no comete equivocaciones. Nuestro agente se había impuesto reglas exigentes y rígidas que hacían de la fragilidad humana y automotriz algo peligroso. Estaba saturado de reglas que no se pueden hacer cumplir. Cuando su auto se descompuso, las reglas lo hicieron sentirse disgustado, impotente y frustrado.

Sus reglas no se pueden cumplir porque el agente no tiene

manera de hacer que suceda lo que desea. Cada una de sus reglas es un juicio sobre el bien y el mal. Son los planos de cómo quiere las cosas. Infortunadamente, los conductores funcionan bajo otras reglas. Tal vez en su regla es más importante llegar temprano al trabajo y no observar el límite de velocidad, u observarlo siempre que los demás conductores también lo hagan.

Las personas que fabrican automóviles para la policía se guían por estándares diferentes a los de nuestro agente y no lo escucharon al diseñar ese auto. Tal vez para el fabricante sea más importante la regla de producir ganancias que hacer un auto que nunca se dañe.

El agente no piensa que otras personas funcionan bajo reglas diferentes, y más bien piensa que las suyas son las correctas. Toma personalmente el incumplimiento de sus reglas y esto lo hace sentir dolor y rabia. Estos sentimientos no lo hacen mejor policía. Quedarse sentado escribiendo multas que no puede entregar lo hace menos eficiente. Todos estamos en la misma situación. Escribir multas que nos hacen sentir impotentes, pues no las podemos entregar, no nos hace mejores padres, esposos, amigos o trabajadores.

Cada uno de nosotros, como el policía, experimenta zozobra cuando quebrantar una regla que no se puede hacer cumplir se convierte en una afrenta personal. Estas reglas hacen más difícil vivir y puede ser peligroso tomarlas personalmente. En el capítulo 2 vimos los problemas de tomar personalmente las acciones de los demás. Una de las formas en que esto sucede es tomar el quebrantamiento de una regla como ofensa personal. Frecuentemente, cuando las personas quebrantan nuestras reglas, sentimos que han quebrantado algo que es importante para nosotros. Entonces, aunque estamos dolidos, nos aferramos a nuestras reglas en lugar de examinarlas para decidir si tienen sentido o no.

La buena noticia es que se pueden desafiar las reglas mediante un procedimiento sencillo. Ellas hacen notar su presencia y no hay que ir demasiado lejos para encontrarlas. No se esconden debajo de la alfombra. *Siempre* que se está más que molesto con la actitud de otras personas es porque tratamos de hacer cumplir una regla que no se puede hacer cumplir. SIEMPRE que uno está más que molesto con la vida es por la misma razón.

No permanecemos disgustados o dolidos a menos que nuestras reglas hayan sido quebrantadas; y podemos estar seguros de que una de estas reglas está trabajando cuando nos sentimos disgustados, amargados, deprimidos, alienados o impotentes. No estoy diciendo que no habrá tristezas o frustraciones sin reglas que no se pueden hacer cumplir, ni que tener sentimientos sea malo. Lo que estoy diciendo es que en el fondo de sus más profundas aflicciones existen reglas que usted trata inútilmente de hacer cumplir. Pero si las desafía cuando empiece a sentirse mal, entonces sus sentimientos negativos no perdurarán ni serán tan severos.

Seis pasos para desafiar reglas que no se pueden hacer cumplir

Hay seis pasos sencillos para desafiarlas. El primero es simple: Identifique cuándo está molesto, y entienda que la molestia está ocurriendo en el presente. Dar este paso es tan fácil como disgustarse cuando nos cierran la vía en la carretera. Nos disgustamos porque tenemos una regla que dice que los conductores no deben cerrar la vía. ¿Acaso se tiene el poder de evitarlo? No. ¿Es posible hacer cumplir la regla? No. Resultado: Disgusto y frustración. ¿Sirve de algo escribir una multa por esa ofensa? No. ¿Haría eso más seguras las carreteras? No. ¿Le sirve de algo a su salud mental y a su bienestar escribir multas durante tres días y contarle a sus amigos y familiares sobre los pésimos conductores en las carreteras? No, solamente acaba con la tranquilidad.

Es preferible la alternativa del primer paso, tan simple como reconocer que se está molesto por lo mal que fuimos criados por nuestros padres. Joanne recuerda que su madre le gritaba para que sacara mejores calificaciones. Le iba muy mal en la escuela, pero su madre no tuvo paciencia con sus dificultades. A sus hermanos les iba muy bien, pero para ella fue una lucha desde el primer grado. Cada vez que recordaba los gritos se tensionaba y se ponía triste. Cada recuerdo le renovaba el sentimiento de estupidez e incapacidad.

En séptimo grado descubrieron que Joanne tenía problemas de aprendizaje, pero su mamá se negó a aceptar que algo estuviese mal. Simplemente pensó que su hija era tonta y perezosa. Afortunadamente para Joanne, su maestro de la educación especial logró convencer a la madre del problema de Joanne y le dijo que podía corregirse. Ella recuerda la imposibilidad de perdonar a su mamá por ser tan cruel e insensible. Aún pensaba así cuando la conocí 30 años más tarde. Se disgustaba frecuentemente cuando pensaba en la insensibilidad de su madre. Para entonces, Joanne contaba con 46 años de edad y hacía 33 había pasado por el séptimo grado. Sin embargo, sentía molestia por la crueldad de su madre. Joanne aún trataba de hacer cumplir una regla que no podía hacer cumplir. Exigía una madre cariñosa, pues aín tenía una insensible, aun cuando solamente fuese en la memoria.

La regla de Joanne era que una madre debe ser comprensiva y sensible. Generalmente éste es un buen deseo, pero una mala regla. Su gran problema es que no podía sensibilizar a su mamá en 1999 como tampoco lo logró en 1966. Le dije que podía intentar cambiar su pasado hasta el día de su muerte, pero cada vez que lo intentase se disgustaría más. Cada vez que se molestaba culpaba a su madre. Peor aun, cada vez que se disgustaba reforzaba su sentimiento de impotencia.

Conduje a Joanne paso a paso a desafiar la regla que no se podía hacer cumplir. El primer paso fue reconocer que estaba disgustada y que dicho disgusto era actual. En la clase logró aceptar que su molestia sucedía en el presente. Cuando lo hubo reconocido, pudo tomar acción para ayudarse. Hasta entonces, su pasado había determinado su presente, sintiéndose una víctima impotente.

Hay que recordar que el primer paso para desafiar una regla es aceptar que se está molesto ahora, no ayer. Si la molestia es presente, entonces las reglas que exigimos cumplir también lo son. El segundo paso es darse cuenta de que la molestia no solamente se debe a la situación sino a la incapacidad de hacer cumplir lo imposible, y le dije a Joanne que su regla le estaba produciendo más problemas que su mamá. Cualquiera se sentiría impotente si tratase de cambiar el pasado. Cualquiera sentiría molestia exigiéndole a la madre una sensibilidad que no tiene. Le dije a Joanne que muchas personas tienen dificultades por ser hijos de padres incompetentes y, por ende, la buena paternidad es una regla que se quebranta continuamente.

Luego le di a Joanne la clave para desafiar sus reglas. Le expliqué que su sufrimiento resultaba de convertir su deseo de tener una madre sensible en una regla que su madre debería cumplir. Desear una buena madre es legítimo, pero insistir en que sea así es la fórmula para el desastre.

Joanne se molesta cuando insiste en obtener algo que no puede. Convirtió su deseo de tener una buena madre en una regla que dice que las madres se deben comportar de cierta forma. Puesto que la madre hizo uso de su libertad y fue insensible, Joanne terminó sufriendo toda la vida.

Quisiera repasar de nuevo los dos primeros pasos para desafiar las reglas que no se pueden hacer cumplir. Primero, aceptar que estamos molestos y que tal molestia ocurre en el presente. Segundo, recordar que la necesidad de imponer multas proviene de las reglas que no se pueden hacer cumplir. El tercer paso es confirmar nuestro deseo de desafiar las reglas que ocasionan tanto dolor. Eso significa que nos concentramos en cambiar la manera como pensamos y no en cambiar a la persona que nos molesta. Joanne estaba desesperada viendo cuánto dolor le ocasionaban sus reglas. Estaba llegando al punto en el que estaba dispuesta a ensayar lo que fuese. El cuarto paso del proceso es desenmascarar la regla. Esto es más fácil de lo que podría pensarse.

La regla que no se puede hacer cumplir es simplemente el deseo o la esperanza de algo bueno que se convierte en expectativa o exigencia. Puede tratarse de un deseo de amor, seguridad, buena salud, amistad, lealtad, dinero, sexo o buenas calificaciones. Joanne deseaba una madre cariñosa, pero transformó el deseo en exigencia. Rita deseaba un esposo menos lujurioso, pero transformó su deseo en exigir menos sexo. Ninguno tiene el poder de esperar que otras personas hagan siempre lo que uno quiere y, por eso, frecuentemente los demás quebrantan nuestras reglas. El error nace cuando en lugar de desafiar las reglas tratamos de hacerlas cumplir. Y eso nos cuesta muy caro.

Algunas personas se pasan toda la vida tratando de hacer cumplir reglas que no se pueden hacer cumplir, y se quejan de cosas que no pueden cambiar. En lugar de entender que deberían pensar con mayor claridad, permanecen molestas y vacías. Una vez que se aprende a desafiar las reglas, se entiende cómo cambiar de forma de pensar es más fácil que tratar de hacerlas cumplir.

Joanne siempre trató de cambiar a su mamá. Quería volverla sensible. Pero también trataba de cambiar el pasado. Deseaba un hogar de ensueño, pero no lo tenía, así es que por tratar de cambiar su pasado, se disgustaba por lo menos una vez al día.

Para identificar sus reglas que no puede hacer cumplir pregúntese: ¿Estoy exigiendo que los demás me traten mejor que ahora? ¿Estoy exigiendo que mi pasado fuese mejor de lo que fue? ¿Estoy exigiendo que mi vida sea más fácil, o que sea más justa que hasta ahora? Si se sorprende pensando de esta manera, es porque tiene una regla que no puede hacer cumplir. Cuando no se tiene el poder de hacer que ocurra lo que se quiere, se sufre. Cuanto más nos esforzamos por hacer cumplir la regla, más impotentes seremos. El argumento de fondo es que al sentirnos impotentes, disgustados o molestos sabemos que estamos tratando de hacer cumplir una regla que no se puede hacer cumplir. Pero sabemos que podemos parar y sufrir menos.

Al encontrar una regla de esta naturaleza, el objetivo ha de ser regresar al deseo y deshacerse de la exigencia. Le insisto fervorosamente que desee que las cosas salgan como quiere, pero a la vez recuerde que es necio exigir que esos mismos deseos sucedan cuando no se tiene el poder para que así sea.

El quinto paso se desprende fácilmente del cuarto. Una vez identificada la regla, piense deliberadamente en cambiar de forma de pensar sobre lo que quiere o desea, y en el lugar de la exigencia ponga las palabras *espero* o *me gustaría*.

Le sugerí a Joanne que pensara que le deseaba una mamá sensible a los niños con problemas de aprendizaje. También le sugerí que se dijera a sí misma que no podía cambiar el pasado pero sí desear y trabajar por un futuro mejor, y le pedí que practicara pensar de esa forma. Una semana más tarde, Joanne dijo que sentía mejor, pero luchaba aún por acostumbrarse a pensar de manera tan diferente.

El sexto y último paso para desafiar las reglas que no se pueden hacer cumplir es darse cuenta de que se piensa con mayor claridad y se siente mejor cuando se deja de exigir y se empieza a desear. Le recordé a Joanne que la razón para perdonar es el sentimiento de paz que viene de tomar las cosas menos personalmente. También que tenía que asumir la responsabilidad de sus propios sentimientos. Le aseguré que con el tiempo se acostumbraría a pensar así, pues hacerlo conduce al perdón y al sentimiento de paz.

Seis pasos para desafiar sus reglas que no se pueden hacer cumplir

1. Reconocer que se siente herido, disgustado, alienado, deprimido e impotente. Aceptar que los sentimientos sobre recuerdos pasados se están experimentando en el presente.

2. Recordar que los malos sentimientos se originan al tratar de hacer cumplir una regla que no se puede hacer cumplir.

3. Refirmar la intención de cambiar la regla que no se puede hacer cumplir.

4. Identificar la regla preguntándose lo siguiente: "¿Qué experiencias de la vida que estoy exigiendo cambiar están ahora en mi mente?"

5. Cambiar mentalmente la *exigencia* de obtener algo por *desear* obtenerlo.

6. Dése cuenta de que al desear que algo resulte como quiere, piensa más claramente y siente más paz.

Un avance importante cuando se desea, en lugar de exigir una madre cariñosa, es que se mantiene abierta la posibilidad de no obtenerla. Cuando se desea un buen resultado se hace un gran esfuerzo por alcanzarlo. Joanne quería una madre sensible. También quería una niñez llena de cariño y apoyo. Pero no la tuvo y nada puede hacer por el pasado, aun cuando tiene opciones en el presente. Al confundir su deseo de una mamá sensible con la regla de exigirla, se sintió disgustada y atrapada en el pasado. Su regla que no podía hacer cumplir no le dio espacio para manejar la madre que tenía.

No son los deseos ni las esperanzas lo que nos genera problemas. El deseo de hallar amigos cariñosos, familiares y amor es importante para nuestra felicidad. El problema nace cuando les exigimos comportarse como nosotros queremos que sean. Sugiero ser consecuente con la realidad y aceptar el hecho de que la gente puede lastimarnos. Yo quiero que nos lastimemos menos, suframos menos y que perdonemos más.

Para poder sanar es importante perdonar. Estoy convencido de que la frustración que se siente al tratar de hacer cumplir reglas que no se pueden hacer cumplir es la peor amenaza contra la motivación de tener éxito. Casi todos nos damos por vencidos más rápidamente cuando exigimos algo que no podemos obtener, que al hacer planes para mejorar nuestras alternativas de obtener lo que queremos. Cuando deseamos una madre cariñosa, estamos dejando campo en caso de tener que alterar nuestros planes. Cuando exigimos una madre cariñosa, es poco el campo que nos queda para maniobrar.

Quiero regresar de nuevo a nuestro frustrado agente de la policía para mostrar cómo se desafía una regla que no se puede hacer cumplir. Primero, nuestro agente debe aceptar que está molesto en el presente, aun cuando algunos de los autos pasaron hace más de una hora. Segundo, debe reconocer que su molestia es originada por sus reglas sobre los conductores que van demasiado rápido y los motores que no encienden, y no solamente por las circunstancias. Tercero, se debe preguntar lo siguiente: "¿Qué estoy experimentando ahora que quisiera que fuera diferente?"

El policía se da cuenta de que está esperando que los autos dejen de correr y también que el suyo funcione. Puesto que está claramente agitado y molesto, sabe que sus reglas son imposibles de hacer cumplir. Toma unos minutos para practicar la TREP y se calma. Luego, desafía sus reglas que no se pueden hacer cumplir diciendo: "Pretendo que los autos observen el límite de velocidad. Me molesté al no poder cumplir con lo que quería. Desperdicié tiempo y energía tratando de hacer cumplir esas reglas. Aun cuando quisiera que los conductores observaran las reglas, eso está fuera de mi control".

Luego el policía desafía las reglas que tiene con respecto a las patrullas puesto que el mismo procedimiento se aplica a su auto. Reconoce que le ha exigido a su motor que encienda y se molestó cuando no funcionó. Nuestro agente entiende que es más saludable desear que su automóvil funcione, para luego hacer lo que sea necesario al ver que eso no sucederá. Piensa para sí: "Mientras espero ayuda podría ponerme al día con mis papeles". El agente recuerda que se siente mejor cuando piensa con claridad.

Reglas comunes que no se pueden hacer cumplir y cómo desafiarlas

Quiero concluir este capítulo con una breve lista de algunas reglas comunes que no se pueden hacer cumplir. También le presento algunas estrategias sencillas para desafiarlas y mostrar cómo las personas han aprendido formas más saludables de pensar. No es una lista exhaustiva y tampoco es ésta la única manera de desafiarlas. Se trata de una guía que muestra reglas comunes y algunas formas reales de ver la vida. Espero que le sirvan para tomar la frustración y la decepción menos personalmente.

Mi pareja debe ser fiel

Alan, en el capítulo 3, descubrió que su esposa Elaine tenía un romance y la culpó de arruinarle la vida. Con el entrenamiento para perdonar aprendió a desafiar la regla de que toda pareja debe ser fiel. Se dio cuenta de que resultaba más real decir que deseaba que su esposa le fuese fiel, pues aprendió de la manera más dura que no podía obligarla a serlo. Alan aprendió de una segunda relación lo hermoso de decidirse por la fidelidad, e hizo un compromiso consigo mismo para apreciar ese don. Alan contaba con la mejor opción, aun cuando no garantizada, de la lealtad de su mujer al tratarla con cariño y respeto. Aprendió que hay riesgos en el amor y en dar confianza. Vio que las ganancias eran grandes, pero no garantizadas.

La gente no debería mentirme

Lorraine, cuyo marido Larry llegaba a casa bien entrada la noche y luego mentía, aprendió que es más realista decir que desearía que Larry fuese sincero. Sin embargo, al ver tantos ejemplos de engaños aprendió a preguntarse por qué su esposo habría de ser inmune a un problema corriente en las personas. También aprendió que los maridos, las esposas y el matrimonio son complejos, y que bajo presión la gente hace todo tipo de cosas egoístas y destructivas. Si Lorraine continuaba con sus exigencias, sufriría proporcionalmente a ellas. A medida que se volvió menos histérica, le planteó exigencias más importantes a Larry. Al no haber cambio lo abandonó, lo que forzó a Larry a buscar consejería para tratar de salvar su matrimonio.

La vida debería ser justa

Dana, en el capítulo 1, pensaba que el ascenso era suyo. Cuando se lo ofrecieron a otra persona se lamentó diciendo: "No es justo". Aprendió a las malas que es más realista desear que la vida sea justa a esperar que así sea. Dana estaría muy contenta de tener la última palabra en el trabajo, pero infortunadamente no obtuvo ese privilegio, y tuvo que aprender a entenderse con la vida bajo las condiciones que la vida impone.

La gente debe tratarme con amabilidad y preocuparse por mí como yo quiero

Nathan está casado con una mujer de aspecto rudo que habla directo, y él le exige que lo trate con cariño. Olvida que no puede obligarla a hacerlo. Nathan tuvo que aprender que esperar cariño de una mujer que no puede dárselo de la manera que él quiere es tonto. Ella es fiel madre y esposa y trabajadora, y él piensa que vale la pena salvar el matrimonio. Nathan le pidió a su mujer que fuesen a un consejero matrimonial para luchar por su relación.

Mi vida ha de ser fácil

Muchos olvidamos que resulta reconfortante desear riqueza y experiencias agradables, pero peligroso esperarlas. Jerry siempre se lamentaba por lo duro que tenía que trabajar en dos sitios para suplir sus necesidades básicas. Al observar a su alrededor, se dio cuenta de que casi todos tenemos retos que afrontar y que pocas personas tienen la vida fácil. Así es que cambió su forma de pensar: "Cómo me gustaría que la vida fuera fácil, pero mientras me llega, agradezco la que tengo".

Mi pasado debió ser diferente

Ésta es la regla más común de todas y, sin embargo, es la más fácil de desafiar. Hay que recordar que el pasado es pasado. John tiene 30 años y todavía piensa que a su hermano menor lo trataron mejor que a él. Los hermanos tenían poco contacto en el presente, y John culpaba al pasado por la situación presente, pero pudo desafiar su regla diciendo: "Me gustaría que mis padres nos hubiesen tratado igual, pero creo poder manejarlo".

Mis padres debieron tratarme mejor

Joanne sufrió durante años porque exigía que sus padres debieron haberla tratado bien. Sin embargo, muchos adultos como Joanne fueron maltratados en su niñez. Seguramente sus padres tuvieron dificultades, eran inmaduros, perezosos o egoístas. A pesar de tener el legítimo deseo de ser tratada con cariño, nunca tuvo el poder como niña ni como adulto para que eso sucediera. A medida que aprendió a desear una madre cariñosa en lugar de exigirla, encontró adultos mayores dispuestos a guiarla y aconsejarla.

A medida que aprendemos a desafiar nuestras reglas, tomamos responsabilidad de nuestros sentimientos. Cuando desafiamos las reglas tomamos las cosas menos personalmente. Somos conscientes de que mucho de lo que tomamos personalmente es solamente un conjunto de reglas que no pudimos hacer cumplir. Al hacer esto entendemos que nuestro pensamiento jugó un papel significativo en la experiencia de rabia y dolor; y cuando desafiamos nuestras reglas vemos en la vida diaria cómo pensar claramente produce un sentimiento de paz. Adicionalmente, igual que el agente de policía, tendremos más energía disponible para tomar decisiones acertadas cuando las cosas no salen como queremos. Finalmente, de nuevo como el policía, descubrimos que el exceso de dolor y rabia no nos hace falta. Podemos tirar todas las multas escritas que no pudimos entregar. Podemos perdonar y vamos a perdonar.

CAPÍTULO 11

Su intención positiva

Perdonar es la clave para actuar y ser libre.

HANNAH ARENDT

A medida que practicamos las técnicas de los capítulos 9 y 10, recobramos el control de los pensamientos y sentimientos. Reflexionamos sobre la belleza de la naturaleza y sobre nuestra buena suerte, y vemos que el dolor y el rencor tienen menos poder para alterarnos. Vemos que nuestra seguridad aumenta respondiendo calmadamente en circunstancias en las que antes sentíamos molestia y disgusto. Practicar la TREP en los momentos difíciles nos ayuda a sentirnos mejor y pensar con más claridad. Cuando entendemos que nuestros deseos y esperanzas a veces se manifiestan como reglas que no se pueden hacer cumplir, caemos en la cuenta de que contamos con la capacidad de cambiar el presente. Cuando se practican estas técnicas emergen los dos primeros pasos para perdonar. Nos responsabilizamos más de nuestros sentimientos y tomamos menos personalmente los actos dolorosos de los demás.

La historia del héroe

A medida que avanzamos con estas técnicas, el tercer componente de la historia del rencor empieza a cambiar. De repente, la historia cambia su centro de atención: De concentrarse en el dolor pasa a interesarse en el poder y en la seguridad que florecen. Mediante la práctica de sintonizar nuevos canales, la TREP y el desafío a las reglas que no se pueden hacer cumplir, se obtiene el control de los pensamientos, los sentimientos y los actos. Cuando esto sucede, la historia pasa de ser narración de víctima a epopeya de héroe. Corregir la historia del rencor es una gran experiencia y la mejor señal de que el perdón ha echado raíces.

Una víctima es un individuo incapaz de responder ante circunstancias dolorosas o de controlar sus pensamientos y sentimientos. Héroe es aquel que ha luchado contra la adversidad y se niega a dejarse derrotar por los sucesos dolorosos de la vida. Perdonar es el viaje que empieza narrando la historia de la víctima hasta llegar a la historia del héroe. Perdonar significa cambiar su historia para que sea usted quien esté en control, y no el rencor.

Es infortunado, pero es cierto, que nadie puede cambiar los sucesos dolorosos del pasado. Es improbable conseguir padres mejores o hacer que desaparezca el daño ocasionado por un conductor que atropella y luego desaparece. Tal vez no logre que su pareja lo ame de nuevo o que sus hijos se preocupen por usted. A lo mejor no obtenga éxito en los estudios y tampoco el ascenso que esperaba en el trabajo. Es posible que su salud nunca vuelva a ser la misma o que nunca se convierta en el autor de una gran novela. Pero no hay ningún suceso que no pueda narrarse diferente. Siempre se puede encontrar una versión más esperanzadora y positiva.

Nuestra historia es el instrumento mediante el cual narramos a los demás, y a nosotros mismos, una parte de nuestra vida. Es nuestra forma de poner los sucesos en perspectiva y de asignarle significado a lo ocurrido. Las historias nos brindan un rango variado de respuestas ante el dolor, que van desde presentar los hechos como un desafío a presentarlos como una verdadera tragedia a medida que se va narrando la historia; pero frecuentemente olvidamos que estamos presentando un solo punto de vista y recitando los hechos. Olvidamos que el punto de vista y el significado creados a partir de situaciones dolorosas determinan el efecto que dichos sucesos tienen en nuestra vida.

Dana, en el capítulo 1, disgustada porque no fue tenida en cuenta para el ascenso, reaccionó contándole a todos sus amigos la historia de su rencor desde un sinnúmero de perspectivas. Dana dijo que la vida era injusta, que nunca descansaba y que para ella era muy difícil cambiar de trabajo o trabajar más para ganarse el ascenso. No entendía que ese punto de vista es devastador. El permanente dramatismo de su historia le dificultaba dar pasos positivos en la vida.

Si el guión de su historia es cierto y su vida injusta, ¿para qué mejorarla? ¿Para qué tanto esfuerzo si no hay recompensa? Si hay esperanza, uno desea que sucedan cosas buenas, por lo menos de vez en cuando. Sin esperanza, Dana sentía apatía y depresión; pero si continuaba pensando que era demasiado difícil luchar por otra oportunidad de ascenso o buscar otro trabajo, estaba confirmando que su destino era su trabajo actual.

Sentí tristeza cuando vi que Dana no se daba cuenta del efecto de su historia en su humor y en su comportamiento. Si le preguntase, me respondería que solamente me estaba dando un informe objetivo de los hechos, y éstos eran muy claros: Le hicieron un mal. No podía ver cómo había preparado su historia para narrarla de cierta manera. No comprendía el poder de su narración y la forma como dicha narración influía en sus sentimientos y acciones. Había caído totalmente en el juego de la culpa y estaba sufriendo las inevitables consecuencias.

Entonces Dana asistió a mis clases. Aun cuando su fallido ascenso había sucedido hacía por lo menos 18 meses, su recuento sobre los jefes injustos era tan fresco que uno diría que había sucedido el mes pasado. Tuvo a su favor, sin embargo, la decisión de que al haber pagado por el curso para perdonar, le daría una oportunidad a las técnicas. Practicó la TREP y desafió juiciosamente las reglas que no se pueden hacer cumplir.

Dijo que dichas prácticas no hicieron desaparecer su rencor inmediatamente. Sintió menos disgusto, aun cuando seguía molesta con sus jefes. Sin embargo, para su asombro, informó sobre dos cambios que no había considerado. El primero fue la creciente sensación de poder que sintió al desafiar las reglas. Entendió que si no podía tener control sobre sus jefes, por lo menos sí podía tenerlo sobre sus propias ideas. Pronto se dio cuenta de la seguridad que se adquiere con la práctica y se sintió feliz con su nueva sensación de poder.

También notó que su historia de rencor estaba cambiando. Se dio cuenta por primera vez de que estaba aburrida de contar la misma trillada historia. Esto ocurrió porque las prácticas para perdonar le hicieron cambiar su forma de ver la situación. Dana entendió que contar su historia de rencor le daba poder ilimitado a sus jefes para lastimarla. Ahora que sabía cómo había creado su rencor y había aprendido las técnicas, dejó de sentirse impotente y, como resultado, cambió su historia. Ahora incluye en ella el deseo de practicar y recuperar el control sobre sus ideas. Se dio cuenta de que narrando una nueva historia se llenaba de energía y veía una gran variedad de alternativas de cómo responder.

El caso de Dana dista mucho de ser el único. La sensación de éxito que ella experimenta es común. La práctica le permite a las personas ayudarse a sí mismas, a veces de forma inesperada. Uno de los beneficios que encuentran las personas al practicar las técnicas del los capítulos 9 y 10 es el cambio de sus historias de rencor.

Quiero enfatizar un punto antes de continuar. El simple hecho de poner en práctica nuevas formas de pensar rompe el círculo vicioso y nos impulsa a dar un paso valeroso en el proceso de perdonar. Mediante la práctica hacemos un esfuerzo por sentirnos mejor y sanar. Decimos que la vida ha sido difícil, pero que no va a acabar con nosotros. La historia cambia con la práctica de manera que refleja nuestro esfuerzo, nuestra seguridad y la naciente perspectiva generada a partir de sentir paz y pensar claramente. Poner en práctica las técnicas para perdonar es una clara demostración de confianza en uno mismo.

Como lo dije en el capítulo anterior, mis técnicas funcionan. Los resultados científicos demuestran que mi método le ayuda a la gente a aprender a perdonar para el bienestar de su salud física y mental. Muchos han aplicado estas técnicas y han perdonado a quienes los lastimaron. Hay innumerables historias que confirman el poder de estas prácticas. Los capítulos 9 y 10 nos ayudan a preparar el próximo reto: Trabajar para cambiar la historia del rencor.

Veamos a Sarah. Sarah es la mujer que conocimos en la introducción y en el capítulo 5. Su marido, Jim, se convirtió en drogadicto y la abandonó con un bebé y con un mundo de cuentas por pagar. Hablaba interminablemente de su ex marido y de sus problemas con el alcohol. Prestaba demasiada atención a sus problemas y muy poca a lo que debía hacer para solucionarlos. Al escucharla, uno hubiera pensado que Jim era un elefante y Sarah un ratón. Su historia de rencor la asfixiaba.

Frecuentemente le pregunto a las personas: ¿Quién es el personaje central de su historia de rencor? Sarah respondió inmediatamente que Jim era el personaje principal de su historia. Los problemas de su ex marido y el daño que le ocasionaron eran el núcleo de la historia de su vida. A pesar de que su relación fue corta, Sarah amaba a Jim y dependía de él. Amaba la idea de estar casada y de vivir en pareja. Le respondí que eso tendría sentido, siempre y cuando Jim fuese un buen esposo. Ahora, sin embargo, Jim debía de estar en algún lugar de los Estados Unidos y ella aquí, sola, con un niño para criar. ¿Acaso poner a Jim como personaje principal le ayudaba a sanar y salir adelante en la vida?

La pregunta no le gustó. Estar de acuerdo conmigo significaba reconocer el final de su sueño. Tendría que aceptar que Jim ya no estaba, que no regresaría y que fue una mala elección como pareja. Además, tendría que aceptar que su decisión de casarse con Jim fue precipitada y que sus padres y amigos tenían razón. Mientras que Jim fuese el centro de la historia, seguiría siendo parte de su vida. Pero si ella misma se ponía en el centro, entonces elaboraría su duelo y seguiría adelante. A Sarah le asustaba esa idea.

Su confusión es la misma contra la que luchan muchas personas. Sarah se negaba a cambiar su historia, en parte porque tendría que reconocer su gran derrota. Su historia de rencor era la expresión de un sueño que se afirmaba como realidad. Estaba cometiendo un error que es común. Su renuencia a reconocer el final de la relación con Jim le hizo olvidar que hay más peces en el mar. Resistirse a vivir el duelo por su matrimonio le dificultó relacionarse exitosamente con otras personas.

Sarah confundió su pequeño sueño con su gran sueño. El pequeño era establecer una buena relación con Jim. El grande, simplemente establecer una buena relación. Sarah olvidó que fracasar en uno no implicaba fracasar en el otro. Su relación con Jim terminó, pero eso no significaba el final de toda relación y tampoco que fuese una fracasada. Sus dos sueños no eran lo mismo, aun cuando ella pensaba que sí lo eran. Le hice notar esa diferencia, y por fin, después de mucho tiempo, sonrió. Pronto entendió que Jim no era su única oportunidad de una buena relación. Ante la sonrisa, le dije que se sentía mejor porque ahora estaba conectada a su *intención positiva*.

Intención positiva

Intención positiva es un concepto fundamental en mi proceso para perdonar, y le enseñaré cómo encontrarla. La intención positiva es una forma inigualable de conectarse con los grandes sueños. También ayuda a luchar contra la depresión cuando un pequeño sueño se apaga. Nos recuerda nuestras más profundas esperanzas y nos permite lamentar las pérdidas.

Mi hipótesis es que uno de los aspectos más difíciles del dolor es la forma como se pierde de vista la intención positiva. Cuando alguien está dolido, concentra toda su atención en el dolor. Crea una historia de rencor y se la cuenta a los demás. Al hacerlo, se pierde de vista la perspectiva mayor y las metas de la vida. He visto repetidamente que cuando las personas que están dolidas se conectan con sus metas más loables adquieren de inmediato un gran poder. Hallar su intención positiva lo conecta con sus metas. La triste verdad es que sus rencores lo alejaron de sus metas positivas por la excesiva atención prestada a lo que salió mal.

Conectarse con la intención positiva es la forma más rápida y directa de cambiar la historia del rencor. Tan pronto Sarah cambió su historia para reflejar su intención positiva, se aceleró su capacidad para perdonar. En lugar de concentrarse en el pasado, ahora reflejaba su deseo por una relación amorosa y duradera con Jim. Hablaba de Jim como un obstáculo en su meta, pero no como una meta en sí. A medida que cambió su historia para reflejar su intención positiva, su rencor perdió mucho poder. Sarah no dejó de sentir tristeza y dolor inmediatamente, pero el cambio de la historia modificó su forma de pensar y de reaccionar ante su situación.

En lo que resta del capítulo le mostraré cómo hallar nuestra intención positiva y cómo usarla hábilmente para cambiar la historia del rencor. Este proceso ayuda y sana. La intención positiva nos recuerda las metas de la vida que hemos dejado de lado por seguir viviendo las experiencias dolorosas.

El retroceso más grande al contar historias de rencor es que seguimos aferrados impotentemente a las personas que nos lastiman. Al rumiar nuestras penas pasadas, recordamos la parte de la vida que salió mal, pero al conectarnos con la intención positiva recordamos nuestras metas y salimos adelante.

La intención positiva podría definirse como la motivación positiva más fuerte que se tuvo antes de encontrarse en una situación de rencor. En el capítulo 1 dije que todos los rencores comienzan con algo que no funcionó. Tuvimos una experiencia en la cual o bien no obtuvimos lo que esperábamos, o tal vez obtuvimos algo no deseado. En cualquier caso, queríamos algo para nuestro bienestar. La intención positiva es recordar qué era ese algo y expresarlo en los mejores términos posibles.

Sarah quería una relación cariñosa con su marido. Su intención positiva era tener una relación amorosa. La intención positiva se refiere al éxito más grande —en este caso, una relación amorosa— más que a cualquier instancia particular de ese éxito. Hizo todo lo posible para que su intención positiva funcionara con Jim, pero no tuvo suerte. Sin embargo, su meta no se limitaba solamente a casarse con Jim, y su relación fracasada no quiere decir que la meta no valiera la pena. Infortunadamente, no todas las relaciones amorosas funcionan, pero eso no significa que todo el mundo deba darse por vencido.

El hecho de que una relación no funcionó no significa que Sarah no pueda lograr su meta de entablar una buena relación. Para hacerlo, tal vez tenga necesidad de buscar consejería, leer libros para parejas, o hablar con personas que hayan tenido éxito. Tal vez tenga que hablar con amigos y enamorados en busca de comentarios y críticas sinceras sobre la pareja con quien piensa salir. Tiene muchas formas de mejorar su próxima relación, y se le presentarán más fácilmente al estar conectada con su intención positiva. Conectándonos a ella, nuestra historia refleja nuestra meta y lo que tenemos que hacer para alcanzarla. En cualquier historia de rencor siempre hay alguien que no obtiene lo que quiere. Pasa inadvertido el hecho de que tras toda situación dolorosa hay una intención positiva; pero una vez hallada y recuperada, ella hace cambiar la historia de rencor. La historia no es solamente sobre la persona o la situación que ocasiona el dolor, sino más bien sobre la meta no alcanzada. De repente, en lugar de reciclar el dolor, la historia de rencor se convierte en un medio para aprender a cambiar con el fin de alcanzar la meta. La historia del rencor se convierte así en parte de la historia de la intención positiva.

La persona o el suceso que nos lastimó es importante solamente en la medida en que nos sirven para aprender algo del suceso. Pero de ninguna manera vamos a dejar que el rencor nos aleje de nuestra meta. Si continuamos buscándola anotaremos a nuestro favor una victoria sobre quien nos lastimó. Seguimos adelante. Hallamos paz.

Su intención positiva: ¡Siga adelante!

Me gusta usar la siguiente analogía para ayudar a la gente a entender la intención positiva. Piense que sus intenciones positivas son caminos largos y sinuosos que lo conducen desde el comienzo de su vida hasta el final. Muchos tenemos intenciones positivas, como por ejemplo una familia cariñosa, una relación amorosa a largo plazo, intimidad, amigos en quien apoyarse, empleo, buena salud, crear cosas bellas o el desarrollo personal. Cada una de estas metas son más o menos importantes en diferentes momentos de la vida. Por ejemplo, la familia ocupa la mayor parte del tiempo alrededor de los 30 años de edad. Se tiene menos energía para el desarrollo personal. En otros momentos de la vida las circunstancias obligan a cambiar las metas, por ejemplo al sobrevenir la enfermedad, la muerte de la pareja o la edad de retiro.

Al pensar en cada intención positiva como un camino, el siguiente paso es imaginar cómo se avanza para alcanzar las metas. En la juventud montará en su bicicleta, y a medida que pasan los años, conducirá automóviles más costosos. Digamos que tiene 45 años y su hijo adolescente decide irse de la casa, o su esposa lo deja por otro hombre. O tal vez su negocio no funcionó o lo engañó un socio. Su intención positiva de una familia cariñosa o un negocio exitoso recibe un golpe. Para este ejercicio, piense que su pérdida es como un neumático desinflado en el camino hacia la intimidad. Cuando esto ocurre, muchos de nosotros lo sentimos como un choque frontal; pero hay que recordar que es posible recuperarse de la pérdida de una esposa, un negocio o de la relación con un hijo.

En mi ejemplo usted está a la orilla del camino tratando de cambiar el neumático. Recuerde: Es común que se presenten obstáculos. Tal vez nadie le haya enseñado cómo cambiar un neumático y está confundido y nervioso. También puede ocurrir que su neumático de repuesto esté sin aire y usted lucha al tratar de usarlo. Entonces se pregunta cuándo pasará el próximo policía de carreteras. Durante todo ese rato, usted se queja de no tener tiempo para lo que le está sucediendo porque llegará tarde a una reunión importante.

El neumático averiado metafórico nos desvía del camino hacia la intimidad. Muchas veces no sabemos cómo reparar el agujero en nuestro corazón. Casi nadie está preparado para una gran pérdida. Muchas personas dejan marchitar sus amistades y su flexibilidad se queda dormitando. Algunos tejerán su historia para contarle a todo el mundo lo terrible que fue quedarse varado, y muchos se quedarán allí a la orilla del camino quejándose de lo injusto del suceso. Muchos se acostumbran a la historia de rencor y olvidan que hay otras formas para describir lo sucedido.

Ahora, cambie su perspectiva y recuerde que la vida nos obliga muchas veces a modificar nuestros planes. Acuérdese de que siempre tiene la opción de decidir cuánto quiere demorarse en volver al camino. Nadie quiere ser una de esas personas que se quedan en la orilla durante años, temerosos de confiar de nuevo en su automóvil. Siempre podemos preguntar: "¿Qué pasaría si se revienta otro neumático?" Los peligros siempre acechan y jamás estaremos totalmente seguros. Con todo, la vida sigue.

Fíjese que en el ejemplo hace las paces con la realidad de que la vida sigue adelante. Imagínese cambiando el neumático, dándose unas palmaditas en la espalda por cuidarse tanto y sin dejarse agobiar por la impaciencia. Piense en conectar su intención positiva. Ésta es el tiempo que se necesita para cambiar el neumático, hacer las paces con la interrupción y seguir su camino. Piense en revisar su neumático de repuesto de vez en cuando para su seguridad.

Al conectarnos con nuestra intención positiva comenzamos a encontrar el perdón. El perdón es la paz que se siente cuando disminuye el resentimiento hacia nuestro automóvil. El perdón es la paz que se siente cuando entendemos que somos responsables de nuestros sentimientos. El perdón es la compasión que experimentamos al recordarnos que cuando conducimos el auto corremos el riesgo de que ocurra una avería. El perdón es el poder que ganamos al darnos cuenta de que somos muy flexibles. Perdonar es la buena voluntad que nos permite recordar que podemos apreciar la belleza de lo que nos rodea estando al lado del camino.

Perdonar es el sentimiento positivo que tenemos al recordar las miles de veces que nuestro automóvil anduvo sin problemas. El perdón nos da paz cuando pensamos que el problema pudo haber sido peor. El perdón es el poder que se siente al crear la historia del héroe que se sobrepone a los problemas. En nuestra historia de heroísmo hablamos de lo bien que salimos adelante y de lo poco que usamos la culpa. Con esa historia le recordamos a los demás y a nosotros mismos que somos sobrevivientes.

Para hacerlo, la contamos desde el punto de vista de nuestra intención positiva, no desde el punto de vista del rencor. La intención positiva se presenta en la forma del club de automovilistas que llega a reparar el neumático. También lo puede ser nuestro deseo de continuar a pie y buscar ayuda. La intención positiva es aquella parte de cada cual que trabaja para reparar el auto y nos cuida de los agujeros más adelante.

Encontrar su intención positiva

Para encontrar su intención positiva, pregúntese lo siguiente: En términos generales, ¿cómo describiría el efecto bueno en mi vida si mi situación de rencor hubiese funcionado perfectamente? Otras maneras de formularse la pregunta son: ¿Por qué razón me encuentro en esta situación? ¿Cuál era mi sueño a largo plazo? ¿Cuál era mi meta, expresada en los términos más positivos? Siga estos sencillos pasos:

1. Encuentre un lugar silencioso donde no lo molesten durante diez minutos.
2. Practique la TREP una o dos veces para alcanzar un estado mental de calma.
3. Pregúntese: ¿Por qué razón me encuentro en esta situación? ¿Cuál era mi meta, expresada en los términos más positivos?
4. Piense su respuesta hasta que obtenga una o dos frases de intención positiva.
5. Prometa no volver a contar la historia del rencor.
6. Practique contando la historia con la intención positiva a un grupo de personas de confianza.

Jill se quejaba ante cualquiera que estuviese dispuesto a escucharla. Estaba furiosa con su ex marido Stan, porque se escapó con una de sus mejores amigas. A la primera oportunidad, hacía mala cara y narraba las peores historias sobre Stan y su amiga Debbie. Pasaba tanto tiempo imaginándolos juntos o planeando la venganza que literalmente sufría todo el tiempo. Un día le pregunté en la mitad de la historia: ¿Por qué te preocupas tanto por lo que hacen ellos?" Y cada vez que comenzaba a repetir la misma vieja historia le repondía: "Si inviertes tanta energía en él y su vida con Debbie, ¿cuánta energía dejas para desarrollar tu propia relación amorosa?"

No fue fácil para Jill encontrar una intención positiva. Estaba tan devastada por la pérdida de su esposo y amiga que había perdido la fe en las relaciones. No quería pensar en otra relación y creía que tanto los hombres como las mujeres eran un peligro. Le pregunté si alguna de sus relaciones pasadas había terminado mal. Respondió que sí, y entonces le pregunté si había podido confiar de nuevo. Dijo que sí y que deseaba una buena relación con un hombre. La respuesta sobre sus amigos fue la misma.

Jill estaba muy dolida. Su pérdida fue muy grande y no fue tarea fácil sobreponerse. Hallar su intención positiva fue crucial para su sanación. Su tarea fue desarrollar suficiente seguridad para arriesgarse a otra relación amorosa con un hombre diferente y con nuevos amigos.

Le pedí que narrara su historia de rencor desde la perspectiva de la intención positiva. Comenzaría la historia desde el principio —la intención de tener una relación amorosa— y hablaría de las relaciones que no funcionaron para aprender de ellas. Así hallaría su intención positiva. Le pedí que empezara cada oración con *Yo,* y que recordara concentrar su historia en sí misma y en lo que quería, pero no en su ex marido.

La intención positiva de Jill la hizo hablar sobre el deseo que siempre tuvo de entablar sólidas relaciones de apoyo. Resaltó a su mejor amiga de la secundaria con quien aún era cercana. Mencionó varias relaciones cálidas con personas en el trabajo. Luego recordó dos noviazgos pasados y cómo el haberlos terminado lastimó a ambos. Explicó razonablemente por qué algunas relaciones funcionan mientras que otras fracasan. La pérdida de su matrimonio y de su amiga la hizo reflexionar largamente sobre las expectativas que tenía de la gente. Vio que, aun cuando ella tenía una meta para su relación, era claro que desear una relación y garantizar que perdure son cosas diferentes. Su historia se convirtió en una historia de confianza y cómo para ella ha sido motivo de lucha. Al final, su historia con la intención positiva pasó de Stan y Debbie a Jill. Y es allí donde pertenece su historia, y así despejó el espacio para perdonar.

Intención positiva en situaciones de pérdida devastadora

He usado la intención positiva con personas que han sufrido tragedias extremas, tales como los hombres y mujeres de Irlanda del Norte. Su intención positiva era una familia afectuosa. Perder un miembro de familia es una pérdida grande y devastadora. Hace estremecer el sentido de la seguridad de los sobrevivientes y fragmenta la cohesión familiar. Sin embargo, inclusive un suceso de esa naturaleza no debe desviar las intenciones positivas. Cualquiera que sea el dolor, para poder sanar debemos formular la pregunta central: ¿Cómo narro una historia que me ayude a salir de mi pasado para alcanzar mis metas?

Si la intención positiva era formar una hermosa familia, pero uno de los miembros muere o es asesinado, la historia de esa familia no termina allí. Muchas veces la vida nos obliga a cambiar de rumbo y buscar la mejor forma de adaptarnos. En situaciones tan terribles como la anterior, podemos dar todo nuestro amor a los miembros de la familia que aún viven. Otra posibilidad es trabajar con el fin de honrar la memoria de quien murió. La historia de la intención positiva comienza con desear una hermosa familia, incluyendo el dolor y la tragedia, y no niega el dolor y el sufrimiento. La historia de la intención positiva no imagina un mundo de sólo belleza y bondad, sino que pone el dolor en perspectiva de manera que se promueva la sanación.

En casos de pérdidas de ese tipo, la historia de la intención positiva refleja la lucha por integrar la pérdida con las metas a largo plazo. Su historia se concentrará en cómo expresar de la mejor forma su intención positiva dentro de los límites que impone la vida. El rencor sale de la escena y se deja de lado, donde debe estar.

Una de las cosas que más disfruto de mi trabajo es ver cuantas personas se asombran de las cosas que encuentran al buscar sus intenciones positivas. Algunas estaban en situaciones difíciles que lograron solucionar cuando descubrieron sus verdaderas metas. En un caso, un hombre tenía que vérselas con la suegra; en otro, una mujer tenía problemas con un jefe difícil. En cada uno de los anteriores casos descubrir las intenciones positivas resultó crucial para perdonar.

Durante el transcurso de su matrimonio, Andy tuvo una difícil relación con sus suegros. Desde su punto de vista, su suegra siempre fue desagradable con él. Era distante y criticona con Andy, pero amable y afectiva con el resto de su familia. Andy recuerda cierta vez que estuvo enfermo y su suegra se mostró totalmente indiferente ante su sufrimiento. Era estricta con la limpieza en su hogar, pero Andy no era la persona más ordenada del mundo. Le gritaba y lo acusaba de desordenar su casa a propósito; y cada vez que visitaba a los suegros, Andy y su esposa terminaban discutiendo. Cuando llegó a mi clase, Andy ya había aguantado suficiente.

Cuando buscó su intención positiva, se sorprendió al ver que no tenía ninguna meta con respecto a su suegra. Naturalmente, quería que fuese más amable y que lo tratara mejor, pero, honestamente, ella no era importante para él. El único motivo por el cual iba a visitarla era para apoyar a su esposa y permitirle estar en contacto con su familia. Su intención positiva era ser amable y considerado con ella.

Andy se dio cuenta de que cada vez que reaccionaba con molestia contra su suegra lastimaba a su esposa. Él la amaba profundamente y valoraba su matrimonio y sus sentimientos. Si su comportamiento la hacía sufrir, entonces no estaba cumpliendo su intención positiva. Cada vez que contaba una historia de rencor contra su suegra, le cedía poder a una mujer que representaba poco para él. Entonces cambió su historia para reflejar su deseo de ser cariñoso con su esposa. Con esta historia disminuyó el poder que su suegra tenía sobre él. Sobra decir que la relación matrimonial mejoró, las visitas a los suegros se hicieron menos tensionantes, y la reacción de Andy hacia su suegra se redujo.

Sharon era una enfermera de un hospital. Trabajaba en jornadas largas y el transporte era difícil. Era madre soltera de dos muchachos adolescentes y vivía estresada. Vino a verme porque odiaba a su jefe. Era nuevo en el cargo y luchaba por el poder con las enfermeras más antiguas. Sharon era una enfermera veterana, orgullosa de sus destrezas y años de servicio, y le molestaba ser tratada como si fuese una niña. Por eso se enfrentaba constantemente con el jefe.

Al conectarse con su intención positiva, descubrió que su deseo más profundo era ayudar a los pacientes. Había convertido al jefe en el personaje central de su historia de rencor y, en esa historia, el jefe obstruía el camino entre ella y su trabajo. Sharon hizo buen uso de la TREP para reducir su estrés y comenzó a narrar una historia de intención positiva. En ella, Sharon era la heroína que trabajaba duramente ayudando a los enfermos y no había tiempo para obsesionarse con un jefe que le restaba autoridad. Tenía pacientes por quienes preocuparse y era una enfermera excelente. Se convirtió en heroína en lugar de víctima.

Intención positiva en actos accidentales de violencia

En algunas situaciones no es tan sencillo encontrar una intención positiva como en los ejemplos anteriores. Esto no cambia el hecho de que en cada situación se le ha negado algo esperado a una persona. Por ejemplo, muchas personas han sido víctimas de actos de crueldad. Violaciones, accidentes, robos y atracos son, tristemente, parte de la vida.

Cindy y Joan son ejemplos de personas que sufrieron actos

accidentales de violencia. Cindy fue víctima en un accidente causado por un conductor que escapó. Se dirigía a su casa después del trabajo cuando de repente un auto la sobrepasó demasiado cerca haciéndola salirse de la vía. Su auto golpeó fuertemente la barrera de seguridad, lo que le ocasionó una contusión y la fractura de varios huesos. Su recuperación fue prolongada. Fue difícil encontrar una fuerte intención positiva relacionada con el accidente o con el conductor del otro auto.

Ella no deseaba conocer a la persona que la golpeó, ni estaba motivada por su recuperación luego del accidente. Sabía, eso sí, que al ocurrir el accidente pensó en sus hijos. Reflexionó durante algunos momentos antes de caer en la cuenta de que su intención positiva era su gran deseo de proteger y criar a sus niños. Acto seguido empezó a usar el poder de esa necesidad de cuidar a los niños como motivación para su propia recuperación. Cindy aprendió a hablar sobre su lucha para sobreponerse a las dificultades posteriores a un accidente automovilístico, como esfuerzo heroico para poder criar a sus hijos.

La historia de Joan es diferente. Acceder directamente a su intención positiva fue difícil. La pregunta que conectaba a Joan con su intención positiva era: ¿Cómo me ha lastimado esta experiencia? Cuando supo claramente lo que había perdido, quedó libre para encontrar lo que había deseado.

A Joan le gustaba caminar y frecuentemente iba así al trabajo, y los fines de semana hacía largas caminatas por las montañas con sus amigos. Un día apareció un auto de la nada que la golpeó por detrás, lanzándola al aire y haciéndola caer al lado de la vía. Despertó en el hospital para enterarse de que tenía tres costillas rotas y la cadera fracturada. Su recuperación fue larga y caminó cojeando durante años.

Vi a Joan unos nueve meses después del accidente. Luchaba contra su pérdida de movilidad e independencia. Añoraba poder caminar y estaba muy resentida por lo que había perdido. Al describir su intención positiva, pensó primero que dicha intención era poder caminar libremente otra vez. Era una gran motivación, pero me preocupaba que alcanzar esa meta podría tomar mucho tiempo y causarle frustración. Entonces le pregunté qué fue lo más grave que le arrebató el accidente. Inmediatamente respondió: "Mi independencia. No puedo hacer lo que quiero sin ayuda".

Le sugerí que contara su historia como una lucha por alcanzar independencia. Se describiría como una heroína en la lucha por cuidarse a sí misma. Su intención positiva era alcanzar de nuevo su independencia, puesto que eso fue lo que perdió. Cada vez Joan lograba pequeños éxitos con su historia, avanzando paso a paso hacia su independencia. Su objetivo final era volver a sus caminatas. Caminar simbolizaba independencia y conectarse con su deseo de alcanzarla le ayudó a desarrollar una historia de intención positiva convincente.

En aquellos casos en los cuales usted o alguno de sus familiares es víctima de un acto accidental de violencia que ocasiona heridas, frecuentemente se ven afectadas la independencia, la seguridad y la salud física. Alguna de ellas puede servir de intención positiva. De nuevo, la meta es narrar la historia de tal manera que el rencor se vuelva una parte del caso general. Así, la historia de la recuperación, y de la sanación, no se concentra en el ofensor o en lo que se ha perdido, sino en la intención positiva de recuperar la salud, la seguridad o la independencia.

El crecimiento personal como intención positiva

La meta final de este capítulo es mostrarle alternativas para encontrar su intención positiva. Ya le he enseñado cómo crear la intención positiva, y he dado ejemplos de la aproximación más adecuada. He definido la intención positiva como concentrar la atención en la gran meta que fue obstaculizada por el rencor. He encontrado que algunas personas escogen el deseo de desarrollar la personalidad como intención positiva. Hablan de la necesidad de aprender de las dificultades y hacerse personas más fuertes. Por consiguiente, el crecimiento personal es una intención positiva alternativa que ha demostrado ser útil para muchas personas.

El crecimiento personal es una meta provechosa para lidiar con rencores cuando se dificulta identificar una intención positiva. Más aun, el crecimiento personal funciona bien como intención positiva cuando se guarda un rencor que produce tanto dolor o furia que no se vislumbra nada bueno viniendo de ello.

El crecimiento personal funcionó con una mujer a quien un socio de negocios le robó dinero. Natalie perdió 80 mil dólares y su estado de ánimo no era apto para pensar en una intención positiva. Le pedí que se concentrara en el deseo de crecimiento de una persona capaz de afrontar la adversidad. Estuvo de acuerdo en ensayar y obtuvo lo siguiente: "Quiero ser una persona más fuerte". Así, el desarrollo personal se convirtió en la meta de Natalie, y la acción de su socio pasó a ser sencillamente el catalizador de su meta. Cuando empezó a reafirmar su intención positiva, retornó a la escuela de postgrado, algo imposible mientras continuara viviendo la fechoría de su socio.

Cada uno tiene su interpretación de crecimiento personal. Alex quería demostrarle a sus padres que no era un fracasado. Su meta era mostrarles que no se quejaría de un negocio echado a perder. Otras personas, como Julie, desean desarrollar suficiencia emocional. Quería estar en capacidad de afrontar el rechazo sin tener necesidad de comer medio litro de helado cada noche. Otras simplemente desean sufrir menos y están dispuestas a cambiar para alcanzar la meta. Sally no podía pensar en ninguna ambición mayor que no sufrir tanto, y su historia reflejaba su deseo de sentirse mejor.

No existe una forma única perfecta de construir una intención positiva. Apenas he esbozado algunos principios que funcionan, pero lo esencial es cómo cambiar la historia para dirigirla hacia una meta más grande, no hacia el rencor. Eso se logra recordando que las pequeñas metas no son lo mismo que las grandes metas. Se saca el dolor del escenario de la vida para reemplazarlo por la sanación. Cuando comience a contarse a sí mismo, y a los demás, su historia de intención positiva, empezará a facilitar la sanación que antes no creía posible.

El surgimiento del perdón

Cuando hablamos de nuestra intención positiva, de responsabilizarnos de nuestros sentimientos y de tomar el dolor menos personalmente, vemos que comienza a surgir el perdón. Joan encontró voluntad para recuperar la salud y la independencia, y se dio cuenta de que la persona que la lastimó no era importante para lograrlo. Lo perdonó a él pero no aceptó su acción. Lo perdonó pero daba un brinco cada vez que un auto se le acercaba demasiado. Lo perdonó pero se disgustaba con los niños cuando no ajustaban sus cinturones de seguridad. Tomó el control de sus sentimientos y de su vida, y terminó con el rencor.

Nos sentimos mucho mejor a medida que contamos nuestra historia de intención positiva. Una de las razones es porque nos aproximamos más a una historia equilibrada. Esto es porque cada uno tiene muchas experiencias, y las negativas no son más importantes que las positivas. El rencor convierte las experiencias dolorosas en rocas impenetrables. Les arrienda demasiado espacio en la cabeza y produce sentimientos de impotencia. La verdad es que las heridas duelen, pero no tienen por que paralizarnos.

Todos podemos perdonar a quienes nos lastiman. Cuando logramos entender que los resentimientos están dificultando el logro de nuestras metas, entonces empezamos a crear un informe adecuado. Todo lo que nos duele es un reto para nuestra felicidad. Ser feliz en este mundo es un reto. Las heridas sólo paralizan la felicidad de aquellos que no saben perdonar. Hallar nuestra intención positiva nos ayuda a conectarnos con la situación global. Contar la historia de la intención positiva le recuerda a todos que somos héroes y no víctimas. Nos merecemos lo mejor, y el perdón nos ayuda a encontrarlo.

CAPÍTULO 12

El método SANAR

Aquel que no puede perdonar a otros destruye el mismo puente por el que debe cruzar, pues todo hombre tiene la necesidad de ser perdonado.

Lord Herbert

En los tres capítulos anteriores lo he guiado por mis técnicas básicas para perdonar. Hemos visto cómo el perdón sosiega la angustia emocional, ayuda a las personas a pensar con claridad y acaba con el círculo vicioso de la historia del rencor. Hemos aprendido las tres partes de la historia del rencor y sus correspondientes componentes del perdón. Me he referido a las historias de personas que utilizaron mis métodos para perdonar una diversidad de dificultades y dolores. He visto una y otra vez cómo mi procedimiento para perdonar le ayuda a la gente a afligirse menos, y también los he aplicado a mi propia vida.

Mis dos primeros proyectos de investigación no incluyeron el concepto de intención positiva, pero aun así tuvieron éxito. La idea de trabajar con personas de Irlanda del Norte me obligó a asegurarme de que mis métodos fueran muy sólidos. Con eso en mente, desarrollé la idea de la intención positiva y el método SANAR. Puesto que integra todo lo visto en los capítulos anteriores, el método SANAR ofrece respuestas rápidas y sencillas para cualquier situación dolorosa.

Este método será el objeto de los siguientes dos capítulos. Por favor, léalos antes de empezar a practicar. Quiero recordarle que también podemos aprender a perdonar a quienes nos han lastimado sin necesidad de usar este método. Ya tiene las herramientas para perdonar y sabe que funcionan. El método SANAR se ha diseñado como una práctica avanzada de concentrarse en el corazón, el desafío a las reglas que no se pueden hacer cumplir y la TREP.

SANAR está diseñado para las personas que ya han aprendido los fundamentos de perdonar para siempre y han practicado con las herramientas para perdonar. No se trata tan sólo de un anexo. Es una manera poderosa de reforzar y practicar el perdón.

SANAR puede practicarse de dos formas diferentes. Puede usarse en prácticas largas y cortas, y he visto excelentes resultados en ambas. SANAR es el método más eficaz que conozco para sanar cuando las heridas son especialmente profundas. Por eso la forma larga es tan valiosa.

A veces las personas dicen que su dolor es tan hondo y patente que casi hace parte de sí mismos. El rencor se vuelve tan verdadero como cualquier otra cosa en la vida. Generalmente estas personas han sufrido crueldades que otras encontrarían difíciles de soportar. Usaré un par de casos como ejemplo.

La mamá de Carlos lo abandonó al nacer. Creció en familias sustitutas y no tuvo un hogar estable hasta que cumplió 9 años de edad. Entonces fue adoptado por una familia que lo crió hasta que entró a la universidad. Se graduó, se casó y tuvo dos hijos. Sin embargo, Carlos se sintió ajeno y rechazado toda la vida, y su familia y matrimonio sufrieron. Culpó a su madre de todos sus problemas; la culpó por su incapacidad de hacer amigos y tener un buen matrimonio, y la culpó por sus problemas de trabajo y su malestar general.

Hablaba de sí mismo como una persona abandonada al nacer que nunca logró sobreponerse a ello. De su madre hablaba con molestia y dolor. Se obstinó en que su infelicidad como adulto era causada por su abandono materno hace casi 50 años. Al escucharlo no pude dejar de pensar qué parte de la historia ocupaba la familia que lo adoptó y lo crió, y si las muestras de amor de su esposa e hijos eran apreciadas. Pensé si habría acaso algo útil en cederle tanto poder para lastimar a una mujer a quien nunca conoció. Carlos era un hombre que había narrado su historia de abandono tantas veces que cualquier otra perspectiva de vida le parecía imposible.

Asistió a mis clases, aun cuando parecía no aprovecharlas. Formuló unas pocas preguntas y claramente tenía problemas con sus reglas que no se pueden hacer cumplir. Parecía estar diciendo: "Naturalmente, una madre no debe abandonar a su hijo. No trate de convencerme de lo contrario. Claro que mi vida se fue a pique por la falta de amor de mi madre". Pero cuando llegamos a la sección de la práctica guiada de SANAR, percibí un cambio en su conducta. En este capítulo y el siguiente le mostraré cómo Carlos logró salir adelante y cómo SANAR facilitó el cambio.

Elana es un buen ejemplo del apoyo fundamental de SANAR para traer paz a la vida de una persona. Era una mujer de unos 65 años que había soportado un matrimonio largo y difícil con un marido que solamente pensaba en trabajar. Jesse era un importante hombre de negocios y pasaba muy poco tiempo en el hogar, y cuando estaba en casa trabajaba o estaba demasiado cansado y sin energía para dedicarle a Elana. Jesse le prometió que todo sería diferente cuando se retirara, y que al fin podrían compartir la vida juntos.

Jesse se retiró a los 65 años de edad, pero el primer año de jubilación fue un infierno. Extrañaba la oficina, hizo pocos amigos y estaba desorientado sin tener una oficina a donde ir. Ese primer año estuvo deprimido e irritable. Después mejoró un poco el ánimo y se acercó un poco más a Elana, mucho más que antes. Un día, cuando ella anticipaba un futuro mejor, su esposo regresó de jugar al golf sintiéndose enfermo y trastornado. Al ver que no mejoraba, lo llevó al hospital, donde se enteraron de que había sufrido un infarto. Estando allí le sobrevino otro más. Aun cuando no está inutilizado por los infartos, sí lo han afectado profundamente. Perdió algo de memoria y se le dificulta hablar. Se fatiga fácilmente y se volvió temperamental, y diariamente Elana se enfrenta a la enfermedad de su marido.

Para ella, los momentos felices que compartieron juntos son un sueño del pasado. Ya era tarde. Apenas se estaba acostumbrando a tener un marido, lo perdió de nuevo. Elana asistió a mi taller para perdonar porque, un año más tarde, aun estaba disgustada con Jesse por esperar tanto tiempo para pasar tiempo juntos. Se sintió engañada y frustrada por tantos años de espera, pero el método SANAR la ayudó.

Tanto Carlos como Elana tuvieron que afrontar una experiencia desgarradora: El abandono al nacer y la incapacidad física de un marido a quien se aguarda durante años son dolorosos. Sin embargo, lamentarse por el pasado y sentirse víctimas solamente les hacía la vida más difícil; pero cada uno halló la paz cuando lograron perdonar.

Además de ayudar a las personas a perdonar los momentos difíciles y dolorosos muy arraigados, SANAR también funciona de otra manera importante. Es una forma avanzada de la TREP, el mejor bálsamo para los sentimientos cuando regresa a la mente un dolor del pasado. Le recomiendo a las personas practicar la TREP durante un tiempo y luego pasar al método SANAR. La diferencia es que este último está diseñado para funcionar con una experiencia dolorosa específica, mientras que la TREP es para el bienestar emocional general y para replantearse la situación.

La práctica de SANAR se concentra en el corazón para transformar los sentimientos dolorosos cuando uno está emocionalmente alterado. Para aprovecharlo al máximo, se deben practicar previamente el método de los sentimientos y el corazón y la TREP enseñados en el capítulo 9. Una vez familiarizado con ellos, se puede aprender el método SANAR.

Hay que destinar unos 15 minutos para practicarlo la primera vez. También es importante tener privacidad y silencio. Luego de practicarlo con un rencor específico, se puede usar SANAR de la misma forma que se usa la TREP —rápido y de inmediato.

SANAR ha sido diseñado de acuerdo con los aspectos específicos de mis enseñanzas. Se compone de cuatro pasos, cada uno de los cuales debe ser puesto en práctica. Para facilitar la enseñanza, describiré cada paso por separado, pero en la práctica los cuatro deben combinarse. SANAR se compone de Esperanza,

Enseñanza, Reafirmación, y Largo plazo. Por favor, practique cada paso en esa secuencia.

Esperanza

El primer paso de SANAR es hacer una declaración verdadera de *esperanza*. Ésta representa el resultado positivo específico deseado en una situación dolorosa. En el capítulo anterior le describí esto como la meta pequeña y le mostré cómo mantenerla separada de la gran meta, o intención positiva. La meta pequeña se relaciona con una experiencia dolorosa específica, y se debe expresar como un deseo, una preferencia o como esperanza. La declaración de esperanza es el deseo de un resultado específico en una situación específica.

Sharon, consumida por el fracaso de su relación con Keith, aprendió a decir: "Quería que mi relación con Keith fuese duradera", y eso le ayudó a no perder de vista su meta. Antes de la práctica estaba muy dolida. No pensaba en lo que quería, pero estaba obsesionada con lo perdido. En todo momento se acordaba de lo que no quería: El final de su relación con Keith. La *esperanza* le ayudó a recordar lo que hubiese deseado que sucediera.

Esperanza es una palabra seleccionada deliberadamente. En el capítulo 10 vimos cómo la gente confunde lo que desea que suceda con lo que tiene que suceder, y tal confusión produce reglas que no se pueden hacer cumplir. Estas reglas son la raíz del sufrimiento y construyen los cimientos sobre los cuales crecen los rencores. Cuando hacemos una declaración de *esperanza*, recordamos nuestro deseo de que sucediera algo. Deseábamos ser amados, producir dinero, obtener un cargo o un ascenso, tener padres cariñosos, seguridad, salud, una pareja fiel o que los demás nos tratasen con respeto y sinceridad.

Hacer declaraciones de *esperanza* es una forma de recordar que detrás de todo sufrimiento hay una meta. Recordar que lo único que podemos hacer es desear que las cosas sucedan como queremos es la mejor manera de reconocer las incertidumbres de la vida. Confirmar nuestras esperanzas es una afirmación de amor propio y de poder cuando entendemos que no todos los deseos se pueden cumplir. El amor propio y el poder son el resultado de reconocer la vulnerabilidad de desear las cosas; y tal vulnerabilidad la unimos con una afirmación: No cejaremos en desear buenas cosas por venir. Mediante esta aproximación realizamos todo esfuerzo razonable para que se cumplan nuestros deseos.

La declaración de *esperanza* debe formularse con palabras positivas. Esto es indispensable para la práctica del método SANAR. La *esperanza* se concentra en lo que deseábamos que ocurriese y no en lo que no se deseaba. Muchas personas encuentran esto difícil, y a menudo dicen que no querían que algo malo les sucediese. Les cuesta recordar que alguna vez desearon algo bueno.

Recordemos: No es lo mismo decir "yo quería que mi marido no me engañara" a decir "yo quería un matrimonio sólido y duradero". La primera oración es negativa, mientras que la segunda es positiva. Por ejemplo, Sharon acostumbraba decir: "Deseaba que Keith no me abandonara". Sin embargo, ése no era su verdadero deseo. Su deseo positivo era una relación cariñosa y estable con Keith. A veces encontrar una declaración de *esperanza* puede requerir un buen esfuerzo, pero muchos testimonios me demuestran que bien vale la pena el tiempo.

Sarah era una mujer a quien le resultaba difícil formular declaraciones positivas de esperanza. Su estribillo era que deseaba que Jim no hubiera tomado drogas. Deseaba que no la hubiera abandonado sola con el niño. Deseaba que su matrimonio no se hubiera roto. Estas declaraciones de esperanza, aun cuando ciertas, no se referían a la verdadera meta de Sarah. Su deseo positivo era establecer y mantener un buen matrimonio con Jim. Tuvo que esforzarse, pero finalmente Sarah comprendió que su meta específica en este caso era "quería un matrimonio feliz con Jim".

Quiero elaborar lo obvio. No todas nuestras pequeñas metas serán lo mejor. Sarah pudo escoger un mejor esposo. Su noviazgo fue muy corto y sus familiares y amigos le habían advertido que no saliera con Jim. Además, él tenía un pasado problemático con el alcohol. Estas cosas no afectan la declaración de esperanza.

Cuando se crea una buena declaración de esperanza, se toma la meta deseada por lo que vale. Más adelante veremos si la meta pequeña era la indicada para alcanzar su intención positiva.

La segunda condición para una buena declaración de esperanza es que sea muy personal. Es para uno, para nadie más. Para lograrlo, hacemos una declaración afirmativa de nuestra meta y no solamente decimos que algo bueno sucederá. En una declaración de esperanza no solamente deseamos la felicidad sino que se cumpla nuestra meta personal. No sólo deseamos el amor sino amar en una relación específica. No sólo deseamos la paz del mundo sino sentirla también. Con ese fin, la declaración de esperanza casi siempre comienza con la palabra *Yo* y gira alrededor de nuestra meta personal. Por eso es diferente de su intención positiva, su gran meta.

Carlos, que se pasó la vida lamentando el abandono de su madre, no podía conectarse con su meta positiva. Deseaba una madre cariñosa, pero temía que traducir su deseo en palabras fuera un acto inútil. Es cierto que no llegaría a ningún lugar si esperaba que su madre apareciera milagrosamente de la tumba para darle amor. Sin embargo, el hecho de reconocer su deseo al mismo tiempo que hacía las paces con la realidad de no obtenerlo ayudó a su sanación. Su declaración de esperanza fue: "Yo deseaba una madre que me tratara con amor".

La condición final para hacer una buena declaración de esperanza es hacerla *específica*. Eso significa que no solamente debe expresarse en términos positivos y reflejar una meta personal, sino también un deseo específico. Por ejemplo, una declaración de esperanza no es "prefiero que mi trabajo sea agradable" o "quería hacer negocios con un socio que no me robara". Una declaración de esperanza útil es "deseaba que Sidney fuese un socio honesto y confiable"

Cuando hay rabia por un acto de infidelidad que arruinó el matrimonio, la declaración de esperanza debe referirse a esa relación específica y no en general a las relaciones. Cuando hay angustia por el maltrato de un amigo, se hace referencia al rasgo específico que uno hubiese querido que el amigo desarrollara.

Cuando hay molestia porque los hijos no se comunicaron a la hora acordada, la declaración de esperanza se refiere específicamente a lo que esperábamos de los muchachos. De nuevo, éste es un recordatorio de que la declaración de esperanza debe construirse alrededor de la meta pequeña y no alrededor de la intención positiva mayor.

La esperanza en SANAR significa jamás desear cambiar la personalidad de otro individuo. La necesidad de cambiar a una persona es el componente principal de las reglas que no se pueden hacer cumplir. Recuerde que tratar de cambiar lo que no se puede cambiar es la raíz del proceso del rencor. Cambiarle la personalidad a otro individuo es una pérdida de tiempo y muchas personas desperdiciamos años en ese proceso inútil. Cuando fracasamos en el intento, sentimos furia y resentimiento.

Perdonar mejora el malestar que se siente cuando los demás no cambian como uno quisiera. Perdonar ayuda a no perder el tiempo tratando de cambiar a quienes no quieren cambiar. Perdonar nos hace recuperar el control de la vida, a la vez que dejamos de controlar la vida de los demás. Perdonar nos faculta para manejar los efectos dolorosos de la vida causados por las acciones de otros.

No solamente es inútil crear una declaración de esperanza que se refiera a cambiar el comportamiento de otros, sino inútil también hacerlo sobre su carácter, puesto que nunca se pueden perdonar cosas tan imprecisas como los rasgos, el temperamento o la personalidad. Tal vez se puedan perdonar comportamientos específicos que, según nuestra interpretación, reflejan el carácter de la persona. Ésta es una diferencia importante que podría ahorrarnos mucho sufrimiento. El comportamiento es observable, pero el carácter sólo se puede adivinar. Criticar el carácter de una persona no es una manera inteligente de invertir el poco tiempo y la energía a nuestra disposición. Para perdonar hay que concentrarse en el comportamiento que choca contra lo que se desea, como por ejemplo el vocabulario soez o la descortesía.

Le sugerí a Dana que un buen deseo no podía incluir el convertir a su jefe en un individuo compasivo. Ella no sabía qué clase de persona era ese hombre en verdad. Sólo sabía que no le dio el ascenso que ella creía merecer. Carlos no podía tener una madre mejor. No tenía forma de saber qué clase de persona fue ella, sólo que lo había abandonado. Eso es todo. Pero con esa poca información lo dominó durante años.

Recuerde, cuando se está preparado para perdonar a una persona, hay que saber exactamente cuál fue la ofensa y cómo ella afectó los sentimientos de uno. En el capítulo 6 vimos que éstas son dos de las condiciones previas para perdonar. Decir que deseaba que su esposo fuera más cariñoso no brinda mayor detalle acerca del comportamiento deseado. Decir que deseaba que su esposo le hablara tiernamente se aproxima más a lo que usted quisiera.

Le hago, de todas formas, una recomendación. No existen declaraciones de esperanza perfectas. Tales declaraciones funcionan, pero siempre hay posibilidad de tropezar. Su tarea es averiguar qué era exactamente lo que quería cuando ocurrió el problema. La debe manifestar en términos positivos, personales y muy específicos. No se limite a generalizaciones vagas acerca del carácter de la otra persona; y sobre todo, tenga paciencia consigo mismo mientras aprende. Recuerde, usted está aprendiendo a perdonar, a encontrar paz, a sanar.

Enseñanza

En pocas palabras, la *enseñanza* nos alecciona sobre el funcionamiento de las cosas, y aprendemos que el control que poseemos sobre los demás, sobre las cosas que ocurren y sobre nosotros mismos es limitado. Nos *enseñamos* a ver cómo funciona el mundo. Enseñanza significa que no necesariamente obtendremos nuestros deseos específicos. También significa que estamos advertidos de que cada uno de nuestros deseos puede tomar una variedad de caminos: Pueden cambiar para bien o para mal, o tal vez sean exactamente como los anticipábamos. En cualquier situación, uno no sabe si obtendrá lo buscado. Por consiguiente se desea, se hace lo posible para que suceda y se espera el resultado.

Hacemos peores nuestros problemas cuando olvidamos que

lo único que podemos hacer es desear algo. Guardamos rencores cuando olvidamos que tenemos control limitado para hacer realidad nuestros deseos. El control limitado es una realidad de todas las personas y resulta difícil aceptarlo. Creamos reglas que no se pueden hacer cumplir cuando insistimos en que algo tiene que suceder. Enseñarse a sí mismo es lograr entender. Como la canción de los Rolling Stones: "No siempre se obtiene lo que se quiere".

Por ejemplo, tal vez sea necesario perdonar los amoríos que terminaron en amargura, o el matrimonio y el noviazgo que terminaron en infidelidad y rabia. La vida no siempre funciona como se ha planeado. Infortunadamente, las relaciones que terminan mal son una constante realidad de la vida.

La declaración de enseñanza acepta la posibilidad de que no se obtenga lo que se quiere. Para Sharon, la declaración apropiada de enseñanza debe reflejar la inherente inestabilidad de las relaciones. Su declaración de enseñanza sería algo así: "Aun cuando realmente quería que funcionara la relación con Keith, entiendo y acepto la realidad de que no todas las relaciones funcionan". Mientras que la esperanza nos pone en contacto con el legítimo deseo de obtener un resultado positivo, la enseñanza nos recuerda que siempre hay fuerzas por fuera de nuestro control. Sin embargo, la buena noticia es que con la práctica se desvanecen las reglas que no se pueden hacer cumplir.

La declaración de esperanza representa un deseo personal, mientras que la declaración de enseñanza se concentra en la naturaleza impersonal de no obtener lo que queremos. En las declaraciones de esperanza nos concentramos en lo personal, pero nos movemos hacia lo impersonal en las declaraciones de enseñanza. La mejor declaración de enseñanza refleja un deseo personal, pero reconoce que hay factores por fuera de nuestro control. Estas declaraciones son útiles porque al generalizar la causa del rencor nos sacamos la astilla de lo personal.

La primera respuesta de Sharon cuando se le pidió hacer una declaración de enseñanza fue: "Nunca encontraré a un hombre bueno, y eso tengo que aceptarlo". Pero esa declaración nada tiene que ver con conocer las limitaciones para controlar sucesos. Es más bien autocompasión. Su error es común, pues confunde ser negativo con la incertidumbre. Sharon no sabe qué le deparará el futuro. No sabe si encontrará a un hombre bueno. Solamente sabe que su último intento fue un fracaso. Hay una distancia abismal entre certeza negativa e incertidumbre, y ello puede representar la diferencia entre sanar o deprimirse.

Con esa respuesta Sharon perdió la esperanza. Cambió la desesperanza por la incertidumbre de intentar una nueva relación. En su confusión y su dolor, Sharon creyó que estaba aceptando la realidad, pero verdaderamente estaba declarando como cierto algo que apenas era conjetura.

La verdad es que las relaciones no vienen garantizadas. Algunas funcionan, otras no funcionan. Algunas parejas siguen casadas hasta la muerte, pero otras se separan a los seis meses. Algunos matrimonios son íntimos y provechosos, mientras que otros son verdaderos infiernos. Luego de reflexionar, Sharon modificó su declaración de enseñanza: "Acepto que muchas relaciones amorosas no funcionan".

El segundo problema con el cual se enfrentan las personas al formular sus declaraciones de enseñanza tiene que ver con aceptar la incertidumbre. Hago énfasis para que comiencen su declaración así: "Entiendo y acepto que…". Sin embargo, algunas personas sienten que la palabra *aceptar* es muy fuerte. Si usted se cuenta entre ellas, use solamente el verbo entender. Pero recuerde siempre una cosa: Cada vez que se quiere algo, se toma un riesgo, porque es posible que no se obtenga. Buena parte de mi preparación para perdonar tiene que ver con aceptar esa simple realidad de la vida. "No siempre se obtiene lo que se quiere… pero tratando, a veces se puede encontrar lo que se necesita".

Cuando formule una declaración de enseñanza, entienda que se compone de dos partes. La primera es la declaración general que reconoce que todo deseo tiene alguna probabilidad de fracasar. Ejemplos de ello son: Algunos amigos son desleales, algunas relaciones terminan, algunos padres son malos, algunos negocios no funcionan. Es común desilusionarse.

En la segunda se aceptan las incertidumbres de la vida. Eso no significa que la declaración de enseñanza acepte las acciones que lastiman. Podemos estar en desacuerdo con lo que ha hecho alguna persona, y entender que aquello es corriente y que no podemos controlar el comportamiento de los demás. También podemos estar en desacuerdo con lo que hizo alguien, pero al mismo tiempo tratar de seguir adelante. Lo importante es concentrar la atención en lo que podemos hacer para sanar. Lo que hacemos en la declaración de enseñanza es aceptar que las situaciones dolorosas son parte inherente de la vulnerabilidad de los deseos. Como aspecto positivo, esperar con energía que las cosas salgan bien es la forma como las personas alcanzan los grandes triunfos en la vida.

En la primera parte de su declaración de enseñanza, Carlos reconoció la realidad de que muchas madres no se preocupan por sus hijos. No tuvo que luchar con esa parte. Sin embargo, Carlos no podía usar la palabra *aceptar,* pues le parecía muy dura. Su profundo disgusto se interponía en el camino. La declaración de enseñanza que formuló fue: "Entiendo que muchas madres no se preocupan por sus hijos". Pudo decir que lo entendía, pero no que aceptaba su realidad. Con este procedimiento logró ver por primera vez el abandono de su madre desde un punto de vista impersonal. La declaración de enseñanza de Elana se concentró en lo inevitable que resulta que la gente que amamos se enferme. Ella no podía decir que aceptaba la incertidumbre, pero estaba dispuesta a decir que lo entendía. La diferencia entre aceptar y entender no es tan grande. Le insisto que experimente con *aceptar,* pero no se sienta mal si es demasiado fuerte para usted. Las declaraciones de esperanza y enseñanza de Elana fueron: "Después de años de sentirme abandonada, deseaba compartir tiempo con Jesse. Sin embargo, entiendo que a pesar de las buenas intenciones, la gente se enferma".

Las declaraciones de esperanza y enseñanza de Elana indican la parte del método SANAR que evoca sentimientos de tristeza y pérdida. Esas partes del método SANAR se concentran en un pasado que salió mal. Se concentran en un pasado en el que fuimos maltratados y lastimados. Al definir el deseo claramente, reconocemos que algo que queríamos no sucedió. Enseñarse a sí mismo sobre la incertidumbre reduce la exigencia de que las cosas ocurran como uno quiere. Eso hace que algunas personas tengan que reconocer su pérdida, cosa que los puede entristecer. Estas dos partes de SANAR las llamo los pasos de la pesadumbre. Sin embargo, los sentimientos de tristeza no son inevitables en la práctica de SANAR. Pienso que cuanto más próximas estén las personas al dolor, mayor será la probabilidad de que la tristeza salga a flote.

No hay nada de malo con sentirse triste. La tristeza es una respuesta natural ante una pérdida. Todos sentimos tristeza al perder algo importante. Por ejemplo, cuando se pierde el sueño de una hermosa relación amorosa, de un ascenso en el trabajo o la lealtad de un amigo el dolor es intenso. Y, sin embargo, sentir tristeza no es lo mismo que sentir depresión o desesperanza. Estos sentimientos generalmente salen a relucir cuando se tienen reglas que no se pueden hacer cumplir. Rara vez nacen del hecho de admitir que no se obtuvo lo que se quería. Generalmente, los sentimientos negativos como los de Sharon vienen acompañados de depresión. En ellos aseguraba que nunca tendría una buena relación. La tristeza y la desesperanza son sentimientos distintos que nacen de formas diferentes de pensar.

Decir "nunca jamás" es muy distinto a aceptar que muchas relaciones terminan mal. El deseo siempre incluye la posibilidad de pérdida. El poder de SANAR se manifiesta cuando concentramos la atención en nuestro corazón y reducimos los sentimientos negativos. Sin embargo, es importante reconocer que la pérdida forma parte de casi todos los rencores y que es inevitable algo de tristeza.

Práctica de las declaraciones de esperanza y enseñanza

En el siguiente capítulo examinaremos los últimos dos pasos de SANAR —las declaraciones de reafirmación y de largo plazo; pero antes, una palabra sobre cómo usar lo que ya se ha aprendido.

Para comenzar la práctica del método SANAR, empiece practicando concentrarse en el corazón durante 3 ó 5 minutos, y luego concentre la atención en la región del corazón. Debe sentirla cálida y tranquila, porque durante su práctica pensó en alguien amado o en algo que le produce sentimientos positivos. Siga respirando lento y profundo, adentro y afuera con el vientre. Luego formule una declaración adecuada de esperanza. Ésta debe ser positiva, personal y específica. Recuerde respirar como acabo de indicarlo y concentrarse en la región del corazón.

Entonces libere la declaración de esperanza en la impersonalidad de la declaración de enseñanza. La enseñanza reconoce la incertidumbre inherente de querer cualquier cosa. Siga respirando lenta y profundamente.

Ahora junte la declaración de enseñanza con el final de la declaración de esperanza. Las dos se unen mejor con un "sin embargo, yo entiendo y acepto…". He aquí un ejemplo de estas declaraciones. Esperanza: "Deseaba que Sarah, mi socia de negocios, fuese digna de mi confianza". Enseñanza: "Sin embargo, entiendo y acepto que no todas las sociedades de negocios funcionan como yo quiero".

Practique los componentes de la esperanza y de la enseñanza hasta sentirse cómodo con sus declaraciones. Entonces, decídase a abandonar su lastimero pasado y siga adelante. Al hacerlo, estará preparado para aprender y poner en práctica los componentes de reafirmación y largo plazo del método SANAR.

CAPÍTULO 13

Parte II del método SANAR: mitigar el dolor

Una palabra nos libera del peso y del dolor de la vida: la palabra es amor.

SÓFOCLES

Los dos primeros pasos del método SANAR se concentran en el pasado y en las causas del rencor. Las declaraciones de esperanza y enseñanza ayudan a orientar el dolor y la pérdida, permitiendo ver ambas desde la perspectiva de la sanación. La esperanza nos recuerda que siempre quisimos algo positivo. La enseñanza nos recuerda que sin importar qué tan positiva sea la meta, tal vez no se logre alcanzar lo que se quiere.

Las declaraciones de esperanza y enseñanza también ayudan a ver cuáles pensamientos ocasionan dolor. Esto es importante, y ya lo hemos analizado detalladamente. Las reglas que no se pueden hacer cumplir, la liberación de sustancias químicas estresantes y no entender el sufrimiento normal son ejemplos de cómo se crean los rencores. Sin embargo, no importa qué tanto sepamos sobre lo que hay detrás de nuestro dolor, muchos quedamos atrapados en él. Entender de dónde proviene tal dolor y hacer algo para mitigarlo son tareas diferentes.

Todos tenemos que aprender a seguir adelante y hacernos menos daño. Diseñé los dos últimos pasos del método SANAR —reafirmación y largo plazo— con ese propósito específico. Los dos ofrecen la oportunidad de dejar el dolor atrás y de navegar viento en popa en el barco de la vida.

Liberarse del dolor

Antes de proseguir con estos dos pasos hay que tener en cuenta un punto. Para algunas personas es difícil liberarse del dolor y pasar de la enseñanza a la reafirmación. Quedan atrapadas luego de completar la esperanza y la enseñanza, porque su rutina de pensamiento las hace molestarse continuamente.

Darlene es un ejemplo. Ensayó el método SANAR, pero luego de las prácticas de esperanza y enseñanza dijo sentirse demasiado acongojada para continuar. Apenas pensaba en Jack —el novio que la abandonó— sentía tristeza. Se perdió en la experimentación de su dolor y en su pérdida. Es claro que Darlene no sabía cómo manejar el dolor y ello le impidió una práctica adecuada de SANAR. Sus sentimientos eran tan intensos que no estaba experimentando el método SANAR sino su propia versión dolorosa del proceso.

Empezó con buenas intenciones. Su declaración de esperanza decía: "Esperaba casarme con Jack y tener una relación buena y duradera". Era una buena declaración de esperanza. Era personal, específica y positiva. Reconocía que deseaba una buena relación en lugar de crear una regla que no se podía hacer cumplir, exigiendo una buena relación. Luego comenzó con su declaración de enseñanza, pero se metió en dificultades. En lugar de decir: "Entiendo y acepto que algunas relaciones fracasan, hasta con la mejor intención de los dos", elaboró una regla que decía: "Sé que algunas relaciones pueden terminar, pero no está bien que la mía haya fallado. Mi novio estaba equivocado, muy equivocado".

Le dije a Darlene que sentirse triste no tenía nada de malo. Su tristeza era una respuesta normal ante la pérdida, y terminar un compromiso es una gran pérdida. Le dije que es posible soportar la tristeza, lo que ocurriría una vez descubriera que la tristeza, lo mismo que sus otros sentimientos, era pasajera. Le pregunté si estaba triste siempre. Dijo que no; que se sentía bien cuando se acercaba a sus hijos.

Le pregunté si se sentía bien siempre y respondió que no. Le pregunté si sentía alegría y tristeza el mismo día, y dijo que sí. Luego le pedí que recordara algo triste de su pasado y después algo alegre. ¿Esos sentimientos cambiaron y desaparecieron? Reconoció que así era, ya habían desaparecido. Por consiguiente, los otros sentimientos también cambiarían y desaparecerían algún día.

Las personas encuentran que sus sentimientos cambian frecuentemente de un día al siguiente, inclusive de hora en hora. Eso es porque nuestra atención siempre se fija en cosas diferentes. Cuando nos fijamos en pérdidas, sentimos tristeza; pero si pensamos en nuestra buena suerte, estamos más alegres.

Curiosamente, el hecho de que todos nuestros sentimientos cambian y pasan con el tiempo significa que es posible controlarlos. Los sentimientos están directamente relacionados con lo que pensamos y con lo que llama nuestra atención. Cuando pensamos en pérdidas, sentimos tristeza. Cuando pensamos en la buena suerte, sentimos alegría. Podemos cambiar el objeto de nuestra atención. Infortunadamente, muchas personas piensan que sus sentimientos los controlan, y no al revés.

Le sugerí a Darlene que practicara SANAR aun sintiéndose triste. Le dije que prestara mayor atención a la práctica que a su sentimientos. Éste es un punto importante. De cierta manera, la práctica del método SANAR es como un medicamento. Hay que tomar el remedio aun cuando a veces no se quiera hacerlo. Es la única forma de averiguar si está surtiendo efecto. Le recordé a Darlene que la práctica adecuada de SANAR le ayudaría a sentirse mejor con el tiempo.

Le sugerí que practicase una buena declaración de enseñanza, aun cuando inicialmente no creyera mucho en ella. Le dije que practicara la TREP y la respiración de gracias. La TREP le recordó la tranquilidad que se obtiene con la respiración lenta. También le dio un motivo para pensar en sus hijos de forma cariñosa y agradecida. Con el tiempo, vio que no tenía por qué temerle a la tristeza y que no duraría para siempre.

Pero le hice una dura advertencia: Si su sentimiento de tristeza era agobiante, interfería con sus actividades normales como comer y dormir, la aislaba o le producía tendencias suicidas, entonces debía consultar con un consejero especializado. De llegar a ese extremo, aprender a perdonar no podía ser su prioridad. Le hago la misma advertencia a usted. Perdonar para siempre no es un reemplazo de la psicoterapia ni del uso de medicinas. Si usted sufre de síntomas físicos perturbadores, o dolor emocional inhabilitante, conviene que busque el terapeuta o el médico indicado para una consulta.

También quise asegurarme de que el dolor de Darlene no fuese reciente: Su novio no la abandonó ese día, esa semana, ni siquiera ese mes. Cuando las heridas son nuevas, se debe tener paciencia. En esos momentos hay que hacer lo posible por tratarnos con afecto y soportar el dolor y la tristeza que acompañan a una pérdida.

Anteriormente mencioné que el perdón no siempre es la mejor respuesta inicial ante el dolor. Primero, hay que saber claramente qué sucedió, cómo nos sentimos y haber hablado con unas pocas personas de confianza. Ese proceso puede tomar tiempo, pero no hay que pasar por alto los sentimientos dolorosos. Éstos nos dan información valiosa, pues muestran lo que valoramos y lo que requiere de nuestra atención. Sin embargo, cuando sintonizamos los sentimientos dolorosos pero perdemos la sintonía de la gratitud, la belleza y el amor, nos cuesta trabajo recordar que también hay otros puntos de vista.

Nuestros sentimientos de dolor son importantes, pero también es útil recordar que son temporales. Trabajo con muchas personas que tienen dificultad para confiar en sus buenos sentimientos. Se sienten cómodas cuando los sufrimientos llegan de visita, como familiares molestos que no saben retirarse a tiempo. El control remoto de estas personas se quedó pegado y no saben a dónde llevarlo a reparar. Quedarse pegado en el ciclo del dolor hace olvidar que los sentimientos negativos no son más reales que los positivos.

El amor, los sentimientos de aprecio y agradecimiento y la habilidad para reconocer la belleza son reales e importantes. Son expresiones profundas de la experiencia humana. Infortunadamente, muchas personas desilusionadas y dolidas desarrollan la mala costumbre de concentrarse más en el dolor que en sus satisfacciones, y por eso permanecen aferradas a un ciclo de dolor con la sensación de que la paz duradera está por fuera de su alcance. Hasta los buenos sentimientos cambian y pasan. Algunos días vemos la taza medio vacía y otras veces medio llena. Para tener una vida plena y satisfactoria, se deben experimentar las emociones correctamente. El problema radica en que no es posible identificar el rango total de la experiencia humana cuando el control remoto se pega en el canal del rencor.

Recuerde que los sentimientos buenos y malos vienen y se van. Es por eso que el control remoto debe estar listo para sintonizar otro canal. Piense que si se queda pegado en los canales del rencor y del dolor, siempre puede cambiar dicha experiencia recordando que hay otros canales. Puede practicar la TREP, desafiar las reglas que no se pueden hacer cumplir o practicar el método SANAR. Específicamente SANAR le ayudará a encontrar la tranquilidad en momentos difíciles o dolorosos.

Una vez identificada la fuente del dolor mediante la práctica de las declaraciones de esperanza y enseñanza estamos listos para seguir adelante con los dos pasos restantes del método SANAR.

Reafirmar

Recordemos que el método SANAR comienza con una práctica breve de los sentimientos del corazón. Concentrándose en la región alrededor del corazón, siga respirando lenta y profundamente con el vientre, y luego formule buenas declaraciones de esperanza y enseñanza.

El paso siguiente del método es la reafirmación de la intención positiva. En el capítulo 11 mostré cómo se halla la intención positiva, que nos recuerda las metas de la vida que dejamos de lado por pensar en experiencias dolorosas. Por otro lado, la intención positiva nos recuerda que es posible crecer a partir de cualquier situación dolorosa.

Una de las desventajas del rencor es que nos mantiene impotentes y aferrados a las personas que nos lastiman. Al recordar heridas pasadas, recordamos también que una parte de la vida no funcionó. Reafirmar la intención positiva nos conecta de nuevo con nuestras metas para que sigamos adelante.

Raquel se inscribió en los cursos para perdonar porque estaba enfurecida con su madre por haberla abandonado al nacer. Tenía por costumbre hacer mala cara y contar historias sobre su madre y sobre todas aquellas cosas que la vida le negaba. Pasaba tanto tiempo pensando en su madre que perdió de vista sus posibilidades de vida. Cuando iba por la mitad de su historia, atrapada por su tragedia, se le preguntó: "¿Por qué se preocupa tanto por su madre?"; y cuando empezó a repetir la misma vieja historia, le pregunté: "¿Por qué le arriendas tanto espacio en la cabeza a una persona que no se preocupó por ti? ¿Te ayuda para algo? ¿Acaso lo que realmente quieres no es una manera de sobrevivir al abandono, en lugar de apegarte a él?"

Raquel quedó asombrada. Había oído de la intención positiva pero jamás pensó aplicar el concepto a su vida. Cuando le pedí que formulara una buena declaración de reafirmación se vio en dificultades. Se sentía tan devastada por el abandono que le resultaba difícil pensar en algo. Le sugerí como alternativa que se concentrara en una intención positiva para el crecimiento personal, a lo cual respondió con la siguiente declaración: "Mi intención positiva es usar mi experiencia para ser una persona más fuerte".

Le dije a Raquel que su tarea era practicar el método SANAR todos los días durante una semana. Primero le pedí que hiciera la práctica completa del método dos veces al día. Para ello necesitaba 25 minutos de práctica diaria. Con el tiempo podía repetirse a sí misma las declaraciones de SANAR más rápidamente, y diez breves prácticas podían realizarse en diez minutos. Raquel aceptó la propuesta, y al cabo de unos días se dio cuenta de que su historia empezaba a cambiar. Vio que la reafirmación de su intención positiva la ayudaba a desarrollar, primero, y llevar a cabo después, mejores planes de vida.

Antes del entrenamiento para perdonar, Raquel había iniciado y cancelado varios programas universitarios. También tenía una historia laboral difícil y empleos de corta duración. Además, su matrimonio era una lucha constante, pues nada de lo que su esposo le ofrecía le bastaba. Al conectarse con su intención positiva, Raquel regresó a la escuela de posgrado y se hizo enfermera. Ella y su marido buscaron consejería matrimonial, solicitud que él le había hecho durante años, pero que ella rechazó argumentando que ningún consejero podía entender lo que había tenido que soportar. Raquel también inició un diario de agradecimientos.

Lo mismo que Raquel, cuando formulamos una sólida declaración de reafirmación, enfocamos la atención en el futuro. En el método SANAR, las declaraciones de esperanza y de enseñanza se enfocaban en el pasado. Las declaraciones de reafirmación y de largo plazo son para el presente y el futuro. Al formular una sólida intención positiva, hay motivación propia. La historia cambia y afloran las metas verdaderas. Finalmente pasamos a la declaración de largo plazo, en la cual se hace el compromiso de vivir plenamente la vida escogida.

Largo plazo

El compromiso de largo plazo es para el bienestar. La declaración de largo plazo enfatiza la importancia de practicar. Con ella, la persona se compromete a practicar el método SANAR cada vez que se siente afectada por una herida pasada, y a narrar su historia desde el punto de vista de la intención positiva, aun cuando la costumbre le pide vivir en el dolor. La declaración de largo plazo es la parte final del método.

Cada declaración de largo plazo incluye lo siguiente: "Hago el compromiso de seguir mi intención positiva y usar el método SANAR". Para muchos esto será suficiente. Sin embargo, algunas personas encuentran que para manifestar su intención positiva se requieren nuevas destrezas. A su declaración de largo plazo le agregan lo siguiente: "Hago un compromiso a largo plazo para aprender las destrezas específicas que necesito para prosperar". Algunos de los servicios de entrenamiento y apoyo que ayudan a la gente son, por ejemplo, la preparación afirmativa, manejo del estrés, clases de nutrición, educación continuada, hablar en público, programas en doce pasos y consejería individual y familiar. Además, unas cuantas técnicas sencillas le ayudan a casi todos a seguir su intención positiva.

La primera técnica es buscar personas que hayan sanado de un dolor similar. Puesto que todos nuestros rencores nacen de experiencias corrientes, podemos encontrar personas que han superado el dolor. Escuche lo que dicen y piense cómo puede usted incorporar esas lecciones positivas en su vida. Trate de orientar su vida de acuerdo con el comportamiento exitoso de otras personas. Un hombre a quien conozco tomó esta sugerencia al pie de la letra.

Víctor es el sacerdote que luchaba contra la supuesta indiferencia de sus superiores hacia su salud en el sitio de trabajo. Cuando Víctor supo que tenía que cambiar, buscó personas que habían respondido razonablemente a la indiferencia de sus jefes. Encontró a una persona en situación similar y pasó un buen tiempo hablando con ese hombre. Víctor se sintió apoyado y escuchado, y recordó que debía tomar algunas decisiones difíciles. Esta persona le ofreció a Víctor ayuda para reafirmarse a sí mismo y entender que, aun en situaciones difíciles, se tienen alternativas para tomar decisiones.

La segunda técnica es preguntarle a un amigo o miembro de familia que nos diga cuándo estamos exagerando nuestra historia de rencor. Escoja a una persona de confianza y pídale que le diga amablemente si percibe que está usted regresando a sus malas costumbres. Todo lo que tiene que hacer su amigo es decirle que está oyendo una historia de rencor. Entonces usted puede preferir concentrarse en su intención positiva. Alan tenía un amigo que le hacía caer en la cuenta cada vez que comenzaba a quejarse de su ex esposa.

La tercera técnica es permitirse rumiar el rencor durante un corto período del día. Dana al recordar el suceso del ascenso, decidió que sólo pensaría en ello a las 7 de la noche, todas las noches, y se concedió 15 minutos diarios para hacerlo. Cada noche, durante una semana, se sentó a la mesa de la cocina a preguntarse si necesitaba desahogarse. Muchas veces no lo necesitaba; pero en caso contrario, escribía sus sentimientos. Luego practicaba la TREP y buscaba algo para ver en los canales de la gratitud y la belleza antes de cenar. Así aprovechaba el resto del día y se daba cuenta de la forma como percibía la injusticia.

La última técnica es premiarse por practicar las técnicas ofrecidas en este libro. Michael llevaba el control del número de veces que practicaba el método SANAR. Cada vez que completaba cinco veces, compraba un postre especial. Al final de la semana, si superaba las 40 veces, se gratificaba con un masaje.

Raquel se convenció de que ella y su esposo necesitaban consejería matrimonial. Su primera declaración a largo plazo fue la simple reafirmación de practicar SANAR y mantenerse concentrada en su intención positiva. Puesto que dicha intención positiva era el desarrollo personal, se dio cuenta de que por haber pasado amargada tantos años no tenía destrezas para tal desarrollo. Además de la consejería, Raquel se comprometió consigo misma a practicar la respiración de gracias y tomó clases de meditación. Al poner en práctica el método SANAR, lo hizo con una nueva declaración a largo plazo. En ella se comprometía a ensayar y a aprender una variedad de destrezas para el crecimiento personal.

Elana, a quien conocimos en el capítulo anterior, se comprometió a practicar el método SANAR diariamente durante tres semanas. Al comenzar su práctica, los resultados fueron pasajeros, pero al terminar la tercera semana empezó a notar cambios de ánimo y temperamento. Al terminar dos semanas de práctica, estaba convencida de que la actual relación con su esposo, inclusive después del infarto, era más significativa de lo que había perdido. Entendió que nunca podría recuperar el pasado, y se dio cuenta de que el amor la mantenía en el matrimonio. Por amor aceptó los errores cometidos. Elana vio claramente que su intención positiva era el amor.

También se dio cuenta de que siempre tuvo dificultad para confrontar. Durante todos esos años tuvo miedo de pedirle más a su esposo, pero luego vio que ése es un patrón en todas sus relaciones. Decidió tomar una clase de autoconfianza para aprender a solicitar lo que quería. Ya fuera que le ayudase o no en su matrimonio, lo que importaba era que le ayudaría a ella.

Luego de tres semanas perdonó a su esposo por prestarle excesiva atención al trabajo, por no prestarle suficiente atención a ella, su falta de calidad humana y el dolor que le producía pensar en el poco tiempo que tenían para estar juntos. Alcanzó la paz cuando vio que ambos habían hecho lo mejor que pudieron. Al perdonarlo sintió por él amor y ternura renovados, con todo y sus impedimentos. Encontró que la práctica de SANAR le hizo apreciar el tiempo que les quedaba juntos, y aprendió formas de desarrollarse como persona. Perdonar le abrió puertas viejas y nuevas que ni siquiera conocía.

Práctica guiada del método SANAR (versión completa)

1. Piense en un rencor no resuelto en su vida. Escoja uno en el que por lo menos logre imaginar que podría sentirse diferente.

2. Practique los sentimientos del corazón entre tres y cinco minutos. Concentre su atención en la región alrededor del corazón. Asegúrese de respirar lenta y profundamente desde el vientre.

3. Reflexione por un momento sobre lo que hubiese preferido que ocurriera en la situación específica. Formule una

declaración de esperanza que refleje su deseo personal, específico y positivo.

4. Guarde en su corazón la declaración de esperanza: "Yo esperaba..."

5. Cuando la declaración de esperanza sea clara, entienda las limitaciones de exigirse que lo que uno quiere funcione. Haga una amplia declaración de enseñanza, y entienda y acepte de corazón que usted está bien, aun cuando no se cumplan todos sus deseos.

6. Reafirme su intención positiva, la meta a largo plazo detrás de su deseo para esa situación específica.

7. Guarde su declaración de reafirmación en los cálidos sentimientos de su corazón. Repita su intención positiva un par de veces.

8. Haga una declaración a largo plazo que sea un compromiso de:
   - Practicar el método SANAR, tanto la versión corta como la extensa.
   - Siga su intención positiva, aun cuando sea difícil.
   - Aprenda las destrezas necesarias para manifestar su intención positiva.
   - Ensaye cada paso ordenadamente por lo menos dos veces.

9. Luego siga respirando lenta y profundamente con el vientre de 30 segundos a un minuto.

Práctica guiada del método SANAR (versión breve)

Cada vez que sienta furia o dolor debido a algún rencor no resuelto:

1. Concéntrese totalmente en el vientre a medida que inhala y exhala dos respiraciones lentas y profundas.

2. En la tercera respiración, piense en una persona a quien quiera o en un hermoso paisaje natural que lo llene de

admiración y paz. Generalmente, las personas tienen una respuesta más fuerte cuando piensan que sus sentimientos positivos se concentran en la región alrededor del corazón. Siga respirando lentamente con el vientre.

3. Reflexione sobre lo que hubiese preferido que sucediera en su situación específica. Formule una declaración de esperanza que sea personal, específica y positiva.

4. Luego aprenda las limitaciones de exigir que las cosas siempre funcionen como usted quiere (declaración de enseñanza).

5. Reafirme su intención positiva —aquella a largo plazo detrás del deseo.

6. Haga el compromiso de practicar el método SANAR a largo plazo y siga su intención positiva.

Para obtener el máximo provecho del método SANAR, practique por lo menos una vez al día la versión completa. Los beneficios son grandes si ensaya dos veces diarias al principio. Le sugiero practicar el método completo por lo menos una vez al día durante una semana. Pasados algunos días, habrá adquirido la suficiente práctica para usar también la versión corta, de acuerdo con sus necesidades.

Mediante el método SANAR se reduce el poder del rencor. Se sana uno mismo y se da la oportunidad de recuperar esa dirección positiva y amorosa que hay detrás de sus acciones. El método SANAR es especialmente útil cuando aflora un sentimiento o recuerdo doloroso. A veces ayuda repetirse mentalmente: Esperanza, enseñanza, reafirmación y largo plazo. Permita que esas palabras giren alrededor de su corazón. Recuerde que con la esperanza, la enseñanza, la reafirmación y el largo plazo, usted está trabajando duro para sanar sus heridas y hacer de la paz su realidad.

CAPÍTULO 14

Cuatro pasos para volverse una persona indulgente

Herir te hace menos que tu enemigo;
la venganza te hace igual;
el perdón te hace más.

BENJAMIN FRANKLIN, *Poor Richard's Almanac*

Espero que haya encontrado el tiempo para practicar estas poderosas técnicas comprobadas para perdonar. Si es así, ahora usted cuenta con la posibilidad de hallar paz con respecto a asuntos no resueltos de su vida. Usted tiene las herramientas para acabar con el poder que los viejos dolores ejercen sobre usted y para perdonar a quienes lo han lastimado.

En este capítulo sugiero otras formas para aprender sobre el poder del perdón en la vida. Las posibilidades irán aflorando a medida que examino las cuatro etapas para aprender a perdonar. En pocas palabras, además de ayudar a sanar los dolores del pasado, perdonar ayuda a reducir la posibilidad de tener dolores en el presente y en el futuro. Otra forma de decirlo es que perdonar es una vacuna contra dolores futuros.

Hemos leído historias verdaderas y también estadísticas que demuestran cómo la decisión de perdonar los males pasados ayuda a mejorar las relaciones y la salud. Pero sólo es posible pensar en los beneficios si hay opciones. La gente nos puede lastimar, pero solamente nosotros decidimos cómo reaccionar. Cada uno tiene la opción de perdonar o de no perdonar, pero nadie puede obligarnos por cuál decidirnos. Si yo quiero perdonar a una persona, nadie puede impedirlo, no importa lo mal que haya actuado el ofensor. Esa decisión de perdonar o no perdonar es un ejemplo del poder que tenemos para sanar nuestras heridas y seguir adelante.

Puesto que perdonar es una opción, sentirse ofendido o no desde el comienzo también lo es. Mi conocimiento sobre el perdón me sugiere radicalmente que la vida mejora si casi nunca, o nunca, hacemos uso de la opción de sentir las ofensas. Puesto que tenemos la opción, ¿no es acaso lógico limitar el número de veces en que nos sentimos ofendidos o dolidos?

Cuando el dolor se ha perdonado varias veces, uno siente que se vuelve una persona más indulgente. Vemos que somos menos propensos al disgusto y más pacientes con la gente. Perdonar —la habilidad de vivir la vida sin sentirse ofendido, sin culpar y contando historias que reflejan paz y comprensión— es una opción que se puede poner en práctica en diversas circunstancias. Sin ser la única opción, perdonar es una forma inteligente de "evitar las saetas y los disparos de la mala suerte".

En este capítulo describiré las cuatro etapas por las que pasan las personas en su aprendizaje para volverse más indulgentes. En la primera etapa es el ofensor quien detenta el control, dueño del poder para lastimar. A medida que se pasa de una etapa a la siguiente, se recupera el poder para controlar el grado de disgusto. Al seguir los pasos indicados en estas páginas, el lector comprenderá que aprender a perdonar puede ser mucho más que una simple forma de curarse de los dolores y rencores pasados. La gente aprende a perdonar para minimizar la posibilidad de tener dolor en el presente, como también para limitar el tiempo que permanece herida por su pasado.

Hemos visto que perdonar sana el pasado y facilita un presente más tranquilo. Perdonar nos permite pensar más claramente, solucionar los problemas sabiamente y acceder más fácilmente a los sentimientos de amor. Por medio del método SANAR para perdonar hemos aprendido cómo perdonar a las personas que nos han lastimado. Hemos visto los pasos que se deben dar y hemos leído las historias de personas como nosotros que aprendieron a perdonar. Ahora veremos cómo ampliar el uso del perdón de maneras que no hubiéramos imaginado antes.

Cuatro etapas para convertirse en una persona indulgente

Mi hipótesis dice que el camino para convertirse en una persona indulgente está compuesto de cuatro etapas. Una forma de entenderlo es haciendo la analogía del perdón como el procedimiento de sintonizar la radio en nuestra emisora favorita. Para que tal analogía funcione, hay que imaginar una radio análoga y no una digital. El primer paso para sintonizar la emisora es hallar alguna que no esté afectada por la estática. Tal vez la primera emisora sintonizada sea, casualmente, la deseada. Puede ser que estaba pasando por todas las emisoras y oyó parte de una canción que le gusta. Si la señal no es buena, resulta difícil sintonizarla de nuevo.

Para hallar la emisora deseada, tiene que regresar hasta donde escuchó la música moviendo el sintonizador. Al principio será necesario oírla para identificarla, pero luego, con la práctica, se puede encontrar. Sintonizarla bien puede tomar algún tiempo, pero una vez localizada, la dejará sintonizada. Esta emisora sonará cada vez que encienda la radio.

Sabemos que comenzar con ella no impide buscar otras. Habrá momentos en que la música será mejor en otras emisoras, y otros más en que nuestro estado de ánimo requiera otra cosa. Aprender a perdonar es como sintonizar la emisora del perdón en la radio. Al sintonizarla, la estática hará menos interferencia.

Pero, al igual que su emisora favorita, no hay ninguna obligación de escuchar el perdón cuando lo quiera cambiar. Una vez sintonizado el perdón, lo hallará cada vez que lo necesite. Si no sintonizamos el perdón, no sabremos qué se siente. Si no sintonizamos el perdón, no podemos tomar la decisión de usarlo en el futuro.

Perdonar con regularidad: Etapas uno a tres

En la primera etapa para volverse una persona indulgente, las personas experimentan alguna pérdida en la vida, sienten disgusto o dolor, y tienden a justificar sus emociones negativas. Las personas heridas y molestas, cuyas historias aparecen en este libro, ilustran la primera etapa del perdón. Darlene, a quien conocimos en el capítulo 6, estaba muy disgustada porque Jack, su novio, la abandonó. Para ella, lo que Jack hizo estuvo mal, ella no tenía la culpa, y la situación le ocasionó angustia emocional. Darlene le contó a muchas personas la historia de lo mal que se sintió y lo mal que se portó Jack.

En esta etapa del proceso la persona se llena de furia o dolor, y lo justifica ante sí misma. En algún momento de la vida nos lastimaron, y seguimos disgustados con la persona que nos causó el mal. La culpamos de nuestros sentimientos. Le achacamos la causa de nuestra molestia a la acción de esa persona, y no a nuestra propia decisión. Olvidamos que tenemos opciones para reaccionar, o tal vez estamos tan heridos que pensamos que sería errado perdonar la ofensa.

En la primera etapa existe rabia activa y oculta, lo mismo que mucho dolor. La segunda etapa aflora cuando, después de sentir molestia contra alguien durante un tiempo, nos damos cuenta de que nuestro dolor y disgusto nos hacen sentir mal. Nos preocupamos por nuestro equilibrio emocional lo mismo que por nuestra salud física. Empezamos a ver las consecuencias del rencor sobre nuestra alegría y bienestar. Algunas personas, luego de sentirse molestas por un tiempo, piensan cómo reparar el daño causado a una relación. Otras simplemente deciden que ya han sufrido suficiente el rencor pasado y que es tiempo de seguir adelante.

Cualquiera que sea la motivación en la segunda etapa, damos los pasos para reducir el impacto que tiene el rencor en nuestra vida y en nuestras relaciones. Podemos tratar de ver el problema desde el punto de vista de la otra persona, o podemos optar por restarle importancia diciendo que no es gran cosa. Otra estrategia es buscar la manera de mitigar las aflicciones. De cualquier forma, luego de un período largo la persona ofendida no está siendo activamente agraviada. En esta etapa le decimos a los amigos que hemos dejado ir buena parte del dolor y el disgusto que sentíamos hacia quien nos lastimó.

En la segunda etapa del perdón, nos damos cuenta de que nuestros malos sentimientos no nos ayudan, y por eso tomamos medidas para ver las cosas de otra manera. Al tomar estas medidas para mitigar la angustia emocional y física, logramos liberarnos de nuestro ofensor. Susan es un buen ejemplo de la segunda etapa del perdón. Se quejaba constantemente de su terrible niñez, hasta que su marido, aburrido de oír la historia, se lo dijo. Primero se disgustó con él. Su respuesta inicial fue considerarlo un pelmazo y llamar inmediatamente a su amiga Donna para sentirse reafirmada.

Al tranquilizarse, le preguntó a Barry por qué le había dicho eso. Le respondió que ella vivía obsesionada con sus padres y que no valía la pena sufrir tanto cuando apenas los veía una vez al año. La confrontación con su esposo la condujo a buscar el entrenamiento para perdonar. Aprendió los métodos para perdonar que le ayudaron a estar de acuerdo con Barry. Susan logró manifestar su intención positiva y agradecer el cuidado y la compañía de las mujeres mayores con quienes se reunió.

En la tercera etapa para volverse una persona indulgente, recordamos lo bien que nos sentimos la última vez que perdonamos. Dicha experiencia pudo ocurrir hace 15 minutos o cuando sentimos paz después de practicar el método SANAR o hace dos años. En esta etapa ponemos en práctica la TREP o SANAR tan pronto vemos que guardamos el rencor. Desafiamos de inmediato las reglas que no se pueden hacer cumplir para no arrendarle demasiado espacio al problema en la cabeza. Llegamos a la tercera etapa cuando vemos en acción los resultados de perdonar y optamos por liberarnos rápidamente de los rencores que guardamos.

En la tercera etapa, al sentirnos ofendidos, decidimos deliberadamente sentir el dolor menos tiempo. Sabemos que los sentimientos negativos pasarán. Concentramos la atención en arreglar la relación o dejar de ver la situación como un problema. Le arrendamos un espacio a la solución, no al rencor. Optamos por perdonar porque hemos practicado y vemos claramente las bondades de perdonar. Esta etapa puede aflorar en una relación alterada por la infidelidad, en una situación permanente en la oficina, o en un conflicto largo con los hijos.

En la tercera etapa tenemos más control. Sabemos que el tiempo invertido en experimentar el rencor es decisión nuestra. Susan es un buen ejemplo de esta etapa. Ella tomó la decisión de que la próxima vez que alguien la lastimara, haría un gran esfuerzo para no dejar que se le convirtiera en rencor. Decidió para sí misma que si su madre, o cualquier otra persona, empezaba a afectarla, no permitiría que eso la deprimiera. En esta etapa del perdón el tiempo dedicado al disgusto y al dolor estuvo controlado por Susan. Ella tomó la decisión de reducir el tiempo que permanecería molesta, y tuvo éxito con la ayuda de la práctica.

Volverse una persona indulgente: Etapa cuatro

La cuarta etapa del proceso para volverse una persona indulgente es la más difícil y la más poderosa. En ella, usted se vuelve sencillamente una persona que perdona. Esto sucede al tomar la decisión de perdonar primero y dejar ir las cosas que lo molestan. Como persona que sabe perdonar, usted se vuelve resistente a los golpes. Se hace más fuerte externamente y no toma las ofensas tan personalmente, sabe que es responsable de sus propios sentimientos, y cuenta una historia que lo muestra ante los demás, y ante sí, a la luz de su intención positiva.

La cuarta etapa para perdonar involucra la opción de ofenderse rara vez, o nunca. Eso no significa que aceptemos la falta de amabilidad o que pretendamos ser ciegos. Significa que solamente vamos a disgustarnos en situaciones en las cuales hacerlo ayude. No tomamos personalmente las situaciones dolorosas y no culpamos al ofensor por nuestros sentimientos. En esta etapa entendemos que nadie es perfecto y que a veces debemos esperar ser lastimados. Se hace evidente alguna, o todas, de las siguientes formas de pensar acerca de las ofensas:

- Quiero pasar el menor tiempo posible de mi vida molesto por la rabia y el dolor. Quiero reaccionar bien cuando las cosas no funcionan como yo quiero. Esta decisión me ayuda a perdonarme a mi mísmo, perdonar a los demás y hasta perdonar a la vida, si es necesario.

- La vida tiene experiencias positivas y otras desagradables. ¿Es razonable esperar que solamente me sucedan experiencias positivas? Deseo lo bueno, pero sé que puedo perdonar lo malo.

- La vida es un desafío. Quiero ser sobreviviente, no víctima. Cada situación dolorosa es un reto a mi determinación de vivir con amor tan plenamente como sea posible. Acepto los retos que me presenta la vida.

- Es doloroso cuando alguien no me perdona. No quiero lastimar a los demás de la misma forma. Trataré de ver el problema de manera tal que pueda enfrentarlo o dejarlo atrás.

- La vida está repleta de cosas bellas y maravillosas. Estoy perdiéndome esas experiencias al quedarme atrapado en el recuerdo de viejas heridas y dolores. Puedo perdonarme por salirme del camino.

- La gente hace lo mejor que puede. Cuando alguien se equivoca, la mejor forma de prestarle ayuda es mediante la comprensión. El primer paso de este proceso es perdonar la ofensa específica.

- No soy perfecto. ¿Por qué pretender que los demás lo sean?

- Entiendo que todos funcionamos motivados por el interés personal. Puedo esperar que en ocasiones mi interés personal sea lastimado por el interés personal de otros. Al entender que esto es parte de la vida, ¿qué motivos hay para molestarme? Cuando llego a comprender que el interés personal es mi guía, ¿cómo no voy a perdonar comportamientos consecuentes con ello?

Esta forma de pensar sirve de ejemplo a la cuarta etapa para perdonar. Sin embargo, éstas no son las únicas formas para volverse indulgente. Cada cual desarrolla su propia forma de pensar en el perdón. Seguramente usted ya tiene ideas parecidas para sus relaciones. Muchas personas en la cuarta etapa del perdón tienen buenos matrimonios. Las parejas en esos matrimonios tienen derecho a equivocarse, y toda la energía se concentra en solucionar problemas en lugar de ofenderse, culparse y crear historias de rencor.

Uno de los aspectos claves de esta etapa es aprender a pensar como una persona indulgente. Otro, aprender a perdonar todos los días. Para practicar el perdón no es necesario aguardar a que alguien nos lastime profundamente. Practicar el perdón nos permite desarrollar los "músculos" del perdón de la misma forma en que la práctica del gimnasio desarrolla los músculos corporales. Los músculos del perdón se deben ejercitar regularmente para desarrollarlos lo mismo que los músculos del brazo.

Las personas que desean pasar a la cuarta etapa deben practicar el perdón con las pequeñas injusticias que ocurren a diario. Por ejemplo, imaginemos la fila rápida en el supermercado, en la cual solamente pueden registrarse hasta diez productos. Adelante hay dos personas con 14 productos en sus canastillas. Finalmente llegamos hasta el cajero. ¿Cómo reaccionar? Hay varias opciones.

Una de ellas es disgustarse con las personas que tienen exceso de productos. Puede insultarlas y también al dependiente por atenderlas. Otra es ignorarlas y dedicarse a hojear una revista. También puede comentar con su vecino sobre las personas egoístas que echan a perder su barrio. O tal vez decida aprovechar la situación para perdonar a quienes tienen exceso de productos. Practicando así, perdonar estará al alcance de la mano cuando realmente lo necesite.

Otra forma eficaz de practicar el perdón es recordar que las demás personas no siempre tienen presente el interés suyo. Si se detiene a pensar sobre esto, se dará cuenta de que usted tampoco se comporta siempre teniendo en cuenta los intereses ajenos. Desde esta perspectiva, es evidente que las personas se lastiman unas a otras. Así, siempre habrá varias oportunidades para practicar el perdón.

Por ejemplo, el jefe de Harry ha estado tenso y malhumorado toda la semana, pues está preocupado por su esposa enferma. No ha sido amable con Harry y no se fija en los esfuerzos que realiza. Por un lado, puede justificarse la frustración de Harry, pues el jefe ha sido rudo y mal administrador. Pero por otro, Harry está preguntándose: "¿Cuál es la importancia de esto?" El jefe sólo piensa en su esposa, sus temores y sus luchas, pero no en los sentimientos de Harry.

Para el jefe, su esposa es más importante que los sentimientos de Harry, pero él lo convierte en problema porque, para él, sus sentimientos son más importantes que la salud de la esposa del jefe. Harry puede optar por perdonar a su jefe por su comportamiento tratando de entender sus intereses personales. Se preocupa más por sí mismo y espera que el jefe lo haga también. Pero el jefe se preocupa más por su esposa que por los sentimientos de Harry. Perdonar es un bálsamo para los sentimientos lastimados, cuando lo importante para uno choca contra lo importante para otros.

Otra forma de entender la realidad del enfrentamiento entre intereses personales es recordar que la desilusión, el dolor y las heridas suceden en todas las relaciones. Suceden en los matrimonios estables de muchos años, en las familias afectivas y entre buenos amigos. Todas las relaciones tienen aspectos buenos y malos, lo mismo que todas las personas. Dada esta verdad, todas las relaciones ofrecen oportunidades casi ilimitadas para practicar el perdón, para ofenderse menos y para evitar que los conflictos se suban de tono.

Algunas personas nos lastiman porque hacen lo que quieren y no lo que nosotros queremos que hagan. A eso casi siempre lo llamamos egoísmo, pero simplemente se trata de personas tomando sus propias decisiones. Ana se resintió cuando David, su hermano menor, decidió salir a esquiar con sus amigos en lugar de visitar a sus padres. Generalmente era ella quien les prestaba más atención y no David.

Esta vez tuvo que conducir sola hasta la casa de sus padres durante seis horas. Su automóvil se descompuso en el camino de ida y estuvo detenida casi tres horas. Primero tuvo que esperar la llegada de la grúa, y luego esperar a que el taller consiguiera el respuesto para el auto. Naturalmente, estaba furiosa con su hermano. Pensó que era egoísta y desconsiderado. Cuando oí esta historia me pregunté: ¿Por qué David tiene que hacer lo que Ana quiere y no lo que él quiere? Los dos son adultos, e independientes.

¿Cómo habría sido la experiencia de Ana si hubiese perdonado a su hermano antes de partir? Al descomponerse el auto, ya se habría responsabilizado de sus propios sentimientos y se hubiera evitado la angustia, y seguramente la escena de disgusto que le armó después. Podía perdonar el hecho de que David tomó una decisión diferente acerca de cómo pasar su tiempo libre. Ella hubiera podido aprovechar esta situación para tratar de perdonar.

Perdonar a David no significa que Ana no pueda pedirle que la acompañe en sus travesías. Perdonarlo tampoco quiere decir que deban gustarle las decisiones que toma su hermano. Perdonar significa que Ana deja de culparlo por lo que siente, y eso le permite darse cuenta de que visita a sus padres porque siente que es importante para ella. Visitar a sus padres no tiene que ser igualmente importante para David, y aun así quiere a su hermana. Ella cae en la cuenta de que hace las visitas porque quiere. David no es una mala persona por el hecho de tomar decisiones diferentes. Cuando dejamos que los demás sean distintos, podemos perdonarlos. Perdonando entendemos que lo bueno para uno no tiene que ser bueno para los demás.

A veces sentimos dolor cuando las personas no nos prestan atención cuando queremos o como queremos. Steve se sentía lastimado cuando su esposa se quedaba dormida todos los días a las 9 de la noche. Para él, la noche era joven y quería a su compañera. Quería hacerle el amor, pero tomó personalmente su cansancio. Steve salía tarde en la mañana y era como las lechuzas: Necesitaba poco sueño. Marjorie, por el contrario, cuidaba a los tres niños y tenía que levantarse temprano con ellos. Se quedaba en casa todo el día con los dos más pequeños y trabajaba para el negocio de Steve. Ella no era trasnochadora, pues necesitaba por lo menos siete horas de sueño todos los días. A las nueve de la noche ya no podía mantener abiertos los ojos.

Cada vez que Marjorie se quedaba dormida, Steve se sentía rechazado. Sus sentimientos lastimados ocasionaron una gran tensión en el matrimonio a pesar de que ella trataba de darle lo que podía, de acuerdo con la limitación de su horario. Pensemos cómo sería si Steve le perdonara a Marjorie su cansancio, su ciclo de descanso, y el extenuante trabajo de cuidar a los tres niños, en lugar de reclamarle todas las noches cada vez que se quedaba dormida.

A veces el rencor es el resultado de la intención deliberada del otro de lastimarnos, y también a veces el ofensor justifica su acción como respuesta a una herida previa que le hemos causado nosotros. La relación entre Steve y Marjorie sigue esa pauta. En ocasiones, Marjorie se acostaba a dormir solamente para lastimar a su esposo. Lo rechazaba deliberadamente por ser tan insensible a su cansancio. Otras, dejaba que los niños estuvieran despiertos hasta tarde, sólo como excusa para no estar disponible para Steve. Ella pensaba que su esposo se merecía ese trato por insensible y poco amable.

Steve la molestaba incesantemente. Le reñía por la mañana y luego otra vez al regresar a casa. Se quejaba con amigos y familiares de que Marjorie no era cariñosa, pero sí fría e indiferente. Era especialmente sarcástico con ella y muchas veces la desafiaba solamente para crear problemas. Él justificaba ese trato hacia su esposa como una respuesta natural a su incapacidad de satisfacerlo. Ambos justificaban sus respuestas destempladas como consecuencia del comportamiento de su pareja. Se permitieron ser hirientes para responder a su compañero.

Me gusta imaginar qué hubiera sucedido si Steve o Marjorie se perdonasen el uno al otro. Pensemos que Steve y Marjorie entendían que las personas heridas tienden a hacer cosas poco amables, y que en cada acto hiriente podían escuchar un gemido de dolor. Entonces, al ver al otro actuando bajo el efecto del dolor, entenderían y no tomarían las acciones personalmente. Supongamos que la falta de bondad de Steve o de Marjorie encendiera en su pareja el deseo de ser amable para evitarse mutuamente más dolor. Entonces, en lugar de responder con crueldad, uno o ambos podrían responder con el renovado afecto que nace del perdón. Hay muchas oportunidades para perdonar en circunstancias como la anterior.

Finalmente, algunas heridas son causadas como resultado de la mala suerte. A veces simplemente estamos en el lugar equivocado en el momento menos oportuno. El auto de Ana se descompuso lejos de su casa cuando se dirigía a visitar a sus padres. Estaba a 320 kilómetros de su hogar con el auto descompuesto, a pesar de haberlo revisado antes de viajar. Ana empeoró una situación de por sí difícil culpando a su hermano por no acompañarla. Olvidó que los accidentes y las averías suceden en cualquier momento, y que hacer revisar el auto no garantiza que seguirá funcionando. Pensemos que Ana perdona al auto, a su hermano y simplemente disfruta la experiencia lo mejor que se puede. ¡Es la oportunidad ideal para practicar el perdón!

Clark estaba a punto de subir a un avión en Denver para ir a visitar a su novia en Los Angeles. Debía llegar el viernes a las seis de la tarde. Él y Colette habían sido novios durante ocho meses y Clark la visitaba frecuentemente. Llegó al aeropuerto de Denver y tomó un avión que estaba retrasado y que salía dos horas antes que su vuelo regular. Clark llegó a la casa de Colette a las cuatro de la tarde en lugar de llegar a las seis. Intentó llamarla desde el aeropuerto, pero el tono sonaba ocupado.

Colette no estaba del todo alegre al verlo y se sorprendió de que hubiese llegado temprano. Ella trabajaba en la casa y no había terminado aún. Clark se sintió lastimado y lo primero que pensó fue que no valía la pena tomarse el trabajo de ir a verla. Colette se sintió culpable y se molestó con Clark por importunar su trabajo, pues era de esas personas que dedican toda su atención a trabajar.

Colette se vio entre la espada y la pared. Tenía que trabajar y cumplir con la fecha de entrega, pero también quería ver a su novio. Sabía que Clark le exigía atención, y ése fue uno de los motivos por los cuales le pidió que llegara a las seis. Necesitaba tiempo para terminar, darse un baño y reposar unos instantes antes de su llegada. Clark no buscaba lastimarla al tomar el otro avión. Sencillamente se le presentó la oportunidad de hacerlo. Esa inocente acción generó malos sentimientos en ambos, todo por una cosa sin importancia y dos personas que no sabían perdonar.

El cuarto paso para perdonar significa tomar la oportunidad para perdonar cuando se pueda. Entendemos que lastimarse es algo común y buscamos estar en paz. Tratamos de ofrecerle a los demás el beneficio de la duda. No es que no veamos las cosas, sino que nos convertimos en personas que entienden el poder de perdonar y la tendencia de las personas a lastimarse.

Entendemos que cada persona ve el mundo diferente, como también las limitaciones de nuestros puntos de vista. Entendemos que todos deseamos cosas diferentes porque hemos vivido experiencias diferentes. La forma como enseño esto es recordando que cada uno está mirando su propia película. Somos los protagonistas y existe una cantidad infinita de guiones. Su película se basa en el pasado y en sus experiencias, sueños y deseos.

Me gusta pensar que el mundo es como los sitios que tienen salas múltiples de cine donde se presentan muchas películas. Algunas personas ven las de terror, mientras que otras prefieren las historias de amor. Si Juan terminó de ver dos películas del Oeste, tendría dificultad al entablar conversación con Jennie, que vio la trilogía de la *Guerra de las galaxias*. Éste es un ejemplo sobre cómo luchamos con las personas que no vieron las mismas películas que nosotros.

Darlene estaba furiosa con su novio por haberla abandonado. La película *La traición* permaneció mucho tiempo en su cartelera. Cada vez que la veía terminaba odiando al otro protagonista: su novio. Infortunadamente, él no estaba viendo *La traición* sino *Historia de amor*. La había abandonado por el amor de otra mujer y disfrutaba una y otra vez la repetición de su película, sin saber siquiera que *La traición* estaba en cartelera en la sala de cine de Darlene.

He sugerido que la gente debe perdonar a los demás por estar viendo otras películas. Le he preguntado a personas como Darlene qué película les gustaría ver 400 veces, ¿*La traición* o *Historia de amor*? Si su novio está disfrutando su película, no va a entrar a la sala de cine donde se proyecta la otra. En la cuarta etapa, usted espera que las personas estén viendo diferentes películas. En lugar de estar molesto, usted concentra su atención en aquellas personas que se sientan a su lado y les ofrece compartir las palomitas de maíz.

Adicionalmente, queremos hablar con las personas que han visto las diferentes películas. Podemos hacer el esfuerzo de escuchar bien la trama de su película; generalmente queremos que escuchen la historia de la nuestra. Frecuentemente criticamos a las personas por entrar a una sala diferente. Sin embargo, si vivimos una relación, no solamente necesitamos conocer la trama sino tener el resumen. Así les demostramos que nos importa y se evitan los rencores.

Amanda y Joe llevaban 25 años de matrimonio. Joe pensaba bajar el ritmo y trabajar un poco menos. Amanda crió a los niños y estaba aburrida de trabajar medio tiempo en un puesto mal remunerado. A los 50 años de edad, cada cual veía películas totalmente distintas. La de Joe era una película de viajes que los llevaba de vacaciones a Hawaii por un período largo de tiempo. Amanda quería un trabajo exigente de tiempo completo, con posibilidad de ganar buen dinero. Su película se llama *Chica trabajadora*. Sin embargo, ninguno perdonaba al otro. Los dos se quejaban de sentirse incomprendidos y lastimados, y dudaban de que pudieran salvar el matrimonio.

Perdonando aprendieron a entender que podían estar en diferentes etapas de desarrollo. Aprendieron a preguntarse si estaban mirando la misma película y, si no, a pedirle a su pareja que se la contara. Perdonando se dieron cuenta de que sus intenciones positivas eran muy parecidas. Sin embargo, también entendieron que tendrían que esperar para lograr todo lo que querían. Como primer paso, Amanda y Joe decidieron hacer un largo viaje y luego intercambiar papeles de vida. Joe trabajó medio tiempo mientras que Amanda volvió a su profesión abandonada hacía tiempo. Estuvieron de acuerdo en evaluar anualmente su decisión, con el entendimiento de que era necesario conservar el matrimonio.

La cuarta etapa para perdonar es la señal de que conocemos el poder que tenemos sobre nuestros sentimientos y de la inevitabilidad de los conflictos. No todas las personas se encuentran en la misma etapa para perdonar. Sentimos tanto amor por algunas que fácilmente llegamos a la cuarta etapa con el corazón abierto, listo para perdonar. Muchos sentimos esto hacia nuestros hijos o pareja. Perdonarlos no significa que aprobemos todo lo que hacen. Significa que reconocemos nuestro dolor, pero no por ello hacemos de nuestra esposa o hijo un enemigo. Tenemos una reserva de amor que nos facilita acceder al perdón. Perdonar nos permite despojarnos de la ofensa y trabajar unidos para solucionar un problema.

Hay personas que nos lastimaron en el pasado pero no tenemos una reserva de buena voluntad que nos sirva de apoyo. Uno puede permanecer atrapado durante años por esas personas. El pozo de bondad está seco y pensamos que no existe ninguna posibilidad de abrirles el corazón. Escribí este libro para que usted pueda perdonar a esas personas. Ahora tiene las herramientas necesarias para perdonar y seguir su camino. Recuerde que siempre tenemos la opción de perdonar a cualquier persona. En la segunda etapa, usted optó por perdonar una vez para así sufrir menos. En la tercera lo hizo diariamente. Pero en la cuarta, usted se volvió una persona indulgente y su decisión ya está tomada. Se opta por perdonar en todas las etapas para sentir más paz y sanación.

Cuando comencé mi primer experimento para perdonar hace cinco años, me fijé dos metas: Primero, enseñar cómo perdonar a quienes nos lastiman, y segundo, perdonar para sanar heridas y evitar problemas. Aprendí que mis clientes, amigos y familiares a veces pensaban perdonar sus grandes heridas, pero lo pensaban muy tarde. Hablaban sobre lo difícil que fue perdonar. Nunca habían ensayado hacerlo, y por eso sus "músculos" del perdón estaban flácidos.

Me interesaba un entrenamiento capaz de sanar los dolores grandes y los pequeños. Quería enseñarle a la gente a volverse más indulgente, no solamente a perdonar a alguien específico. Lo mismo deseo para usted. Ensaye lo que le enseñé y fíjese en el poder que tiene ahora para vivir en paz y armonía. Quiero que practique el perdón para que esté listo cuando lo necesite. Deseo que usted sea una persona indulgente para que rara vez se sienta ofendido.

Este libro le enseña cómo cambiar el dolor y las reacciones de rabia, para que los sinsabores de la vida no lo dejen sintiéndose molesto tanto tiempo. Si espera que a veces algunas cosas salgan mal pero está preparado para perdonar, usted ya es una persona más fuerte. A medida que perdona, comienza a contar una historia comprensiva de heroísmo y de serenidad frente a la realidad.

Samantha perdonó a su esposo por estrellar el automóvil contra un árbol. Venían discutiendo, gritándose el uno al otro, cuando perdió el control del vehículo. Estaba disgustada con él por su infidelidad y su incapacidad de conservar el empleo. Puesto que lo perdonó por el accidente, por el dolor crónico y por las cuentas médicas siguientes, Samantha aprendió que podía perdonar cualquier cosa. Más aun, si ella podía perdonar cualquier cosa, ¿para qué tomarse el trabajo de guardar rencores y vivir molesta? Ésta es la cuarta etapa del perdón en plena actividad. Es el poder total del perdón.

Si usted piensa que le estoy pidiendo volverse pasivo y que perdone a todo el mundo porque todos somos humanos, terminaré este capítulo con una moraleja. Es una moraleja para recordarle que debe cuidar bien de sí mismo. Aun cuando perdone a los demás, siempre tendrá que entenderse con personas y situaciones difíciles:

Hace mucho tiempo, vivía un santo cerca a una aldea. Caminaba por las lomas cuando un día se topó a una serpiente de cascabel en la maleza. El animal se abalanzó, colmillos al aire, contra el santo varón. Él le sonrió y la serpiente se detuvo ante tal muestra de amor y bondad. Entonces, hablándole a la cascabel, le pidió que dejara de morder a los niños de la aldea. Así, dijo, causaría menos daño y la apreciarían más.

Puesto que el santo irradiaba tanto poder, la serpiente accedió a detener sus ataques. A la semana siguiente, el santo caminaba por el mismo lugar cuando vio a la serpiente en el piso, bañada en su propia sangre. La serpiente sacó el último aliento para reprenderlo: "Mira lo que me sucedió por seguir tus consejos. Soy una piltrafa. Esto me pasa por tratar de ser amable y no morder, y ahora todos quieren lastimarme". El santo miró a la serpiente y sonriendo le repuso: "Jamás te dije que no sisearas".

CAPÍTULO 15

Perdonarse a sí mismo

Es mejor cambiar el trato hacia la persona que lastimaste que pedir su perdón.

ELBERT HUBBARD

En mis proyectos de investigación para perdonar, le enseñé a la gente a perdonar a quienes los habían lastimado. Bien se tratara de estudiantes universitarios, trabajadores de edad madura o católicos y protestantes de Irlanda del Norte, cada uno vino para aprender a perdonar a alguien. Ya he explicado el cómo y el por qué de su éxito. Además de mis investigaciones, hace tres años comencé a ofrecer clases públicas, abiertas a todos los miembros de la comunidad deseosos de aprender mi método para perdonar. En ellas también concentré la atención en perdonar a otra persona.

Una de las cosas que observé es que cierto número de personas querían aprender a perdonarse a sí mismas. Alzaban tímidamente la mano para formular dudosos alguna pregunta sobre perdonarse a uno mismo. Decían cosas como por ejemplo, "es difícil perdonar a mi (madre, amigo, socio, novio, esposo, etc), pero más aun lo es perdonarme a mí mismo. ¿Sus métodos funcionan para autoperdonarse?"

No pude responder a esa pregunta durante un buen tiempo. Al oír hablar a la gente me di cuenta de que había variedad de situaciones en las que las personas necesitan perdonarse a sí mismas. Escuché el tipo de molestias con las cuales se enfrentan, y me di cuenta de que querían perdonar las cosas que le habían hecho a otras personas y a sí mismas. El tema central de todas las historias es que su propio comportamiento era, de alguna manera, incorrecto e inaceptable, y no se podía perdonar.

Muy pronto fue evidente que en el proceso de aprender a perdonar está implícito entender cómo manejamos la forma en que reaccionamos al ser heridos. Entender que estar de mal humor y crear una historia de rencor no es el mejor camino para deshacerse de disgustos y frustraciones es, esencialmente, una forma de autoperdonarse. Para perdonar a los demás, primero hay que decantar cómo y por qué reaccionamos de esa manera, y qué podemos hacer para garantizar que no se repita el mismo comportamiento en el futuro. Autoperdonarse es uno de los aspectos positivos del proceso de perdonar y una destreza necesaria para aprender a sobreponerse al disgusto con nosotros mismos. En lo que resta del capítulo le enseñaré cómo usar los métodos del perdón para perdonarse a usted mismo para siempre.

Cuatro categorías para perdonarse a sí mismo

Luego de escuchar las múltiples formas en que la gente se molesta consigo misma, las he organizado en cuatro categorías. La primera categoría incluye personas que se molestan consigo mismas por fracasar en alguna tarea fundamental de la vida. Estas tareas pueden ser de desarrollo, como por ejemplo graduarse de la universidad; o sociales, como contraer matrimonio y tener hijos. Al menos parcialmente, esas personas se sentían fracasadas en la vida. La segunda categoría incluye personas molestas consigo mismas por no actuar decididamente en el momento indicado, bien fuese para ayudar a otra persona o a sí mismas. La tercera categoría incluye personas molestas por haber lastimado a otro. Generalmente eran personas que habían engañado a un novio o esposo, que fueron malos padres o se comportaron mal en los negocios. La cuarta categoría estaba repleta de personas molestas consigo mismas por actos autodestructivos, como por el abuso de alcohol o la falta de voluntad para trabajar.

Las anteriores categorías nos dan una idea de la manera más común en que la gente se molesta consigo misma y no son mutuamente excluyentes. Esto significa que una persona puede molestarse por su alcoholismo y cómo eso la llevó a lastimar a otra. O tal vez se está molesto consigo mismo por la incapacidad de mantener una relación sana y la manera como esto afectó la toma de una decisión importante.

Terri era una mujer de casi cincuenta años, cuyo problema de perdonarse a sí misma fue causado por la forma como llegó a una difícil situación financiera. Estaba molesta consigo misma por fracasar en una meta importante de su vida. Literalmente se aborrecía por las decisiones financieras que tomó siendo adulta. Terri trabajó muchos años como maestra de un preescolar. Amaba su trabajo, quería a los niños, y sentía que estaba contribuyendo al mundo con su labor. Su esposo le criticó varias veces durante el matrimonio su decisión profesional en términos de oportunidades financieras. Las discusiones terminaban porque Terri no estaba dispuesta a abandonar la profesión que tanto amaba.

Estuvo casada con Stan durante 15 años y tuvieron dos niños. Stan murió luego de una prolongada enfermedad dejando a la familia con problemas económicos. Terri nunca sintió la necesidad de producir mucho dinero y siempre asumió que él tendría suficiente. Al morir su esposo, la profesión de maestra no le aportaba el ingreso necesario para ella y los niños. Su caso era uno de profundo rencor contra sí misma por no preveer sus necesidades futuras.

Ned nunca pensó que fuese necesario proteger a su esposa de su padre, y por eso lo ubicamos en la segunda categoría. El padre y la esposa de Ned se odiaban. Habían estado casados durante 9 años, tiempo durante el cual su suegro la insultaba cada vez que la veía. Él le decía frecuentemente a Ned que se había casado con la mujer equivocada, y por razones que no sabemos, Ned permitió que le hablara así.

Nora intercambiaba insultos regularmente con su suegro, diciéndole a Ned lo mucho que detestaba a su padre. Él estaba aburrido de los insultos y tampoco le agradaba la manera como

Nora le respondía, pero sabía que si su padre dejaba de atacarla, Nora también lo haría. Ned estaba hasta la coronilla del comportamiento de su padre, pero también amargamente desilusionado de su propia incapacidad para confrontarlo y detenerlo. Cuando lo conocí, Ned me dijo que podía perdonar a su padre por ser tan idiota, pero no podía perdonarse a sí mismo por no defender a su esposa.

Donna es una mujer que tenía problemas perdonándose a sí misma por hacer algo que lastimó a otra persona, y por eso pertenece a la tercera categoría. Terminó con un matrimonio de 17 años por su infidelidad con un amigo de su ex marido. Su matrimonio andaba mal desde hacía varios años. No habían tenido relaciones sexuales durante los últimos dos años, y antes de eso su actividad sexual fue letárgica y ocasional.

Su esposo apenas la determinaba. Jeff, un emprendedor hombre de negocios, trabajaba todo el tiempo y ganaba mucho dinero. Amaba su trabajo y permanecía en la oficina hasta bien entrada la noche. También viajaba bastante, dejando a Donna sola noche tras noche. Ella ya entraba a la madurez, y luchaba con el paso de los años y con la realidad de que sus dos hijos adolescentes estaban a punto de partir.

Confundida y dolida, Donna empezó una relación con un amigo de la familia cuya esposa había fallecido de cáncer. Los amoríos sólo duraron tres meses, pero la pasión que sintió contrastaba con los sentimientos por su esposo, lo que llevó al final de su matrimonio. Donna terminó simultáneamente con ambas relaciones. Su esposo se mudó de la casa y los niños pasaban algunos fines de semana con él.

Ella salió con amigos algunas veces, pero dejó de hacerlo al darse cuenta de que vivía atormentada por la culpa. Se sintió culpable por la infidelidad, y también por acabar con el matrimonio. La misma relación la hizo sentirse culpable por lastimar a los niños. Donna pensó que su aventura amorosa había sido la causa de la terminación de su matrimonio. Especialmente se lamentó por no acudir a una consejería con su esposo. La culpa por su infidelidad la inutilizó, a pesar de que existieron otras causas para el rompimiento matrimonial.

Erica es una mujer que a los 31 años de edad decidió limpiar su vida. Su mamá había fallecido y ella no quería terminar la vida de la misma manera. Encontró que cambiar su comportamiento y perdonarse a sí misma era más difícil de lo que había pensado.

La mamá de Erica era madre soltera. Nunca tuvo un empleo estable ni una relación duradera. Amaba a su hija y siempre la trataba con tanto afecto como le era posible. Sin embargo, tenía problemas con el alcohol y nunca desarrolló la destreza requerida para conseguir un empleo permanente. A los 15 años de edad Erica ya consumía marihuana en gran cantidad. También bebía todos los fines de semana y mantenía relaciones sexuales pasajeras con muchos hombres. A los 31 años de edad se dio cuenta de que si no cambiaba su estilo de vida, terminaría como su madre. Uno de los factores que le dificultaban cambiar era su incapacidad para perdonarse a sí misma por su actitud autodestructiva.

Al principio yo no sabía qué decir cuando escuchaba esta preocupación de perdonarse a sí mismo. Mis investigaciones demostraban que mi método para perdonar funcionaba con las relaciones interpersonales, pero no había adelantado investigaciones sobre el perdón propio; y, curiosamente, nadie más lo había hecho. Perdonarse a sí mismo era un aspecto al que la ciencia no había llegado aún. No estaba seguro de cómo ayudar a estas personas y se los dije. Naturalmente, mi respuesta no me satisfizo. Sabía que faltaba algo, pero no sabía lo que tenía que hacer.

Luego de pensar varios meses en el perdón propio, vi que mis enseñanzas podían usarse para perdonarse a uno mismo con algunas modificaciones. Me di cuenta de que el proceso de guardar rencores es el mismo, y que todos nacen de una respuesta negativa por no obtener lo que se quiere. También vi que la TREP es una forma poderosa para cambiar los sentimientos, propios o ajenos. Me di cuenta de que, en ambos casos, las reglas que no se pueden hacer cumplir juegan un papel fundamental en la creación de los rencores; y que el método SANAR funcionaría para perdonarse a sí mismo como también para perdonar a los demás. Vi que sintonizar otros canales era valioso para perdonarse a sí mismo.

Cuando empecé a explorar el perdonarse a uno mismo, vi lo corriente que es para la gente no saber cómo perdonarse. Escuchando a los participantes de mis clases, entendí la importancia de poder autoperdonarse. Muchas personas quedan atrapadas por su propia culpa y vergüenza por acciones del pasado, y tantas otras quedan paralizadas por no perdonarse a sí mismas por sus diferentes fracasos. Varias personas me dijeron que tenían más trabajo perdonándose a sí mismas que perdonando a los demás.

Aprendí que perdonarse a sí mismo es, muchas veces, uno de los aspectos del perdón interpersonal. Sarah estaba disgustada consigo misma por permitir que su marido destruyera su vida. Dana igual, por no darse cuenta de las señales que le decían que no habría ascenso y, de acuerdo con sus palabras, por aceptar trabajo en la compañía equivocada. Darlene sintió que su novio la dejó por no ser lo suficientemente sensual.

Así llegué a darme cuenta de un hecho interesante sobre el perdón hacía uno mismo. Analizándolo desde cierta perspectiva, tenemos más poder sobre nuestros actos que sobre los actos de los demás. Perdonar a otros es difícil porque no podemos cambiar la forma como ellos actúan. La vulnerabilidad que ocasiona el control limitado se encuentra fundamentada en las reglas que no se pueden hacer cumplir. Queremos que los demás nos traten de cierta forma, pero infortunadamente lo hacen como ellos quieren.

Darlene quiere que su esposo la ame, pero le es infiel. María quiere que su madre le ayude con los niños, pero en lugar de eso regresa ebria a la casa. Jonathan quiere que sus vecinos tengan reuniones silenciosas, pero termina llamando a la policía cada vez que hay una fiesta. Lorraine quiere que su hijo sobresalga en la escuela, pero él se retira de la secundaria al cumplir 17 años. Ninguno puede controlar los actos de los demás. No importa el esfuerzo, no podrán cambiar a quien no quiere cambiar.

El punto fundamental es que tenemos más control sobre nuestros actos que sobre los actos de los demás. Siempre podemos aprender formas nuevas de hacer cosas viejas. Tenemos la libertad de experimentar diferentes maneras de actuar hasta hallar la que sirve. Podemos hablar con personas que han tenido éxito y averiguar cómo hacen lo que hacen. Podemos cambiar nuestro comportamiento de muchas formas.

Por consiguiente, autoperdonarse es una herramienta poderosa para aprender a volverse una persona indulgente. Todos tomamos malas decisiones en la vida, cometemos errores y actuamos con base en información pobre. Aprender a perdonarse a sí mismo ayuda mucho cuando llega el momento de perdonar a otros. Practicando los métodos para perdonar que aparecen en este libro se pueden aprender las herramientas para perdonarse a sí mismo y a los demás. Ambos son cruciales para volverse una persona indulgente.

Perdonarse a sí mismo

Nos perdonamos a nosotros mismos cuando entendemos que no tenemos el control absoluto sobre nuestras acciones. Nadie es perfecto. Todos cometemos errores. Todos tomamos decisiones equivocadas y actuamos con base en información pobre. Ser humano significa que usted y yo fallamos en algunas cosas y por eso otros serán lastimados. La necesidad de ser perfecto es una regla que no se puede hacer cumplir. No querer lastimar a los demás alguna vez es otra. La obsesión por el éxito también lo es. Los humanos podemos perdonarnos a nosotros mismos si no olvidamos que contamos con recursos a nuestra disposición para mejorar y ayudar a los demás.

Los hábitos son la gran barrera para ambos tipos de perdón y para establecer nuevos comportamientos. Todos tenemos hábitos difíciles de cambiar. Ned es un buen ejemplo. Cada vez que su padre lo insultaba a él o a su esposa, Ned se quedaba callado. Le daba miedo responder y luego se odiaba a sí mismo por dejar que su padre se saliera con la suya con su mal comportamiento. Su incapacidad para perdonarse a sí mismo afectó su capacidad de sentirse seguro.

De cierta manera, para Ned podría ser más fácil perdonarse a sí mismo que perdonar a su padre. Tiene la posibilidad de cambiar el comportamiento que no le gusta, pero no tiene ese mismo poder sobre su padre. Solamente tiene que decidir actuar diferente. Su padre lo maltrató cuando pequeño y ahora lo hacía con Nora, pero Ned nunca respondió a sus injurias. Ahora, 35 años más tarde, Ned aprendió por fin a hablarle decididamente a su padre. Parte de su camino hacia perdonar consistió en aprender a contestarle cada vez que traspasaba sus límites.

La segunda ventaja de practicar el perdón hacia sí mismo es que uno puede corregir sus acciones. Cuando hay que perdonar a otra persona, no hay ninguna garantía de que ella se disculpe o le importe. Luego de su aventura amorosa, Donna le pidió disculpas a su marido varias veces. Además le recalcaba que estaba de acuerdo en su actitud como padre. Ned también se disculpó con Nora y aprendió a ponerse de su lado cada vez que se quejaba de su padre.

Para reparar los daños, buscamos formas de ser amables con aquellos a quienes hemos lastimado. Erica tomó un programa de doce pasos y disfrutó especialmente aquellos en los que se resaltaba la expiación. En los casos en los cuales las personas que hemos lastimado han muerto o se encuentran lejos, se puede ser amable simbólicamente con otra persona. Usted puede trabajar en un hospital para ancianos si sus propios padres ya han fallecido, o hacer tutorías en una escuela para reparar los golpes dados a sus hijos que ya han crecido. Puede regalar dinero a la beneficencia para programas de ayuda.

Como mínimo, todos podemos comenzar ofreciendo una disculpa sincera por el mal comportamiento. Si la persona lastimada es uno mismo, podemos aprender a hablar amablemente de nosotros mismos. Se pueden resaltar los puntos buenos y fuertes. También podemos premiar nuestros cambios positivos y perdonar nuestras fallas.

Luego de analizar por un buen tiempo el perdón hacia uno mismo, introduje estas ideas en una clase avanzada. En ella examiné cómo usar mis métodos para perdonarse a uno mismo. La clase fue solamente para aquellas personas que ya habían tomado una de mis clases para perdonar en las relaciones interpersonales. Mostré cómo aplicar los métodos para el perdón propio con un grupo de personas que ya sabían perdonar a los demás. Les enseño a perdonarse a sí mismos a las personas que ya conocen mi preparación. Por consiguiente, sugiero que usted ensaye estos métodos en su relación con otras personas. Cuando logre cierto nivel de éxito, entonces use el proceso para perdonarse a sí mismo.

Ello no significa que perdonarse a sí mismo sea radicalmente distinto al perdón interpersonal. Uno de los grandes beneficios de mi trabajo de investigación es tratar de entender que perdonar una ofensa no es diferente a perdonar cualquier otra. De muchas maneras el perdón propio sigue el mismo proceso que el perdón interpersonal. La meta suprema al perdonar —sentir paz— es la misma. Queremos ser capaces de aceptar nuestras fallas y corregirlas. No hay para qué sufrir indefinidamente. Podemos perdonarnos nosotros mismos por fallar, realizando los cambios necesarios y seguir adelante para ir acorde con nuestra intención positiva.

Ned y Donna me demostraron que el prolongado rencor contra uno mismo duele tanto, o más, que el rencor que se guarda contra los demás. Ned podrá pensar que debió detener los insultos de su padre hace mucho tiempo, pero lo cierto es que no pudo hacerlo hasta estar preparado. Igualmente claro es que la permanente frustración de Ned consigo mismo no lo dejaba tomar acciones constructivas. Erica puede odiar la forma en que vivió parte de su vida, pero sólo logró cambiarla cuando recibió la preparación necesaria y acumuló suficiente motivación para hacerlo. Necesitaba el cuidado propio que se obtiene de las lecciones para perdonar.

De cierta forma, Terri se enfrentaba con una lucha más grave. No había hecho nada malo; solamente planificó mal su futuro financiero. Tenía un trabajo que no le representaba suficiente ingreso, y su vida cambió dramáticamente al morir su esposo.

Tuvo que enfrentarse a la difícil tarea de aprender otras destrezas laborales y abandonar el trabajo que tanto amaba. Todos fueron cambios difíciles, y al principio se autoflageló por meterse en esa situación. Terri necesitaba perdonarse a sí misma.

Los tres componentes del perdón interpersonal pueden usarse de manera parecida para perdonarse a sí mismo. Éstos son:

1. No tomar las cosas personalmente.
2. Responsabilizarse de los sentimientos propios.
3. Contar una historia de intención positiva.

En el primer capítulo mostré cómo tomar las cosas personalmente da inicio al proceso de crear rencores. Donna tuvo una aventura amorosa. Erica consumía muchas drogas. Ned no confrontó a su padre. Terri se quedó en el trabajo equivocado. El perdón comienza al darnos cuenta de que no estamos solos en lo que hicimos mal. Recordemos que todos los errores que hayamos cometido también los han cometido otras personas miles de veces. Usted no ha forjado ningún nuevo mal ni creado un nuevo fracaso. Lo que hizo fue reaccionar de una manera común y corriente ante un problema humano. A pesar de que tal vez haya actuado mal o con falta de destreza, eso quedó en el pasado. Perdonando podemos aprender mejores formas de actuar.

Podemos aprender a tomar las cosas menos personalmente entendiendo que somos humanos y nos equivocamos. Cada uno tiene el potencial para ser poco considerado o para fracasar en ciertas cosas. Nadie es inmune a ello. Cada error es corriente y ha sido cometido antes. Podemos perdonar, aprender y crecer en lugar de darnos golpes y quedarnos atrapados. La vergüenza, el desconcierto y la culpa son emociones que no ayudan a nuestro crecimiento. Es fácil perdonar cuando entendemos que todos cometemos errores.

El segundo componente para perdonarse a sí mismo llega cuando las personas dejan de culpar a las acciones pasadas de sus sentimientos actuales. Ned se flagelaba constantemente por no confrontar a su padre. Terri se maldecía por no ver el futuro con claridad y por quedarse en un trabajo que no pagaba bien. Donna se paralizó porque tuvo una aventura amorosa. Erica se odiaba por actuar como su madre. Cada una de estas personas se convirtió en víctima de sus acciones y de la forma como reaccionaron ante lo que hicieron.

Le enseñé la TREP a cada una y pedí que practicaran de la misma manera como si guardaran rencor contra sus padres o pareja. Le enseñé a cada una de estas personas a crear reglas que sí se pueden hacer cumplir de la misma manera como si el rencor fuese contra el vecino o el jefe. Les dije que podían perdonarse a sí mismos y sentir paz de nuevo.

Mi meta era ayudar a Donna, Ned, Terri y Erica a responsabilizarse de sus sentimientos. Me dolía verlos heridos por acciones pasadas y quise ayudarlos a sentir más paz para que así le arrendaran al rencor menos campo en la cabeza. Mi meta no era ayudarles a ignorar sus errores o aprobar sus actos, sino más bien enseñarles a perdonarse a sí mismos para que pudieran aprender y poner en práctica mejores formas de actuar.

El tercer componente para perdonarse a sí mismo viene cuando cambiamos la historia de rencor en una historia de perdón conectándonos con nuestra intención positiva. Podemos hacerlo bien sea que estemos molestos con nosotros mismos o con nuestro mejor amigo. La historia de rencor se concentra en la ofensa y en lo mal que nos sentimos por ella. Le arrendamos demasiado espacio en la cabeza cuando nos repetimos y contamos a los demás las cosas malas que sucedieron y nuestra incapacidad para afrontarlas.

Aun cuando Ned era un hombre de negocios de éxito y tenía un matrimonio estable, se veía como un fracasado porque era incapaz de confrontar a su padre. Por esa razón tenía una turbia imagen de sí mismo. Si recibía algún halago, lo tomaba como chiste. Pensaba que si esa persona supiese lo pusilánime que era, nunca le haría un cumplido. La aventura de Donna dominaba su diálogo mental tiempo después de haberla terminado. Se culpaba de terminar su matrimonio, roto desde hacía tiempos, y se refería a sí misma como una persona mala y no como una mujer que, bajo la tensión del momento, tomó una mala decisión.

Terri estaba deprimida por la pérdida de su esposo, de su trabajo y por sentirse fracasada. Perder el esposo y el trabajo ya era suficiente, pero agravó la situación culpándose. Pensaba que la muerte estaba fuera de su control, pero no así un trabajo mejor remunerado. Terri estaba en lo cierto, excepto por un gran error: Nada puede cambiarse del pasado. Solamente el presente está bajo nuestro control. Sólo puede cambiarse el presente.

Luego de morir su madre, Erica se miró al espejo y no le gustó lo que vio. Era una fracasada —una mujer dependiente de las drogas, sin suerte en el amor. Al culparse, dejaba escapar el efecto que tuvo en ella el cariño maternal cuando niña. Peor aun, estaba perdiendo la parte de sí que clamaba por un cambio.

Estas cuatro personas querían cambiar su vida. Todas sabían que tenían que hacer algo para mejorarla. Infortunadamente, crearon más dolor contando su historia de rencor que lamentando su pérdida y haciendo los cambios que necesitaban. Todos lograron perdonarse a sí mismos en buena medida porque cambiaron sus historias de rencor para reflejar sus intenciones positivas.

Terri, Erica, Donna y Ned lograron cambiar sus historias de rencor en nuevas historias que reflejaban esperanza e intenciones positivas. Para Terri, la intención positiva es cuidar bien a sus hijos. Ella descubrió que esta meta de amor se escondía detrás de su frustración y de la sensación de fracaso. Sobre todo estaba molesta consigo misma por poner en riesgo a sus propios hijos. Cuando volvió a la escuela a estudiar tecnología de computadores se acordaba del amor que sentía por sus niños y esto fue lo que la sacó adelante.

Erica cayó en la cuenta de que la parte cariñosa de su ser quería rescatarla de aquella vida difícil. La muerte de su madre hizo que el deseo se convirtiera en acción. Cambió su historia de rencor para que reflejara ese elemento de amor, concentrándose en sueños y metas futuras y no en su doloroso pasado.

La intención positiva de Donna era entablar una relación

estable y duradera. No quería renunciar al matrimonio sólo porque el primero terminó mal. Entendió que tenía que aprender a comunicarse mejor para evitar de nuevo los problemas que tuvo con Jeff. Vio que no había sido lo suficientemente decidida con Jeff y que se había engañado pensando que las cosas mejorarían como por arte de magia.

Luego de su divorcio, Donna decidió que esperaría antes de establecer otra relación. Vio con desazón que era capaz de acciones indebidas, como ser infiel. Entonces tomó la decisión de desarrollar otros aspectos de su personalidad con un terapeuta. Quería aprender sobre sí misma y así crecer con la esperanza de formar una relación más sólida con otro hombre.

La intención positiva de Ned fue hacer lo que estuviese a su alcance para apoyar y hacer respetar su matrimonio. Eso quería decir que estaría de parte de Nora y no de su padre. Evaluaría el éxito de su comportamiento no por el efecto sobre él o su padre, sino por la calidad del matrimonio. Al hacer esto Nora se convirtió en su aliada, brindándole guía y apoyo. Aprendió que al arrendarle tanto campo a su padre, no dejaba suficiente para Nora. Guiado por su intención positiva, las reacciones de su padre le fueron cada vez menos importantes. El apoyo de Nora fue fundamental, y juntos aprendieron a hablarle decididamente al padre.

Perdónese a sí mismo con el método SANAR

He detallado los tres componentes de mi entrenamiento para perdonar en una guía sencilla de práctica imaginaria llamada el método SANAR. Éste se explica completamente en los capítulos 12 y 13. Usted puede usar SANAR con unos pocos cambios para perdonarse a sí mismo.

Cuando se hace una declaración de esperanza, estamos diciendo que hubiéramos deseado comportarnos de tal o cual manera. Deseaba ser buen esposo, ganar dinero, lograr un ascenso, ser un buen padre, mantener la seguridad de sus seres amados o tratar a las personas con sinceridad y respeto. Ned quería una relación cariñosa con Nora, inclusive frente a la provocación de un familiar conflictivo. Quería protegerla de los insultos de su padre. Su declaración de esperanza empezaba con la palabra *Yo* y estaba concentrada en su meta específica: "Quiero confrontar a mi padre cada vez que critique a mi esposa". La declaración de esperanza de Donna era: "Deseo terminar mi relación con Jeff de la mejor forma, respetando su dignidad y la mía". Ambas declaraciones son positivas, personales y específicas.

En una declaración de enseñanza, nos educamos para aceptar la probabilidad de que las cosas no funcionen como hubiésemos querido. La declaración de enseñanza de Erica dice: "Deseaba estar sobria y ser una persona competente al cumplir 31 años". Erica hace un compromiso de cambiar, hace el esfuerzo y espera los resultados. Hace todo lo posible por recuperar su vida, aun cuando todavía puede sentir desesperación y necesidad por las drogas. Las drogas no significan que sea una fracasada. Significan que es un ser humano. Piensa que muchas personas dan dos pasos adelante y uno hacia atrás. La declaración de enseñanza de Donna podría reflejar las limitaciones inherentes a las relaciones humanas. Deseaba la terminación digna de su matrimonio, pero entiende que no siempre habrá finales perfectos. Su declaración de enseñanza es: "Entiendo y acepto que muchas relaciones, inclusive las más bien intencionadas, terminan con dolor".

Cuando formule su declaración de enseñanza, recuerde que consiste en dos partes. La primera es la declaración general que reconoce que todo deseo viene acompañado de una probabilidad de fracaso. Ejemplos de esto son: sólo puedo dar lo mejor de mí; muchas buenas aventuras amorosas terminan mal; frecuentemente los padres tienen dificultad para demostrar su amor debidamente; la gente se desilusiona frecuentemente del comportamiento de los demás; no voy a responder al amor que se me ofrece de la misma manera. La segunda parte de su declaración de enseñanza confirma que entiende y acepta la incertidumbre.

Quiero hacer énfasis en un punto. Formular una declaración de enseñanza no significa que acepte sus actos dolorosos. Uno no puede reprochar menos su propia aventura amorosa que la de su esposa. Se puede estar en desacuerdo con lo hecho y trabajar duramente para cambiar tal comportamiento. Se puede estar en desacuerdo y trabajar duramente para corregir sus errores. Se puede pedir disculpas y desear que lo perdonen. Lo que está diciendo con su declaración de enseñanza es que acepta que infligir y sentir dolor son algo normal en el ser humano.

El siguiente paso en el método SANAR significa que usted reafirma su intención positiva. Para desarrollar el perdón hacia uno mismo, una intención positiva muy útil es el deseo de sentir más felicidad. Puede aprender a hablar de sus errores o malas decisiones como intentos fallidos de hallar la felicidad. Luego describe su intención positiva como la forma de aprender nuevas maneras de ser feliz.

Frecuentemente la gente se flagela por los errores que ha cometido. Erica vivía inmersa en sus errores y se concentraba en su adicción. Finalmente vio que tomaba drogas para tratar de ser feliz. La felicidad era una buena meta para Erica, pero había usado métodos poco recomendables para alcanzarla. Su historia de intención positiva decía que las drogas son el camino equivocado para alcanzar la felicidad. Confirmó que su propia felicidad era importante y que ensayaría formas más productivas para sentirse mejor. Su declaración de reafirmación fue: "Me comprometo a practicar formas duraderas y adecuadas para sentirme feliz".

El último paso del método es el compromiso a largo plazo. Cada declaración a largo plazo incluye lo siguiente: "Hago el compromiso a largo plazo de seguir mi intención positiva y usar el método SANAR". Tal vez pensará que para manifestar su intención positiva es necesario aprender nuevas destrezas. Si se quiere, la declaración a largo plazo puede incluir lo siguiente: "Hago el compromiso a largo plazo de aprender las destrezas que sean necesarias para prosperar".

Para perdonarse a sí mismo, la declaración a largo plazo también puede incluir su compromiso de rectificarse con las personas a quienes lastimó. Donna pensaba en lo mucho que deseaba tratar a Jeff con cariño. Motivaba a los niños a que lo visitaran y les hablaba muy bien de él. Ned reiteraba su deseo de permanecer junto a su esposa. Daba gracias diariamente por la suerte de estar casado con Nora. Hacía esto para jamás tomar su amor como un hecho definitivo. Así nunca permitiría que su padre se interpusiera de nuevo entre ellos.

Para ayudar a desarrollar el perdón hacia sí mismo, es necesario parar decididamente los comportamientos destructivos. Terri tomó la decisión inquebrantable de que jamás se daría por vencida en buscar un empleo en el que le pagaran mejor. Hizo un compromiso a largo plazo para su bienestar financiero. Su intención positiva fue el amor y el cuidado de sus hijos, y tal compromiso también incluía asistir a la escuela de computadores, reducir sus gastos y tomar cursos de administración financiera.

El compromiso a largo plazo de Erica era recuperar la sobriedad y desarrollar buenos hábitos de trabajo. Asistió a varios programas, inició terapias y buscó un tutor para que le ayudara a desarrollar buenos hábitos de trabajo. Estas acciones nacieron de su intención positiva, concentrada en su deseo de mayor felicidad. Practicó el método SANAR con regularidad hasta que disminuyó su sentimiento de disgusto consigo misma. Se perdonó y perdonó a su mamá y siguió adelante con su vida. Para ella, perdonar fue un aspecto clave conducente hacia cambios positivos en su vida.

Perdonarse a sí mismo tiene mucho en común con perdonar a los demás. En ambos casos se busca disminuir la intensidad de la ofensa, asumir más responsabilidad por los sentimientos, y cambiar la historia para reflejar una intención positiva. El espíritu de ambos es sanar —crear la mejor vida posible para nosotros mismos, para quienes amamos y para nuestra comunidad. Lo mejor que podemos hacer es sufrir menos y concentrarnos en nuestra intención positiva.

Nadie es perfecto. Todos tenemos defectos. Perdonarse a sí mismo es otra forma de perdonar.

CAPÍTULO 16

Después de perdonar

Todos hemos experimentado el dolor causado por amigos, enamorados, miembros de familia o socios de negocios. En cada caso en el que guardamos un rencor, respondimos torpemente por no obtener lo que queríamos. Este libro le ha enseñado a responder a los golpes ágilmente y le ha dado las herramientas científicamente comprobadas para sanar sus heridas y seguir adelante.

Hemos aprendido que perdonar no es lo mismo que aceptar la crueldad. Perdonar no significa que uno deba reconciliarse con la persona que nos maltrató. No hay que olvidar lo sucedido, pero perdonar no significa quedarse sentado y dormido ante el dolor.

Perdonar significa hallar paz, a pesar de estar lastimados y dolidos. Perdonar significa seguir viviendo después del abandono o de la infidelidad. Implica responsabilizarnos de nuestros sentimientos. Perdonar quiere decir que aprendemos a tomar los sucesos dolorosos menos personalmente y también que nos conectamos con nuestra intención positiva. Perdonar significa cambiar la historia del rencor y no negarse a disfrutar la vida solamente por estar heridos. Perdonar significa tomar mejores decisiones para la vida y también significa sentirse mejor.

Jeremy hizo las paces con el hecho de tener un jefe mentiroso. Sarah con el marido que la maltrataba, y Dana perdonó no haber obtenido el ascenso. Suzanne perdonó a su esposo por estrellar el auto y provocarle un prolongado dolor físico. Las personas que perdieron miembros de la familia por asesinato sintieron mejoría emocional y física luego de aprender a perdonar. Este libro le ha develado las claves para que sienta el mismo tipo de sanación y paz.

El proceso de formar y guardar rencores y el proceso para perdonar son como un eclipse de sol. En el eclipse parece que el sol desaparece, pero no es así: La luna lo oculta. Cuando guardamos rencores, el calor del sol, representado en la amistad, el amor y la belleza, se pierde. Los rencores son como la luna que oculta al sol. Pero al perdonar, nos damos cuenta de que el eclipse es pasajero y que otras personas en el mundo pueden ver el sol perfectamente. Perdonando vemos que a medida que cambiamos nuestras perspectivas, el sol regresa radiante.

En un programa de televisión se le preguntaba a los concursantes si querían cambiar las baratijas que traían por uno o más premios. Se les ofrecía unas cajas de colores vivos y dinero, o se les pedía que escogieran lo que hubiese detrás de unas cortinas. Ninguno de los concursantes sabía qué le estaban ofreciendo, y el chiste del juego consistía en tratar de ganar el mejor premio posible. También había cierto grado de riesgo, pues una vez el concursante recibía algo, en el siguiente turno podía perderlo. Casi todos los premios eran buenos, pero a veces quien aceptaba el intercambio ganaba tonterías.

El objetivo de ese juego era llevarse los mejores premios. Al finalizar el programa, se les preguntaba a los dos concursantes que habían ganado los mejores premios, si estaban dispuestos a hacer el gran trato del día. Con ese trato podían escoger el premio escondido detrás de una de tres puertas. A veces los premios eran verdaderamente buenos, por ejemplo automóviles, televisores y aparatos de sonido, muebles de sala o unas costosas vacaciones. Muchos de los premios eran valiosos, aun cuando a veces el concursante se llevaba un burro, un gabinete lleno de periódicos viejos o una cantidad de llantas usadas. Estos premios inútiles aparecían de cuando en cuando.

Siempre me llamó la atención la reacción de los concursantes que se llevaban estos "premios". Me admiraba ver cómo manejaban la decepción de inscribirse en un juego televisado, y en lugar de regresar a casa con una televisión nueva terminaban cargando una cantidad de llantas viejas. Algunos se molestaban expresando disgusto y ganas de llorar. Otros, sin embargo, sonreían dándole gracias al animador por permitirles participar. Entendían que cuando se juega no siempre se gana.

Ahora comprendo que los concursantes que perdían sin olvidar que se trataba sólo de un juego eran bastante indulgentes. Naturalmente querían ganar un gran premio, pero no obtuvieron lo esperado. Sin embargo, esas personas no tomaron el juego personalmente y tampoco culparon al programa de arruinarles la tarde. La historia que contarían sobre su experiencia no iba a ser una de rencor, a pesar de sentirse desilusionados. Salían del programa sabiendo que disfrutaron de un rato agradable.

Recuerdo este concurso cuando oigo a las personas que han sido maltratadas y lastimadas. Generalmente olvidan que en el juego de la vida a veces aparecen premios poco atractivos. En efecto, el libro de las reglas de la vida contiene incontables referencias sobre pérdidas, dolores y decepciones. Si tenemos en cuenta esto, sabemos que se puede perder el juego. Por eso, ganar es mayor retribución aún.

Para jugar el juego de la vida, más vale estar preparado para no ganar. Nuestra verdadera oportunidad es la de estar en el juego. Tenemos suerte de estar vivos y tenemos la oportunidad de aprender las reglas y jugar lo mejor que se puede.

Al finalizar el libro, le presento al lector un resumen del proceso para perdonar. Este resumen no reemplaza la lectura del libro; solamente recuerda los pasos que se deben tomar para sobreponerse a los dolores y las heridas. Los nueve pasos son un buen resumen de mis métodos, aun cuando no del todo completo. Muestra en detalle cómo perdonarse a sí mismo y a los demás.

Nueve pasos para perdonar

1. Saber exactamente lo que se siente sobre lo sucedido, y poder identificar qué fue lo que no salió bien. Contarle el suceso a un grupo de personas de confianza.

2. Comprometerse consigo mismo para hacer lo necesario para sentirse mejor. Perdonar es para uno, para nadie más. Inclusive, nadie tiene que conocer nuestra decisión.

3. Identificar la meta. Perdonar no significa reconciliarse necesariamente con la persona que nos lastima ni aprobar su actitud. Vamos por la paz. Perdonar se puede definir como la paz y la comprensión que nacen al culpar menos aquello que nos lastima, al no tomar la experiencia personalmente y al cambiar la historia del rencor.

4. Obtener la perspectiva adecuada de lo que sucede. Reconocer que la zozobra proviene principalmente de los sentimientos de dolor, los pensamientos y la molestia física que se sufre actualmente, y no de lo que produjo la herida hace dos minutos o diez años.

5. Al sentir molestia, practique la TREP (Técnica para reforzar las emociones positivas) para aliviar la necesidad corporal de salir corriendo o luchar.

6. Dejar de esperar cosas de los demás y de la vida que no nos pueden ofrecer. Identificar las reglas que no se pueden hacer cumplir y que establecemos para nuestra salud o para el comportamiento de los demás. Recuerde que puede desear salud, amor, amistad y prosperidad, y trabajar duro para obtenerlas. Sin embargo, se sufre si exigimos que sucedan cuando no tenemos el poder de que así sea.

7. Concentre su energía para hallar formas alternativas de alcanzar sus metas positivas distintas a la experiencia dolorosa. En otras palabras, encuentre su intención positiva. En lugar de repetir mentalmente su dolor, indague otras formas de obtener lo que quiere.

8. Recuerde que la vida bien vivida es su mejor venganza. En lugar de concentrarse en los sentimientos dolorosos,

cediéndole poder a quien lo lastimó, aprenda a ver el amor, la belleza y la bondad a su alrededor.

9. Repare su historia de rencor y recuerde la opción heroica de perdonar.

Para repasar estos nueve pasos y aplicarlos a una historia específica, veamos el caso de Mallory. Mallory es una mujer joven muy atractiva y dulce de 25 años. Se quejaba de que su madre era una persona fría que la rechazaba, mientras que su padre era callado y siempre pasaba desapercibido. Creció sintiéndose poco atractiva y desatendida, y le costaba trabajo establecer buenas relaciones. Sus padres tuvieron éxito en los negocios y vivían en un buen barrio de clase media alta.

Mallory tomó una de las clases para perdonar porque su novio, Skip, prefirió dormir con la camarera de un bar a serle fiel a Mallory. Ella describió esta infidelidad como ejemplo de un mundo injusto que la rechazaba, y de cómo nunca le dio una oportunidad. Se sintió molesta, lastimada, confundida, asustada y sola. Skip se había ido, pero Mallory estaba pensando en rogarle que regresara.

Cuando la conocimos en clase, vimos el dolor en sus ojos y la amargura que sentía por sí misma. Era difícil entablar una conversación sin que mencionara a una o más personas que la hubieran traicionado. Cargaba innumerables historias de rencor —desde la actitud de sus padres hasta su lista de traiciones de los adultos.

Mallory cumplió como una profesional el primer paso del proceso para perdonar. Identificó lo que le molestaba del comportamiento de su novio y sabía, con lujo de detalles, lo que sentía por esto. Le contaba a todo el que estuviera dispuesto a escuchar lo sinvergüenza que era Skip. Definitivamente el primer paso no fue problema para ella.

Sin embargo, aprender el segundo y tercer pasos para perdonar fue un desafío para ella. Estaba tan dolida que no podía pensar claramente. Creía que Skip era la causa de sus lamentos y para ella la idea de sanar para su propio bienestar era incomprensible. Creía que sanar significaba solamente una cosa: Que se arreglara la relación con Skip. También pensó que lo aceptaría de nuevo porque creía que los otros hombres no la veían atractiva.

La idea equivocada de Mallory sobre el perdón era un obstáculo para su sanación. Pensaba que perdonarlo significaba sufrir sin protestar el resto de la vida, y que tenía que quedarse con él y sentir que sus engaños estaban bien. Confundió perdonar con aceptar y reconciliarse con Skip. Con el tiempo aprendió que perdonar significa sentir paz al pensar en Skip, y que él no era responsable de su dolor. También aprendió que perdonar la dejaba en libertad para tomar mejores decisiones en su vida.

El cuarto paso también presentaba retos. Mallory tuvo que luchar para entender que sus sentimientos presentes son más importantes que repasar lo que le sucedió en el pasado. Se había acostumbrado a hablar sin piedad sobre su pasado y sobre cómo sus padres y malas relaciones limitaron sus posibilidades de ser feliz. Para ella era difícil creer que concentrarse una y otra vez en el pasado era la razón de su actual congoja. Aceptar que el perdón comienza en el presente fue todo un reto.

Le enfaticé a Mallory que no podemos cambiar el pasado, pero sí podemos cambiar cuánto espacio le arrendamos en la cabeza a los aspectos dolorosos de nuestro pasado. Le mostré a Mallory que ella no puede cambiarlo, pero sí puede cambiar el grado de culpa que le achaca a ese pasado por sus sentimientos actuales. Le expliqué que puede hacer esas cosas practicando las técnicas de perdonar, y luego le enseñé la TREP —el quinto paso. La primera vez que lo puso en práctica se le encendió una lucecita en la cabeza. En un momento se dio cuenta de que respirar lenta y profundamente tenía un efecto sobre sus sentimientos. Practicando la TREP obtuvo un poco más de control sobre el dolor y la rabia. Cuando no la practicaba, seguía molesta y culpaba a su ex novio por sus sentimientos: El dolor, el disgusto y la frustración generan culpa, y ésta, a su vez, más dolor, más disgusto y más frustración. A medida que practicaba la TREP, vio que podía controlar el espacio que le destinaba a su ex novio.

Simultáneamente, Mallory desafió sus reglas que no se pueden hacer cumplir —el sexto paso. Quería que Skip la amara y que le fuese fiel, pero era imposible hacerlo actuar de esa forma. Su comportamiento le recordaba permanentemente a Mallory que él hacía lo que quería, y que ella ostentaba un poder limitado sobre él. También revisó su teoría de que sus padres arruinaron su vida. Se dio cuenta de que tenía una regla que no se podía hacer cumplir: Sus padres debían amarla y tratarla cariñosamente.

Sus padres le habían demostrado algo de amor y cuidado, pero también crueldad y desatención. El comportamiento de sus padres le recordaba que, sin importar lo mucho que deseaba que las cosas funcionaran a su manera, ella no tenía el poder para controlar el comportamiento de los demás. Al insistir en cambiar su pasado, se estaba destinando a ciclos interminables de culpa, ofensa y sufrimiento

A medida que avanzó en la práctica para perdonar, Mallory se acostumbró a practicar el método SANAR. Empezó a ver su propio sufrimiento y se preguntó cuál era la regla que no se podía hacer cumplir que trataba de hacer cumplir. Le recalqué que no se sentiría tan molesta a menos que estuviera tratando de cambiar algo que no podía cambiar. Mallory se dio cuenta de que tratar de cambiar el comportamiento de su ex novio siempre terminaría en dolor e impotencia. Pudo entender que el solo hecho de desear algo no significaba que ello se volviera realidad. También vio que se sentiría menos molesta si sus reglas fueran más razonables. Por consiguiente, Mallory se puso en la tarea de crear más reglas que sí se pueden hacer cumplir. Como consecuencia de este ejercicio, se dio cuenta de que tenía más control sobre sus sentimientos que sobre los actos de los demás.

Gracias a su esfuerzo, Mallory pudo formularse la gran pregunta: "¿Qué es lo que quiero realmente?". Al hacerlo se dio cuenta de que Skip y sus padres no controlaban su vida, lo que significaba que ella debía ser quien la controlara. Con base en este razonamiento comenzó a trabajar en su intención positiva —el séptimo paso. Mallory sabía que su intención positiva era aprender a valorarse a sí misma y valorar sus actos. No tenía nada que ver con el matrimonio. Vio que era más importante sentirse bien consigo misma que lo que sintieran los demás por ella. Hallar su intención positiva le ayudó a Mallory a concentrarse en el futuro sin lamentarse por el pasado. De tal reflexión nació una intención positiva muy fuerte, además del compromiso para aprender nuevas destrezas.

Conectarse con su intención positiva motivó a Mallory a realizar cambios en su vida —el octavo paso. Cambió su historia para que reflejara su meta de hallar aspectos de sí misma que pudiese aprobar. La contó refiriendo cómo aprendió sobre sí misma y por qué le resultaba tan difícil apreciarse a sí misma. También dijo que culpar a los demás y aferrarse al pasado son barreras en la vía hacia la sanación. Habló de tomar consejería, buscar amigos hombres, pero no novios, y apreciar sus cualidades. No se concentró en las dificultades encontradas. Las sacó de la escena principal y concentró toda la atención en sus metas positivas.

Mallory vio que su intención positiva le ayudó a liberar espacio y descubrir otras formas de alcanzar sus necesidades. Se dio cuenta de que ni Skip ni sus padres le iban a dar su aprobación como ella quería, pues ella misma tendría que dársela a ella misma. Se propuso la difícil tarea de aprender una nueva costumbre. En su hábito anterior siempre vio que la copa apenas llegaba hasta la mitad, y decidió educar su mente para averiguar si tal vez ya existía una copa llena en algún lugar.

Repasó su vida y vio que había sido una buena estudiante capaz de obtener calificaciones excelentes. Aprendió a apreciar la habilidad para los negocios de sus padres y la libertad que esto le daba para asistir de tiempo completo a la universidad. Apreció la hermosa área donde vivía y se dio crédito por su excelente rutina de ejercicios.

También practicó la respiración de gracias mientras conducía, o viendo la televisión. Se propuso dar gracias por la cantidad de buenos productos que podía adquirir cada vez que salía de compras. Aprendió a agradecer a las personas que trabajaban en el centro comercial, o cada vez que entraba al supermercado y se quedaba observando la abundancia de alimentos frente a ella.

Sus padres eran acomodados financieramente y le ayudaban permanentemente. Mallory sabía que el éxito monetario no implica interés afectivo, y ya había experimentado el dolor de unos padres que se preocupaban más por los negocios que por ser padres. Sufrió durante años por lo que perdió, y ahora se daba cuenta de que el éxito financiero de sus padres también era una bendición. Mallory puso en práctica aquel adagio de que la vida bien vivida es la mejor venganza.

Cuando me topé con ella un año después de las clases de entrenamiento para perdonar, me alegró mucho ver el cambio. Estaba llena de energía y tenía una hermosa sonrisa. Cuando le pregunté por Skip casi responde: "¿Quién es Skip?" En lugar de hablar sobre su ex novio, prefirió hablar sobre todo lo que había aprendido sobre sí misma. Cuando le pregunté por sus padres me dijo que su relación con ellos había mejorado. Mallory aceptó lo que ellos le podían ofrecer y entendió sus inmensas limitaciones emocionales. Como adulta, entendió que ella era la única que podía crear una vida buena para sí misma. Estaba aprendiendo a desaferrarse de sus padres y les perdonó sus errores.

El cambio más grande fue en sus historias de rencor. Habló sobre sus luchas y lo hizo reflexionando sobre su intención positiva. Se sentía orgullosa de haber perdonado a Skip y de aprender a cuidarse a sí misma. Aseguró que, gracias a que había perdonado a Skip, sería mucho más fácil perdonar a la próxima persona que la lastimara. Mallory es una mujer que asumió la preparación para perdonar con el corazón. Completó los nueve pasos y ahora se presentaba como una heroína y no como víctima.

Pero las cosas no siempre fueron fáciles para ella. Todavía añoraba la familia ideal, pero cuando sentía que la añoranza la dominaba, practicaba el método SANAR y reducía el tamaño de su sentimiento. También se dijo a sí misma que tenía que sacar el máximo provecho de lo que tenía, o salir a caminar y acordarse de la bendición de un día hermoso o de las posibilidades que podría depararle el futuro.

Este libro es una lección sobre cómo hacer las paces cuando la puerta que usted quiere abrir —o la que la vida escoge abrir por usted— tiene seguro. Al practicar el método SANAR, llegará a entender el poder que tiene perdonar en la vida. Espero que tome la decisión de volverse una persona indulgente y aceptar que, en la vida, usted tendrá malas y buenas experiencias. La destreza para manejar lo que se nos va presentando produce seguridad, sin llegar a perdernos en la culpa y el sufrimiento. No sabemos lo que nos deparará la vida, pero sabemos que perdonar nos da la fuerza para regresar al partido y continuar el juego.

Para volvernos personas indulgentes, primero tenemos que ensayar a perdonar pequeños rencores. Luego, cuando llegue un insulto mayor, estaremos preparados para afrontarlo. Pero alternativamente, como Mallory, una vez que aprendemos a perdonar un gran dolor, logramos entender el valor de limitar el poder que tienen el dolor y el disgusto la próxima vez que se nos presente un problema. Nadie puede hacer que los demás siempre se comporten amablemente, honestamente o equitativamente. No podemos acabar con la crueldad. Pero lo que sí podemos hacer es perdonar la falta de amabilidad con la que nos enfrentamos, e inyectarle energía a nuestra intención positiva. Luego podemos ayudar a otros a hacer lo mismo.

Perdonar es, sobre todo, una opción. Es una opción para hallar la paz y vivir plenamente la vida. Podemos escoger quedarnos atrapados por los dolores y frustraciones del pasado o avanzar hacia el futuro. Es una decisión que todos podemos tomar y que nos guiará hacia una vida más saludable y feliz. Las investigaciones demuestran los beneficios que tiene para la salud aprender a perdonar. Las historias personales que hemos leído en este libro demuestran que los métodos para perdonar funcionan. Ahora, la decisión de ponerlos en práctica es suya.

El mundo en el que vivimos es complejo y milagroso. Nadie sabe qué ocurrirá mañana. Todos vivimos entre el éxito y el fracaso, entre el sufrimiento y la alegría. Hacia donde miremos hallaremos amor y belleza, o egoísmo y falta de amabilidad.

Perdonar, lo mismo que otras emociones positivas, tales como la compasión, la esperanza y el aprecio, son expresiones naturales del ser humano. Existen muy hondo en nosotros y, como tantas otras cosas, requieren de la práctica para perfeccionarse. Cuando se practican, estos sentimientos positivos se vuelven más fuertes y fáciles de encontrar. Cuando sentí rencor contra mi amigo Sam, sólo sentía rabia e impotencia. Ahora siento amor y una conexión muy fuerte con él. Me siento afortunado de ser su amigo. Lo he perdonado y mis recuerdos del pasado son buenos. El perdón me ha mostrado aspectos maravillosos de mí mismo; y, aun cuando no fue fácil lograrlo, el esfuerzo bien valió la pena.

El perdón puede ser una respuesta tan natural ante el dolor como lo son la rabia y la molestia. Antes de leer este libro, tal vez usted no sabía cómo buscar el perdón dentro de usted mismo. Le he enseñado cómo descubrir la parte donde se encuentra escondido el perdón. Sé que usted puede perdonar, y que perdonará para siempre. Espero haberlo convencido del poder de perdonar para mejorar su vida.

Le he mostrado cómo arrendarle menos espacio en la cabeza a sus dolores y rencores, y deseo que disfrute los canales de la belleza, amor y perdón. Recuerde que usted tiene el control remoto. Con el tiempo, estoy convencido de que usted perdonará para siempre y que su mente, sus relaciones, su comunidad y su espíritu saldrán beneficiados.

Agradecimientos

Quiero agradecer a mis dos hijos, Anna y Danny, por ser tan pacientes conmigo durante tantos días que pasé escribiendo en el computador y escuchando los juegos de los Yankees.

A mi esposa, Jan, quien me dio amor, aliento y cuidados. Jan es una de esas personas que no necesitan un libro sobre el perdón, porque casi nunca se ofende y no guarda rencores. He aprendido a perdonar observando cómo reacciona, y pienso que transmito en palabras la forma suave como ella vive su vida.

Los doctores Kenneth R. Pelletier y William Haskell del Centro de Investigación para la Prevención de Enfermedades de Stanford, me ofrecieron lo mejor de sí, su orientación y su apoyo. Ambos cedieron de su tiempo en una de las escuelas de medicina más renombradas del mundo para ayudar en los proyectos para perdonar en Irlanda del Norte. Les estoy muy agradecido por ello. El doctor Carl Thoresen me enseñó que las buenas investigaciones pueden realizarse en el ámbito del corazón y del espíritu, y su estímulo y apoyo resultaron invaluables. Además, es un colega de investigación amable, colaborador y vanguardista que cree en la bondad de las personas. La doctora Stephanie Evans fue la coordinadora del Proyecto para perdonar de la Universidad de Stanford y lo asumió como propio. Su dedicación y suavidad con los participantes, además de su visión, fueron tan importantes para el éxito del proyecto como cualquier cosa realizada por mí. Alex Harris, Samuel Standard, Sonya Benisovich y Jennifer Bruning, todos estudiantes de postgrado, hicieron que el Proyecto para perdonar de Stanford fuese un éxito. Shira Neuberger me ayudó cuando no supe lo que estaba haciendo, y gracias a su trabajo culminé mi disertación doctoral a tiempo y con un buen número de participantes. Andrew Winzelberg, Ph.D., me brindó amablemente ayuda estadística y es un compañero de primera línea.

En Irlanda del Norte, le debo mi trabajo a las ideas y a la inspiración del reverendo Byron Bland. Su compasión innata por la gente que sufre y su convencimiento de una solución pacífica para el conflicto fueron el apuntalamiento de nuestros proyectos de la esperanza con personas de ese país. También es un hombre con quien es fácil colaborar y sé que haremos otros proyectos de la esperanza en el futuro.

Adicionalmente, agradezco a Norma McConville y a todos los irlandeses valerosos que conocí porque su deseo de crecer sigue siendo para mí una inspiración.

Jillian Manus, mi agente, tuvo la idea sobre este libro antes que yo. No estaría aquí sin su visión y liderazgo. Jeremy Katz me dio las primeras pistas para organizar un libro sobre el perdón. Su ayuda fue dada sin interés y generosamente y por ello le estoy agradecido. Gideon Weil es un gran apoyo como editor. Es generoso en halagos, responde paciente y respetuosamente a todas las preguntas, y siempre lo sentí de mi lado.

Finalmente, gracias a todos quienes asistieron a mis clases. Quiero que sepan el aprecio que siento cuando escuchan, formulan preguntas, me hacen cambiar para bien, y con ello me ayudan a crear este trabajo.

Nota al lector

Con el manuscrito de este libro entre mis manos, antes de enviarlo a la imprenta, no puedo aislarme del sentimiento de angustia y dolor. Hace diez días fueron atacados el World Trade Center y el Pentágono, y mi vida, al igual que la de todos los norteamericanos, cambió. Todos con quienes he hablado sienten dolor, furia y miedo. Entendemos que nuestra seguridad ha sido vulnerada y que está en peligro.

El secuestro y los ataques me han forzado a analizar la pertinencia de perdonar como respuesta a dolores y heridas de tal magnitud. Para ayudar a buscar el sentido de la importancia relativa de perdonar en este momento, piense en una balanza. De un lado se encuentra la venganza. Del otro el perdón. Primero, el lado del perdón se encuentra arriba, pues tiene poco peso junto al fuerte deseo de retaliación. Es en esta posición que resulta crítico garantizar nuestra seguridad y protección. A medida que pasa el tiempo y se hace justicia, también se hace más importante la necesidad de sanar personalmente. Perdonar —no olvidar, aceptar o reconciliarse con los ofensores— es una de las poderosas herramientas a nuestra disposición. Aprender a perdonar es una destreza que ayuda a todos aquellos afectados por la violencia a vivir en paz lo mejor posible.

Para la mayoría de nosotros en este momento es muy prematuro pensar en una respuesta de perdón ante tal tragedia. Como podrá leerse en esta páginas, hay pasos emocionales importantes con los que tenemos que convenir antes de que perdonar sea una opción. Durante los diez días desde el ataque, he sentido un gran orgullo por mi país. Veo dolor y el apoyo colectivo. Veo la valentía del personal de rescate y el deseo de donar dinero, tiempo y cuidado para aquellos que resultaron lastimados. Ofrecer cuidados, compartir las historias y el deseo de ayudar son exactamente lo que necesitamos. Los antídotos contra la venganza desenfrenada son éstos, y no el afán de perdonar. Sin embargo, con el tiempo, y una vez esté garantizada nuestra seguridad, cada uno de nosotros tendrá preguntas acerca de perdonar. Pueden pasar meses o años, pero eventualmente el perdón se convertirá en uno de los componentes que permitan alcanzar el equilibrio en todos los aspectos de nuestra vida.

Hasta entonces, les pido a todos hacer las paces donde sea posible, con amigos, familiares y colegas de trabajo. En estos momentos de gran tragedia es importante sanar viejas heridas por nuestra salud y felicidad. Trabajar juntos y unidos es crucial en estos días difíciles.

Fred Luskin, Ph.D.
Septiembre 21 de 2001